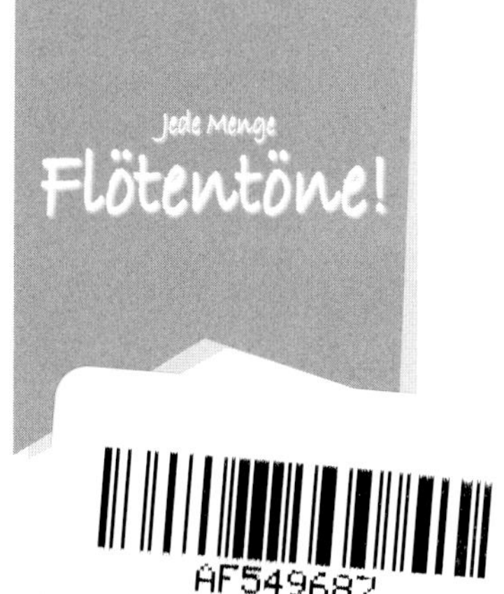

Schule für

Alt blockflöte

Barbara Ertl

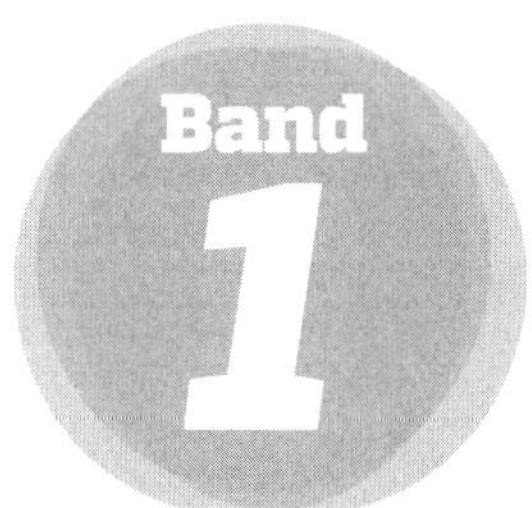

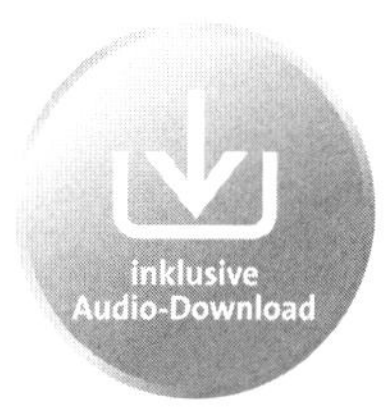

Barbara Ertl wurde 1960 in Stephanskirchen bei Rosenheim geboren. Nach einer musikalisch geprägten Kindheit in Oberbayern studierte sie in Salzburg am Orff-Institut der Hochschule für Musik Mozarteum und in Nürnberg am Meistersinger-Konservatorium Elementare Musikpädagogik und Blockflöte. Es folgten eine Zusatzausbildung für den Instrumentalunterricht in der Sonderpädagogik und ein Aufbaustudium in allgemeiner Musikpädagogik.

Viele Jahre arbeitete sie als Dozentin für Methodik und Lehrpraxis Blockflöte an der Hochschule für Musik Nürnberg. Sie ist seit langem als Musiklehrerin und Musikerin in Nürnberg tätig und hält Fortbildungen zu musikpädagogischen Themen.

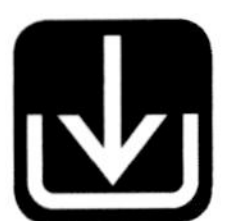

Die Audiodateien können unter

https://download.holzschuh-verlag.de

nach Eingabe des Download-Codes
kostenlos heruntergeladen werden.

Download-Code: lif8-sd9u

Wir empfehlen den Download mit einem PC oder Mac, da die Dateien in einem ZIP-Archiv vorliegen und erst entpackt werden müssen.

Impressum

VHR 3662-DL / ISMN 979-0-2013-1096-1 / ISBN 978-3-86434-180-9

Notensatz:
Regina Krauß, Speyer

Umschlaggestaltung, Layout und Fotos:
Gerhard Illig, Schwaig bei Nürnberg

Audio-Produktion:
Produziert und arrangiert von Jo Barnikel 2018
Mitwirkende:
Jo Barnikel – Klavier, Keyboards, Programming, Bass, Gitarren, Ukulele, Mandoline, Percussion
Barbara Ertl – Blockflöten

www.holzschuh-verlag.de

Vorwort

Liebe Neueinsteiger und Umsteiger, liebe Wiedereinsteiger, Quereinsteiger und Aufsteiger,

wer alt genug ist, um auf bunte Illustrationen und Kinderlieder zu verzichten und sich jung genug fühlt, etwas Neues zu lernen, wer mit der Altblockflöte Musik aus vielen Jahrhunderten entdecken und dabei gleichzeitig musikalische und spieltechnische Grundlagen erlernen oder vertiefen will, ist hier richtig.

Ein stilistisch vielfältiges Angebot an Musik möchte neugierig machen, die Spiellust wecken und gleichzeitig gewährleisten, dass für jeden Geschmack etwas dabei ist.
Angemessene Lernschritte und Übersichtlichkeit unterstützen strukturiertes und nachhaltiges Lernen und nehmen auch Rücksicht auf verschiedene Lerntempi.

Ergänzend zum vorderen Teil der Schule, in dem mit Liedern und Stücken systematisch die neuen Töne bzw. Griffe eingeführt werden, gibt es im Anschluss daran eine nach Themen gegliederte Zusammenstellung kleiner Übungen, die parallel dazu erarbeitet werden können. Querverweise (z. B. ☆) helfen mit entsprechenden Symbolen bei der Handhabung.

Da Lernen ein individueller Vorgang ist, möchte ich dazu ermuntern, frei und flexibel mit allem angebotenen Material umzugehen und es nach den eigenen Bedürfnissen und Vorlieben zusammenzustellen und zu ergänzen.

Die Audiodateien, die durch den Download-Code auf der gegenüberliegenden Seite zugänglich sind, bieten die Musik sowohl in einer Vollversion mit den Flötenstimmen als auch in einer Play-along-Fassung zum Mitspielen an. Einsatz und Metrum werden jeweils durch ein kleines Vorspiel angegeben, ein Zwischenspiel verbindet Stücke, die mehrmals zu hören sind. Falls die Tempi anfangs noch zu schnell sind, helfen viele Apps weiter, diese individuell anzupassen, ohne die Tonhöhe zu verändern.

Außerdem gibt es in einem Ergänzungsband (Bestell-Nr. VHR 3715) zu vielen Liedern und Stücken Klavierbegleitungen. Das Symbol weist darauf hin.

Auf diesem spannenden und vielseitigen Lernweg braucht man zu guter Letzt neben eigener Motivation und Durchhaltevermögen eine Instrumentallehrkraft, die das Lernen musikalisch und menschlich begleitet, Fragen beantwortet, korrigiert und unterstützt, Mut macht, vormacht, mitmacht und immer den Weg und die Richtung im Blick hat.

In diesem Sinne ein erfolgreiches und erlebnisreiches Lernen!

Barbara Ertl

Inhalt

Liederverzeichnis

Kleines Musiklexikon für den Anfang

	Notenzeile mit 5 Linien und 4 Zwischenräumen
	Note mit Kopf, Hals, Fähnchen, Balken
	Der **Violinschlüssel** steht am Anfang jeder Notenzeile. Er zeigt die Lage von g' an.
	Notenwerte Ganze Note Halbe Note Viertelnote Achtelnote Sechzehntelnote
	Pausenwerte Ganze Pause Halbe Pause Viertelpause Achtelpause Sechzehntelpause
	Punktierte Noten Der Punkt hinter einer Note verlängert sie um die Hälfte ihres Wertes.
c¹ c² c³	**Notennamen** mit Oktavbezeichnung c¹ d¹ e¹ f¹ g¹ a¹ h¹ c² d² e² f² g² a² h² c³ eingestrichene Oktave zweigestrichene Oktave dreigestrichene Oktave

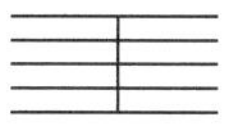	Der **Taktstrich** zeigt das Ende eines Taktes.
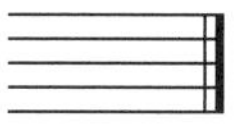	Der **Schlussstrich** zeigt das Ende eines Musikstückes.
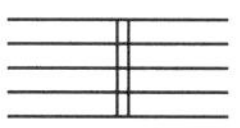	Der **Doppelstrich** zeigt das Ende eines musikalischen Teiles.
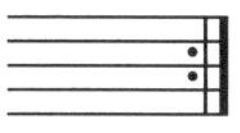	Das **Wiederholungszeichen** bedeutet, dass das Stück noch einmal von vorn gespielt wird (oder, wenn vorhanden, ab 𝄆 Zeichen).
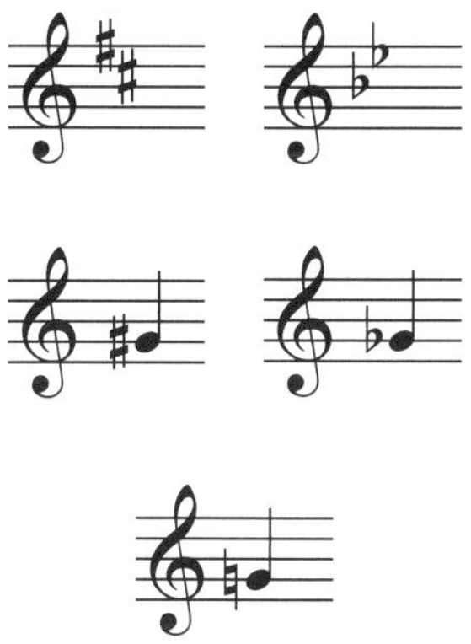	**Vorzeichen** stehen am Anfang einer Notenzeile und verändern die Höhe des Tones, an dessen Platz im Notensystem sie stehen, um einen Halbtonschritt nach oben (♯) oder nach unten (♭). Sie gelten für alle Oktavlagen bis zum Ende der Zeile. Wenn sie nicht am Anfang eines Stückes, sondern direkt vor einer Note stehen, nennt man sie **Versetzungszeichen**. Sie gelten dann bis zum nächsten Taktstrich und nur für die Lage, in der sie stehen. Das **Auflösungszeichen** löst die Wirkung des Vor- bzw. Versetzungszeichens auf und gilt bis zum nächsten Taktstrich.
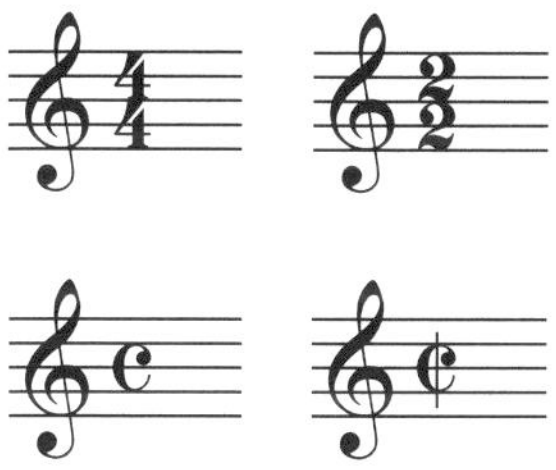	Die **Taktangabe** ist normalerweise nach dem Notenschlüssel bzw. den Vorzeichen platziert. Die obere Zahl definiert die Anzahl der Zählzeiten im Takt, die untere zeigt an, in welchem Notenwert gezählt wird. Für Vierviertel- (𝄴) und Zweihalbetakt (𝄵 auch Alla-breve-Takt genannt) gibt es Alternativzeichen, die in der Bedeutung gleich sind.
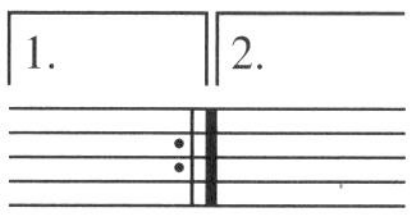 1. 2.	Die **Klammern** (Voltenklammern) stehen bei Wiederholungen für das erste Mal, das zweite Mal etc. Sie werden gesetzt, wenn ein Formteil eines Stückes zwar wiederholt wird, beim zweiten Mal aber wenige Töne am Ende verändert sind. Man spielt beim ersten Mal die erste Klammer bis zum Wiederholungszeichen, beim zweiten Mal überspringt man sie und spielt in Klammer zwei weiter.
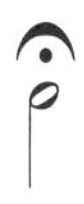	Die **Fermate** steht über einer Note, die (entsprechend dem musikalischen Zusammenhang) länger als ihr notierter Wert ausgehalten werden soll. Eine Fermate kann außerdem bei einem Kanon die Schlusstöne kennzeichnen, auf denen gemeinsam geendet werden soll.
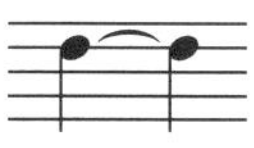	Ein **Haltebogen** (Überbindung) macht aus zwei nebeneinanderstehenden gleichen Noten eine Note mit dem Wert der Summe beider.
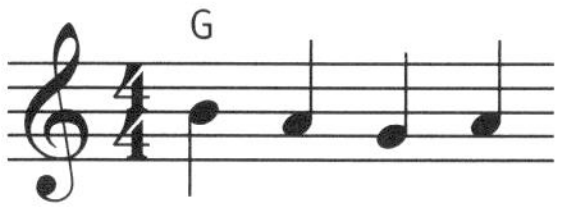 G	Akkordsymbole (hier G-Dur) sind für eine mögliche Begleitung (Gitarre, Klavier ...) über der Notenzeile notiert.

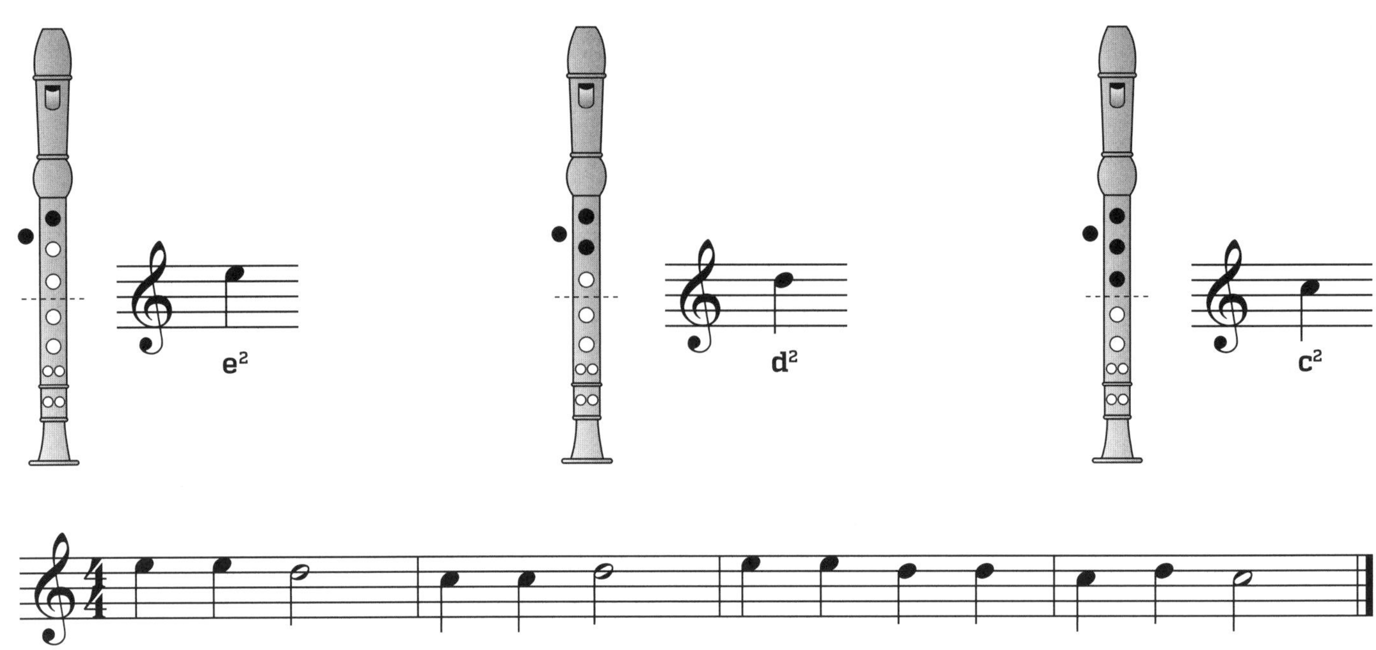

Merrily We Roll Along

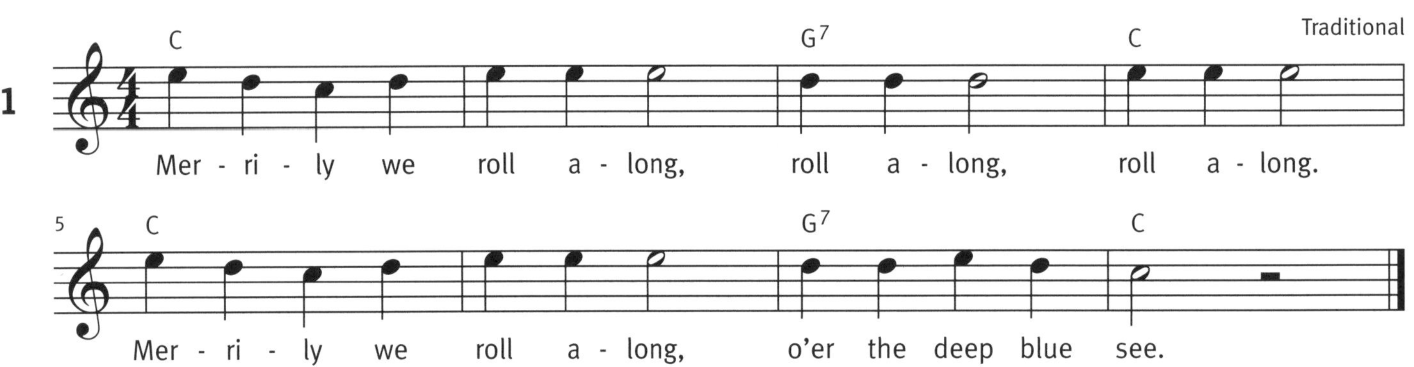

Yesta

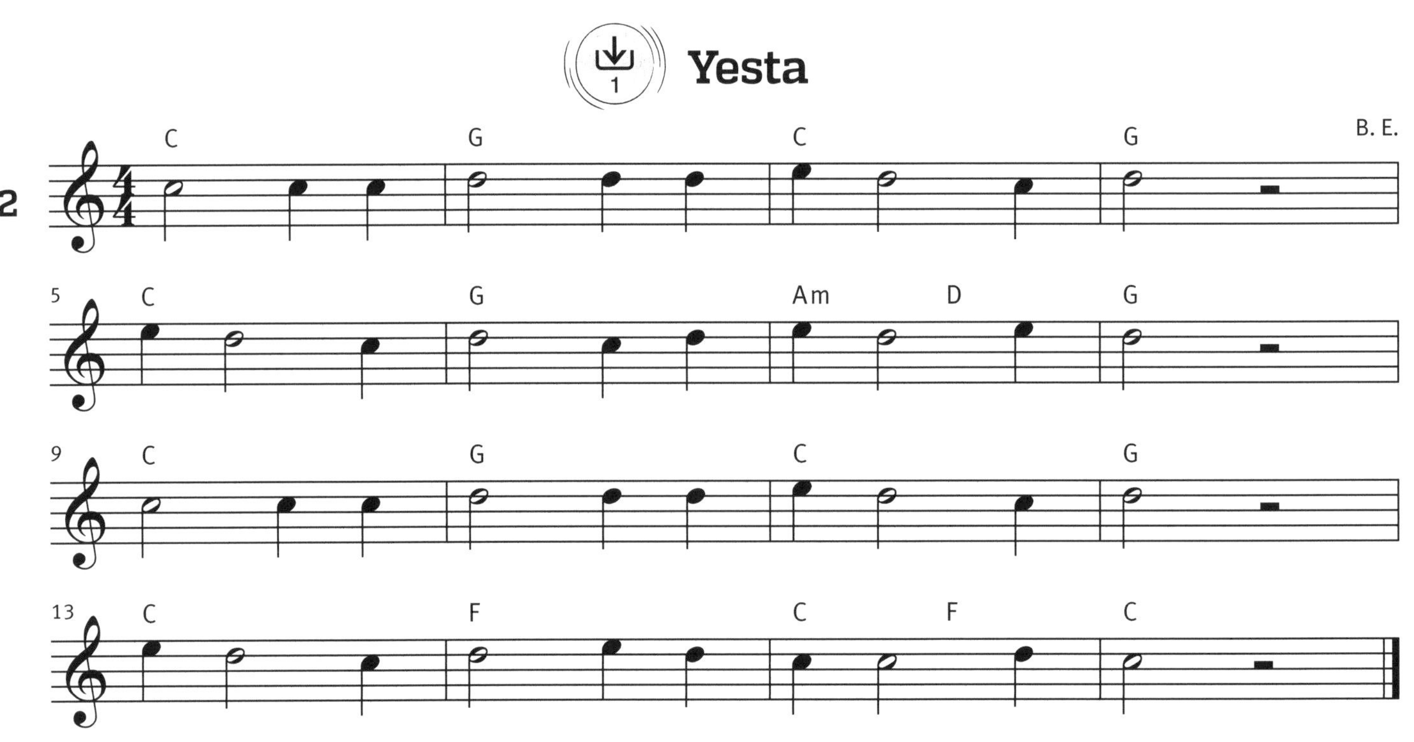

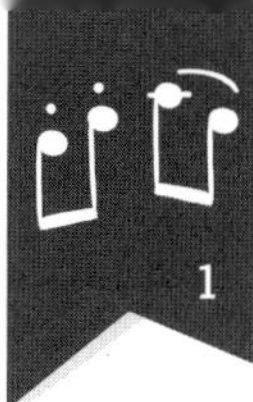

Sabbiera

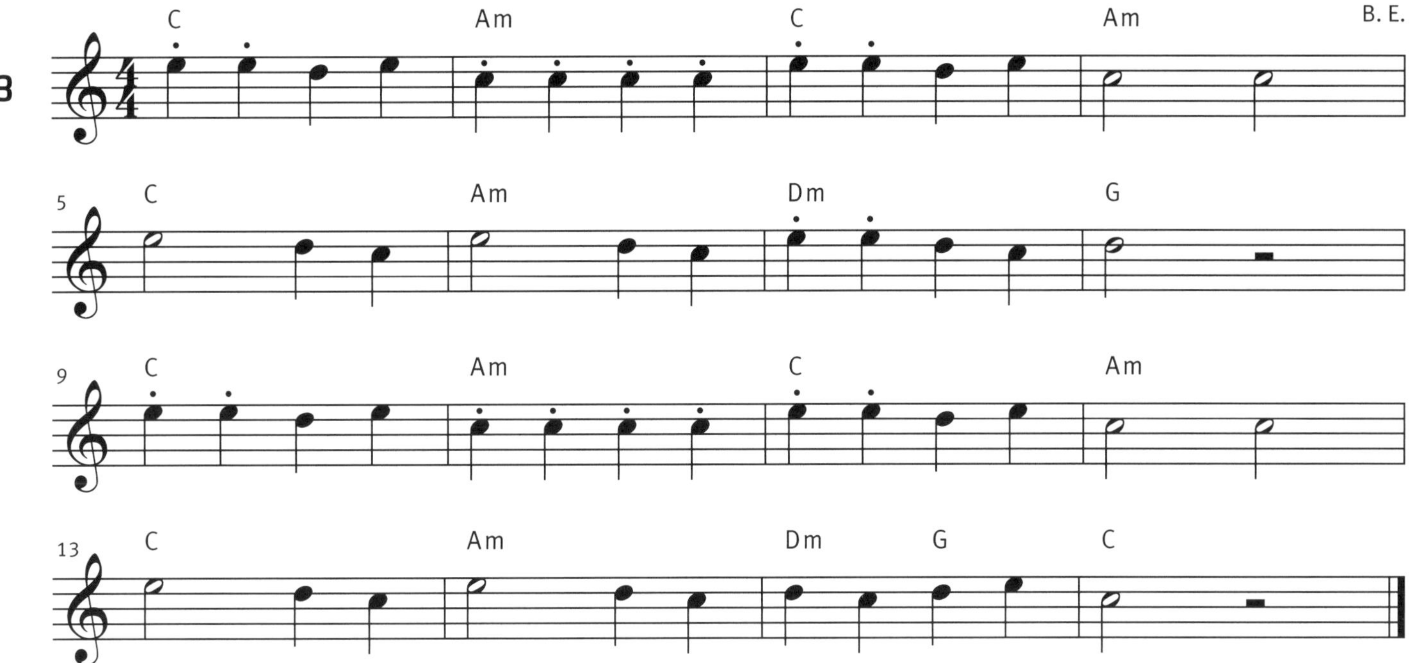

Walzerchen

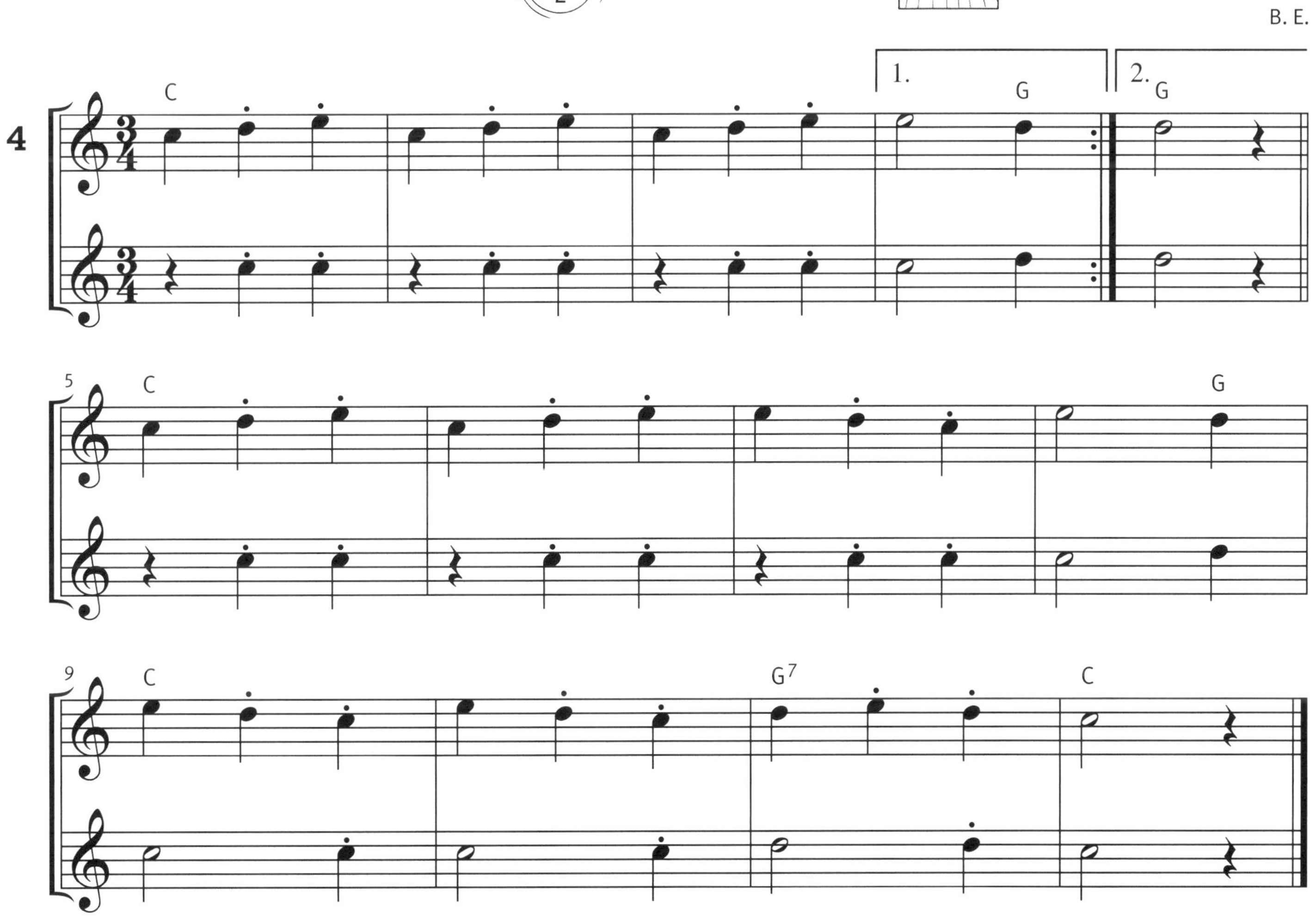

B. E.

4

C 1. G 2. G

5 C G

9 C G7 C

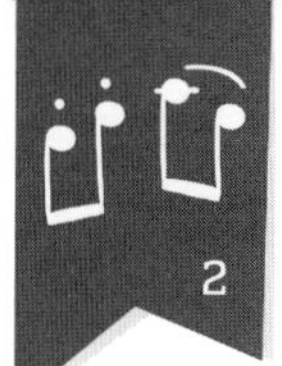

Wenn die Sonne scheint

B. E.

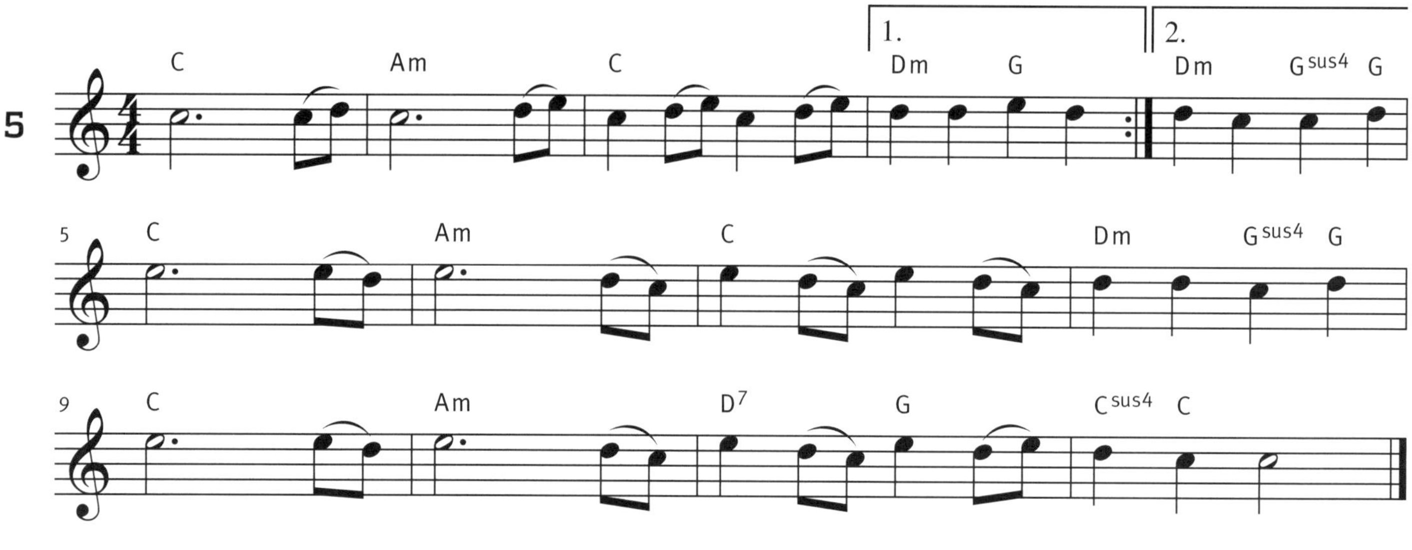

5

Lazy

B. E.

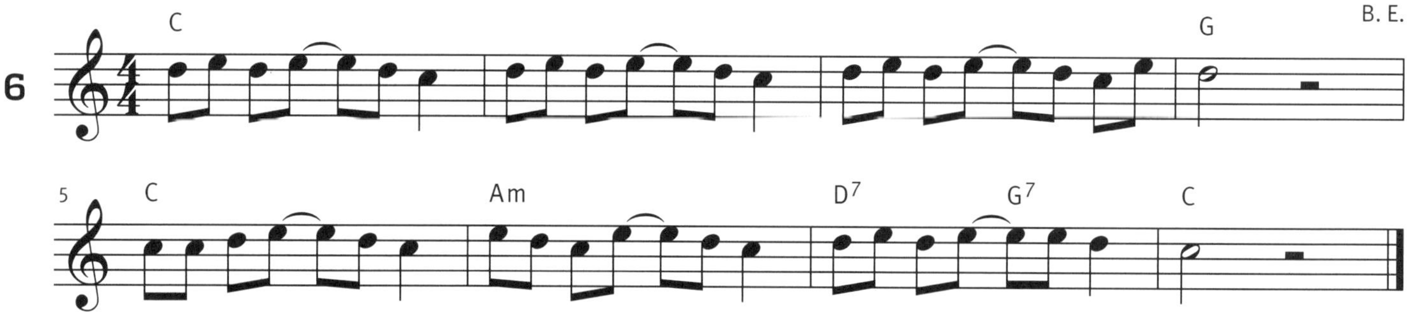

6

Groovy

B. E.

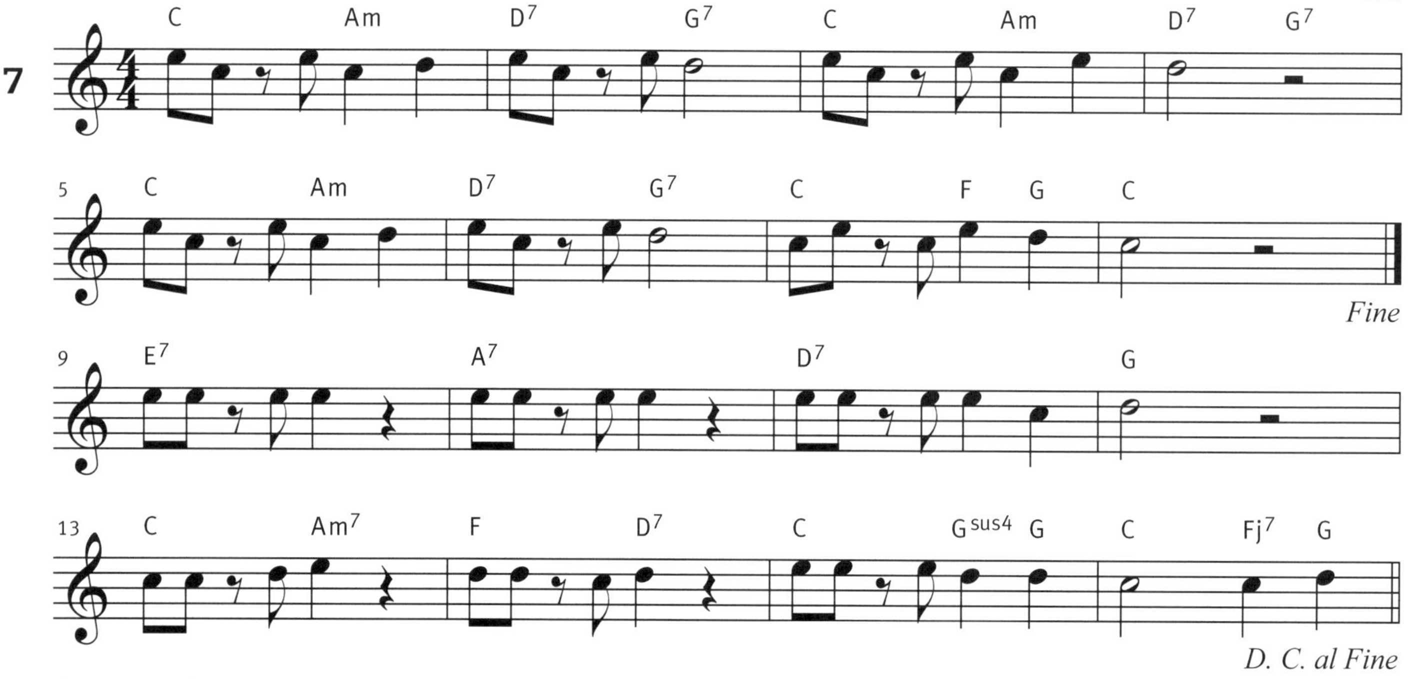

7

Fine

D. C. al Fine

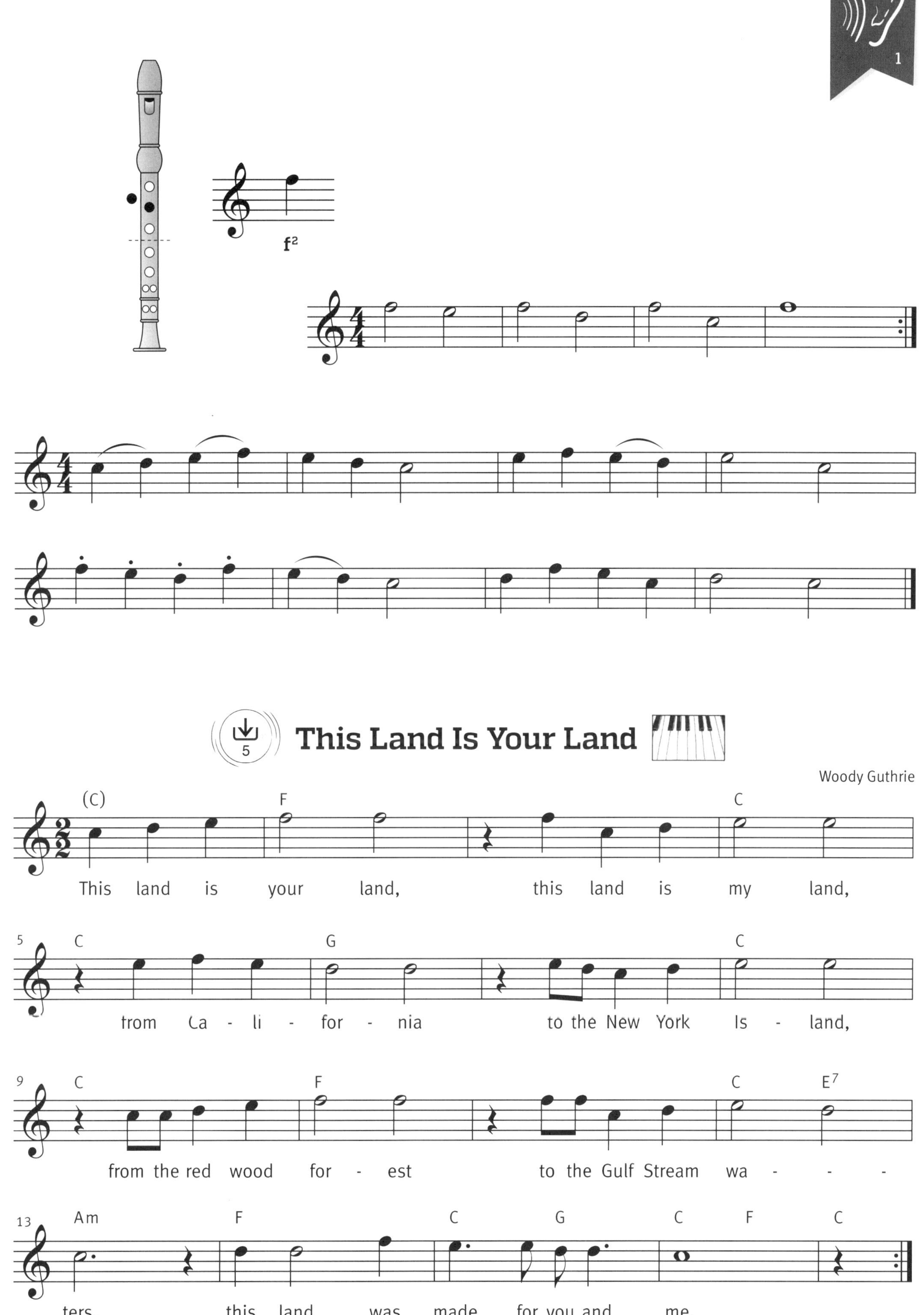
1
f²
This Land Is Your Land
Woody Guthrie
8
(C) F C
This land is your land, this land is my land,
C G C
from Ca - li - for - nia to the New York Is - land,
C F C E7
from the red wood for - est to the Gulf Stream wa - - -
Am F C G C F C
ters, this land was made for you and me.

Wonderful

B. E.

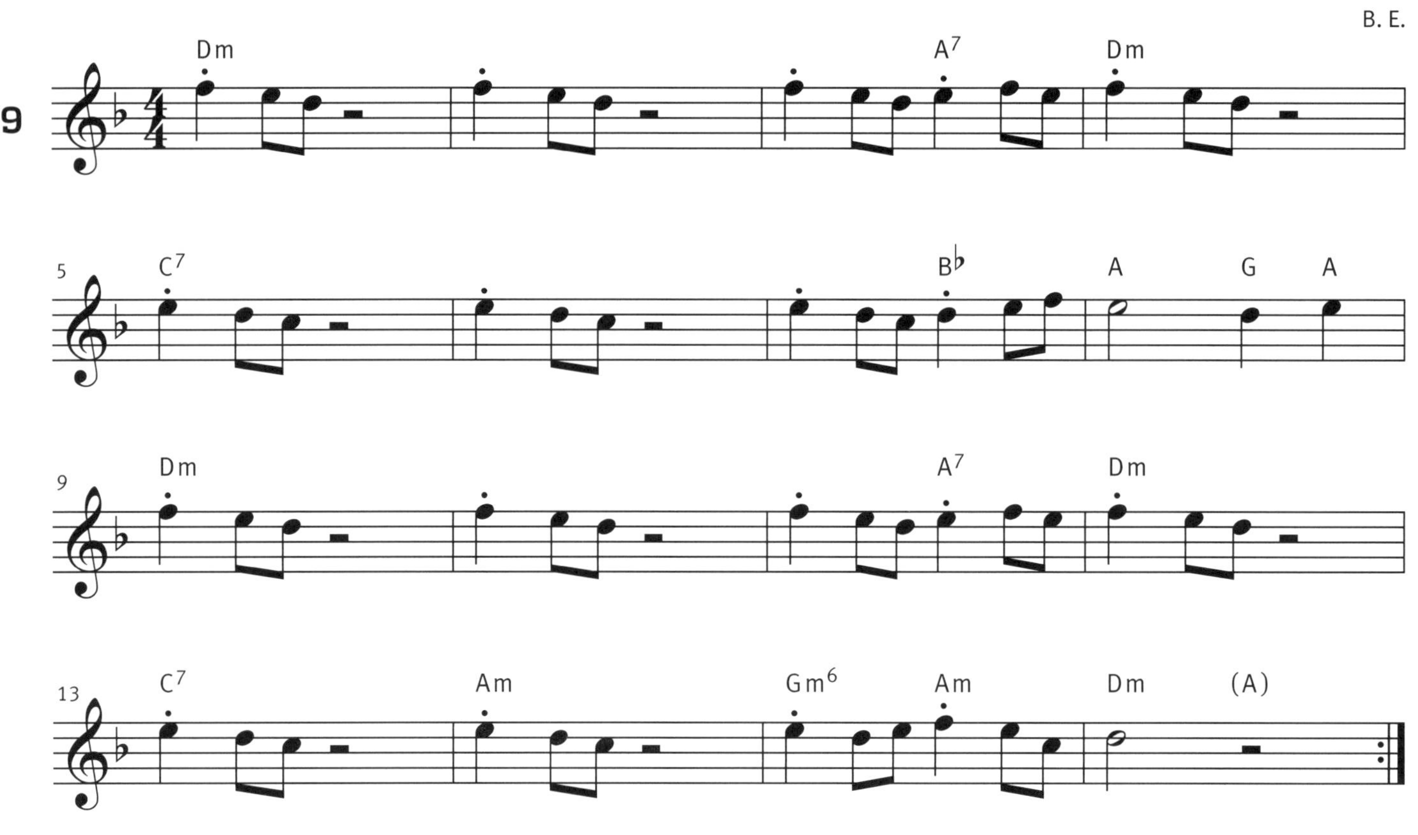

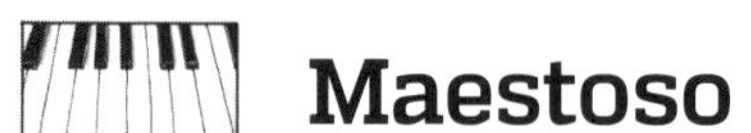

Maestoso

B. E.

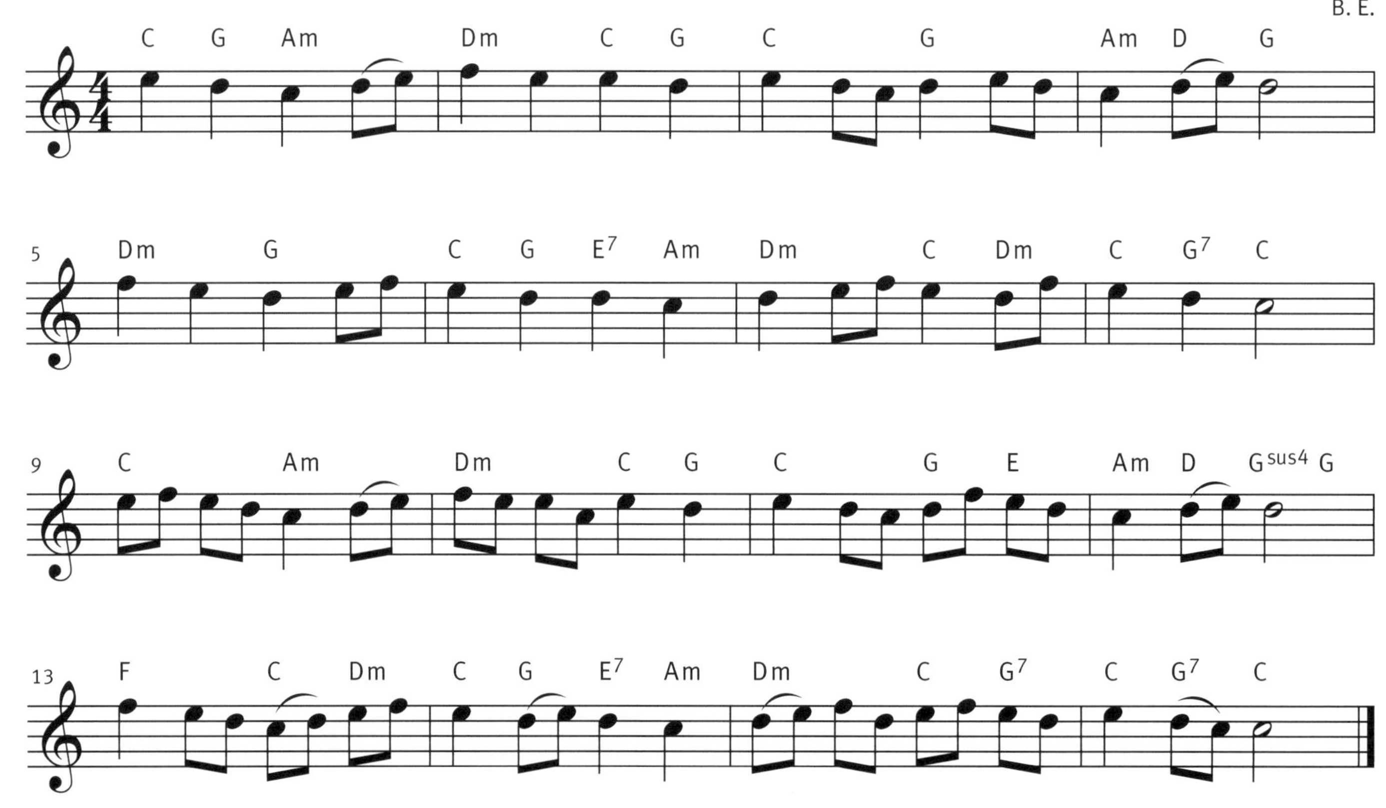

Bad Moon Rising

John Fogerty

11

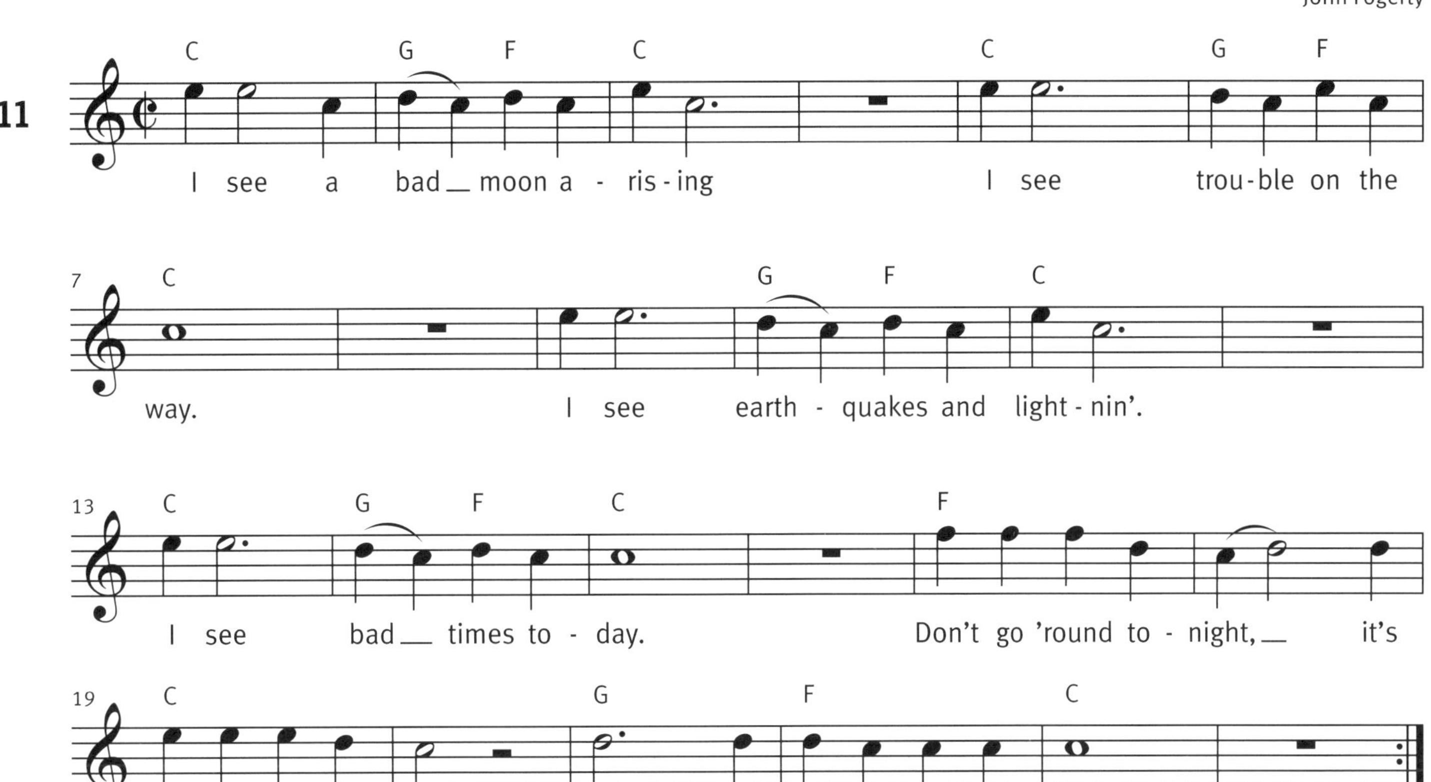

Stubenmusik

B. E.

12

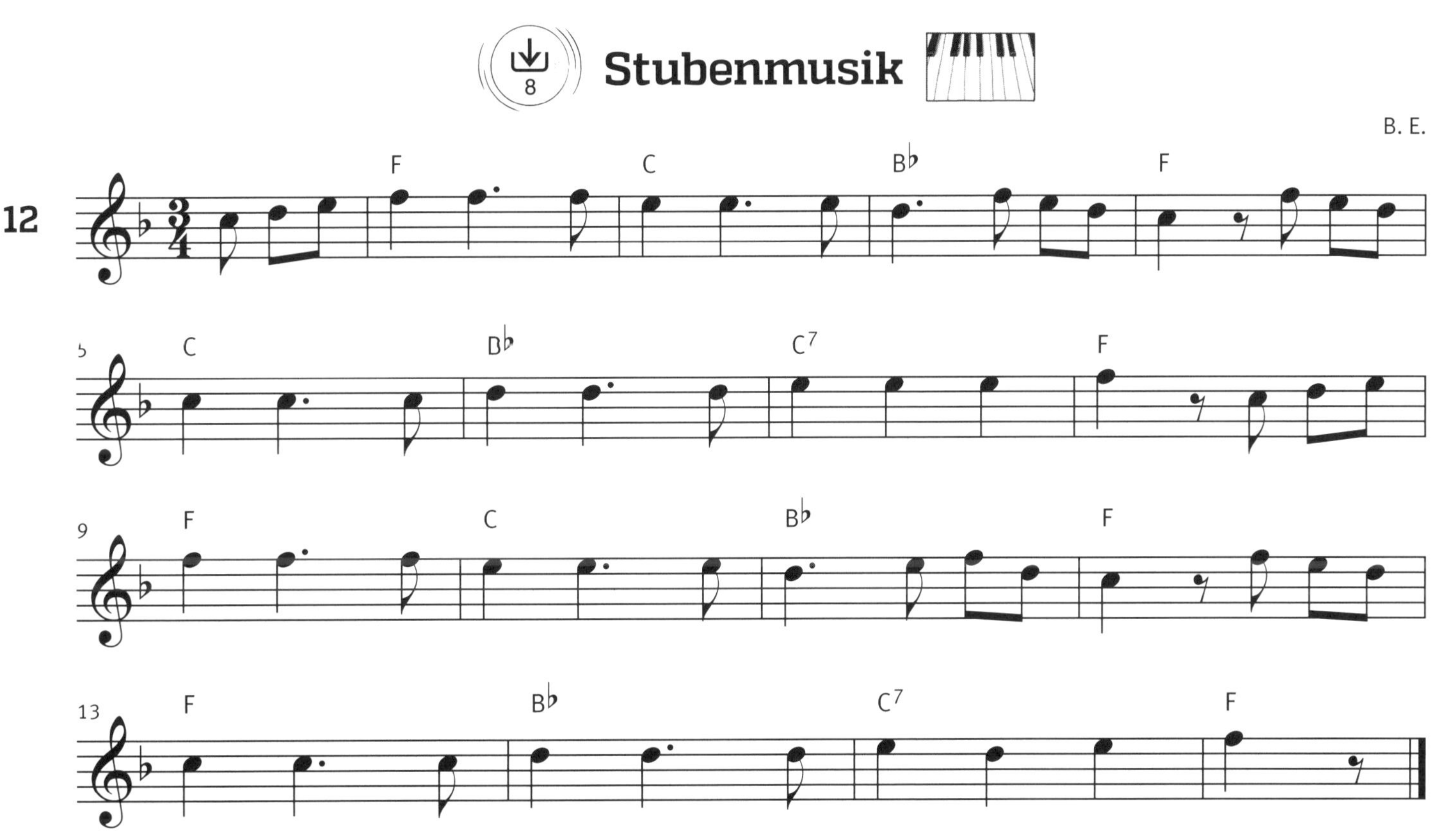

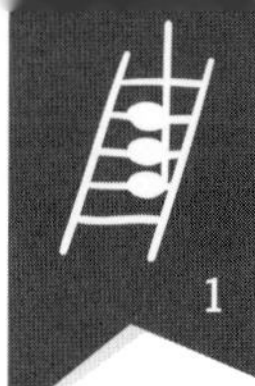

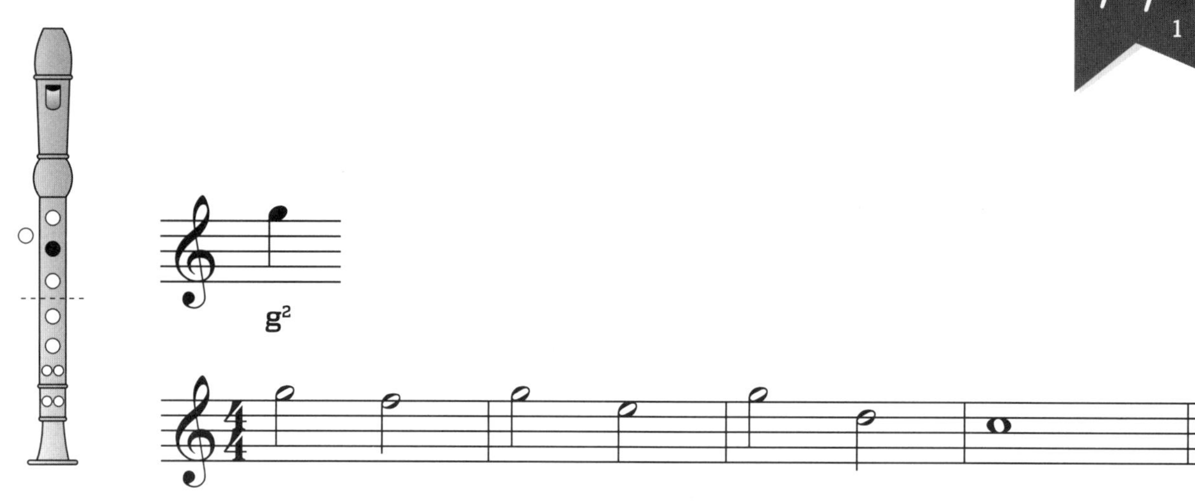

Fem

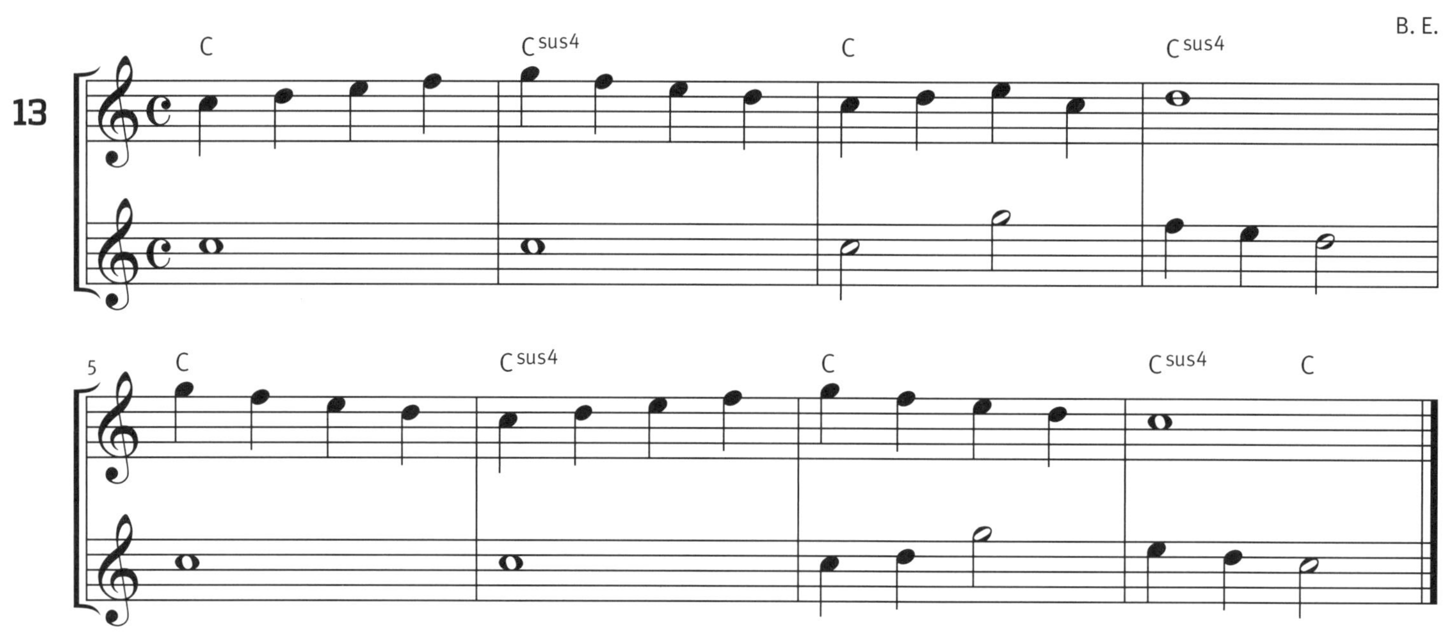

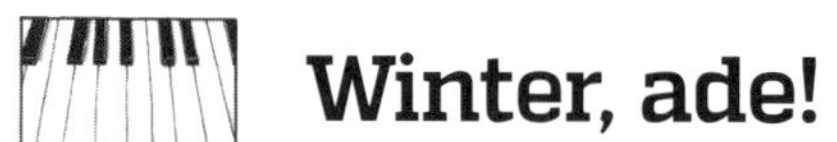

Winter, ade!

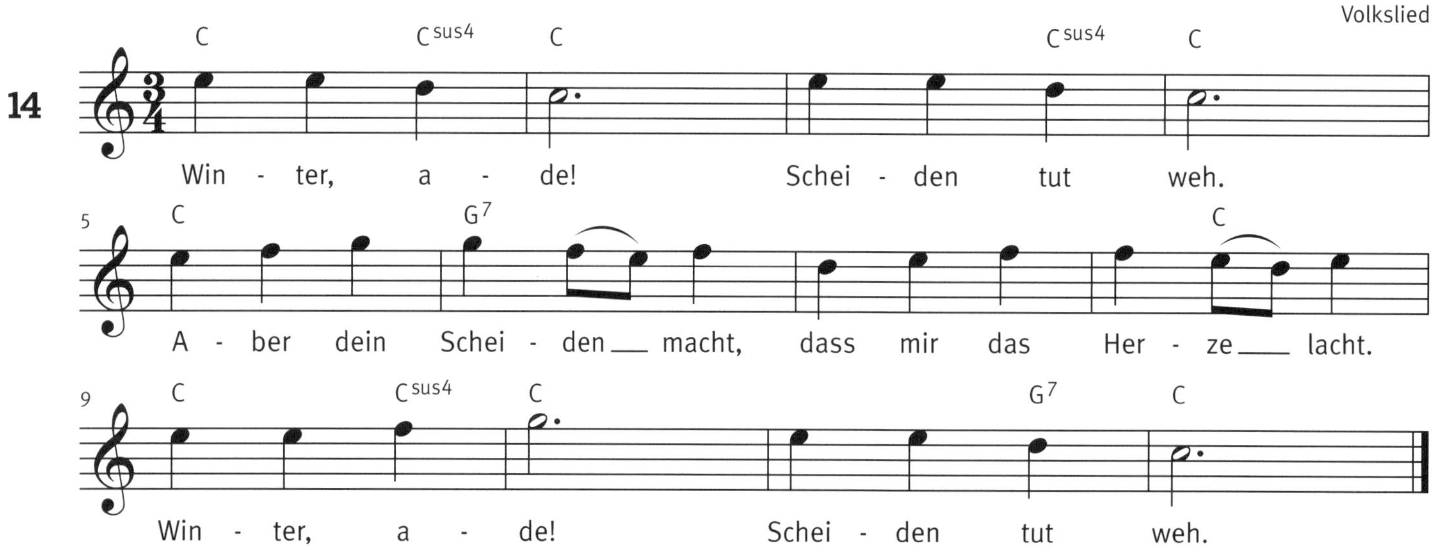

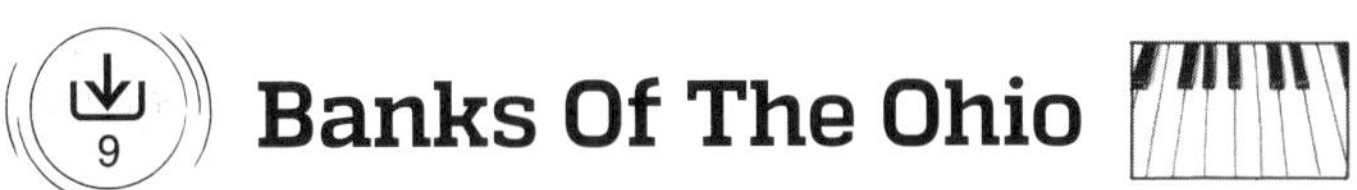

Banks Of The Ohio

Traditional

15

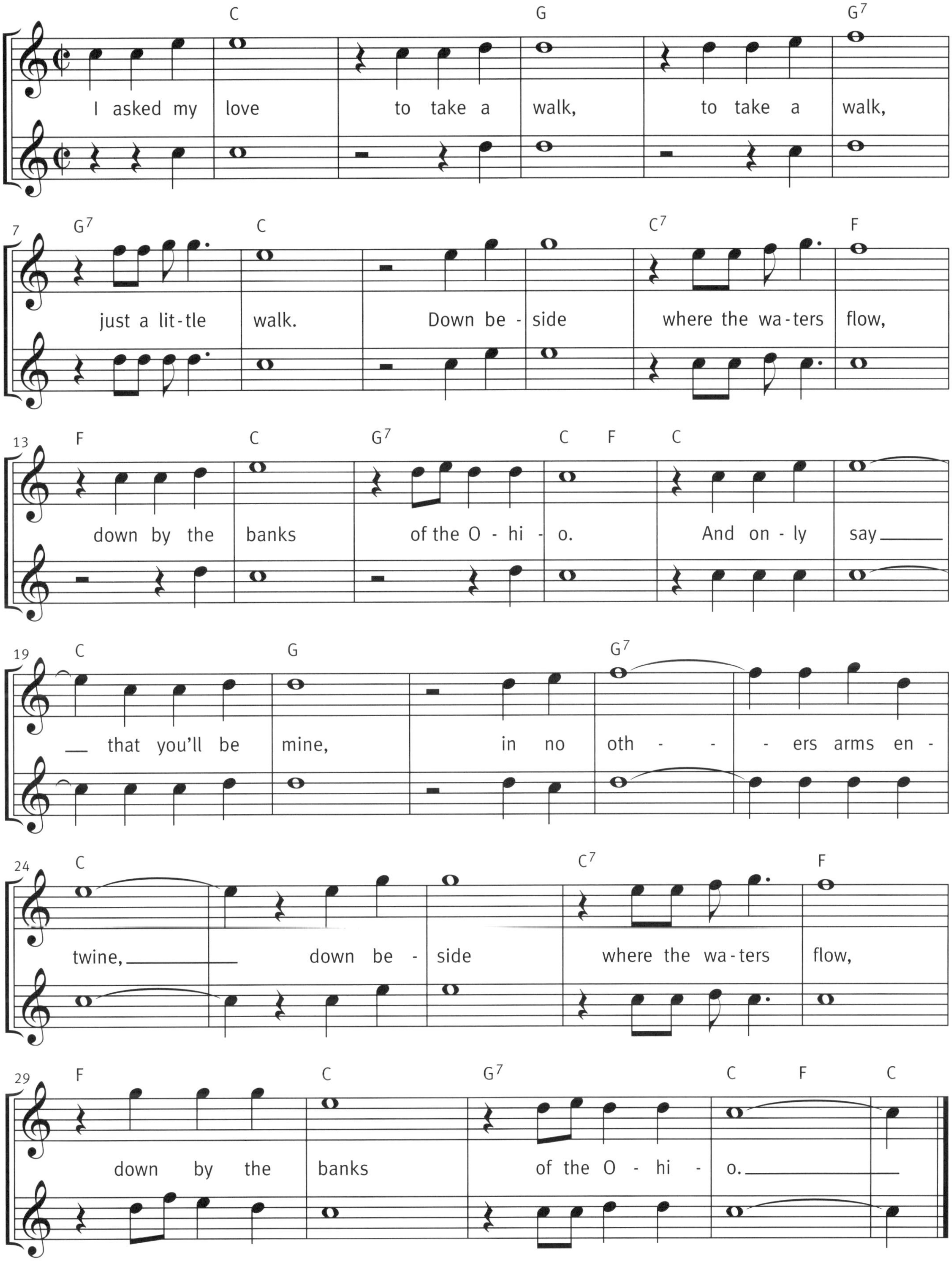

I asked my love to take a walk, to take a walk,

just a lit-tle walk. Down be - side where the wa-ters flow,

down by the banks of the O - hi - o. And on - ly say ___

___ that you'll be mine, in no oth - - - ers arms en -

twine, ___ down be - side where the wa-ters flow,

down by the banks of the O - hi - o. ___

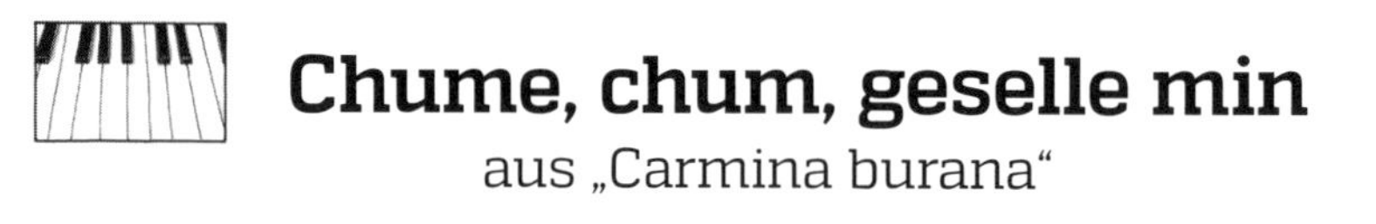

Chume, chum, geselle min

aus „Carmina burana"

Carl Orff
(1895–1982)

16

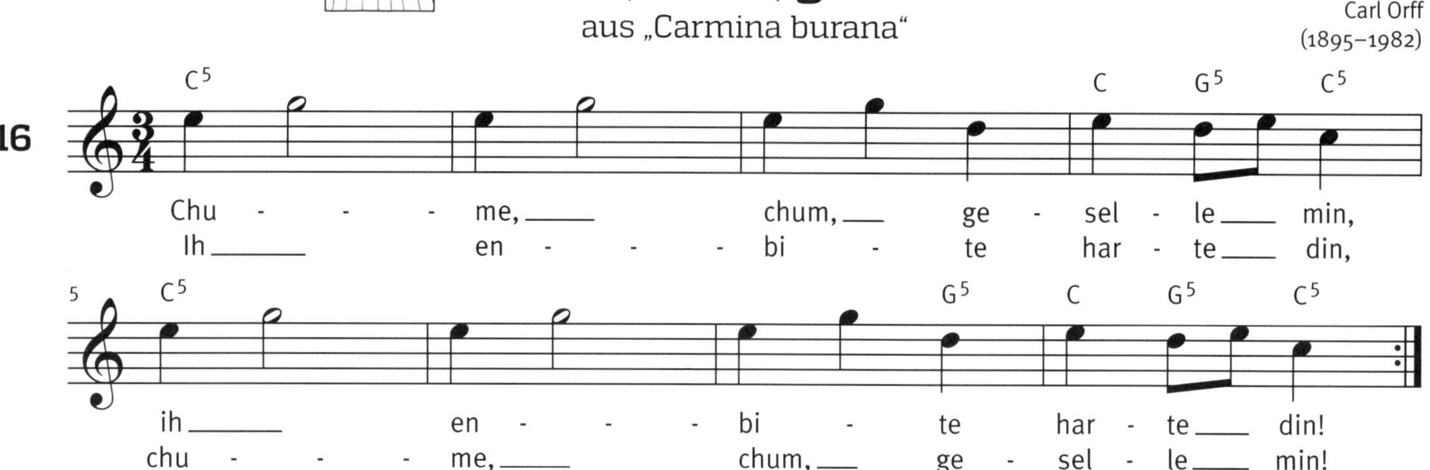

Gavotte in C

James Hook
(1746–1827)

17

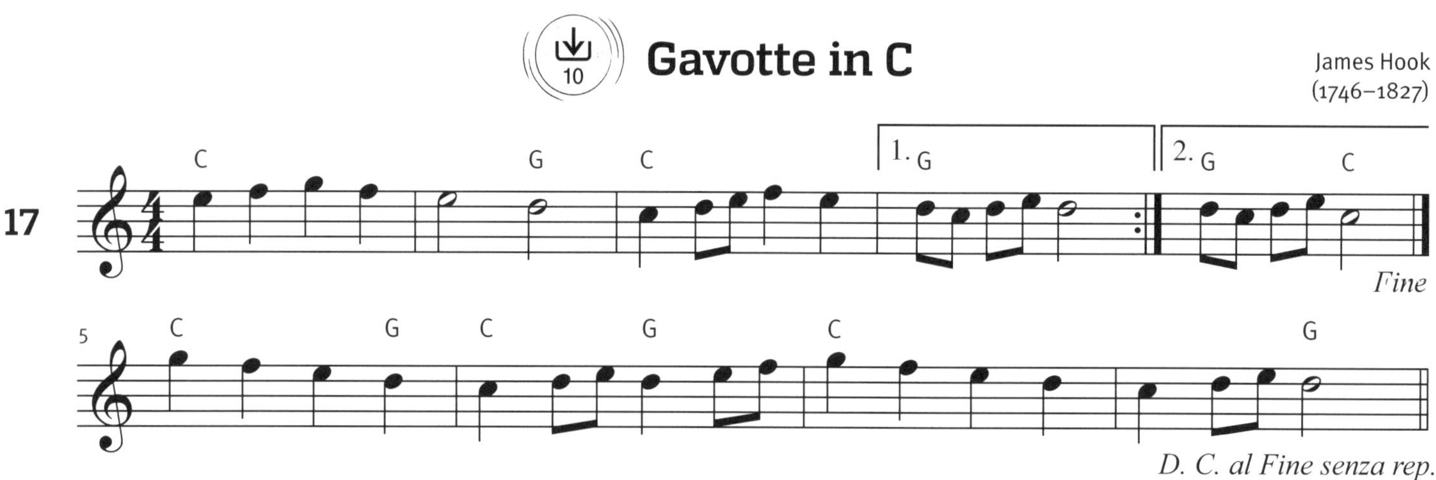

Gavotte in F

James Hook
(1746–1827)

18

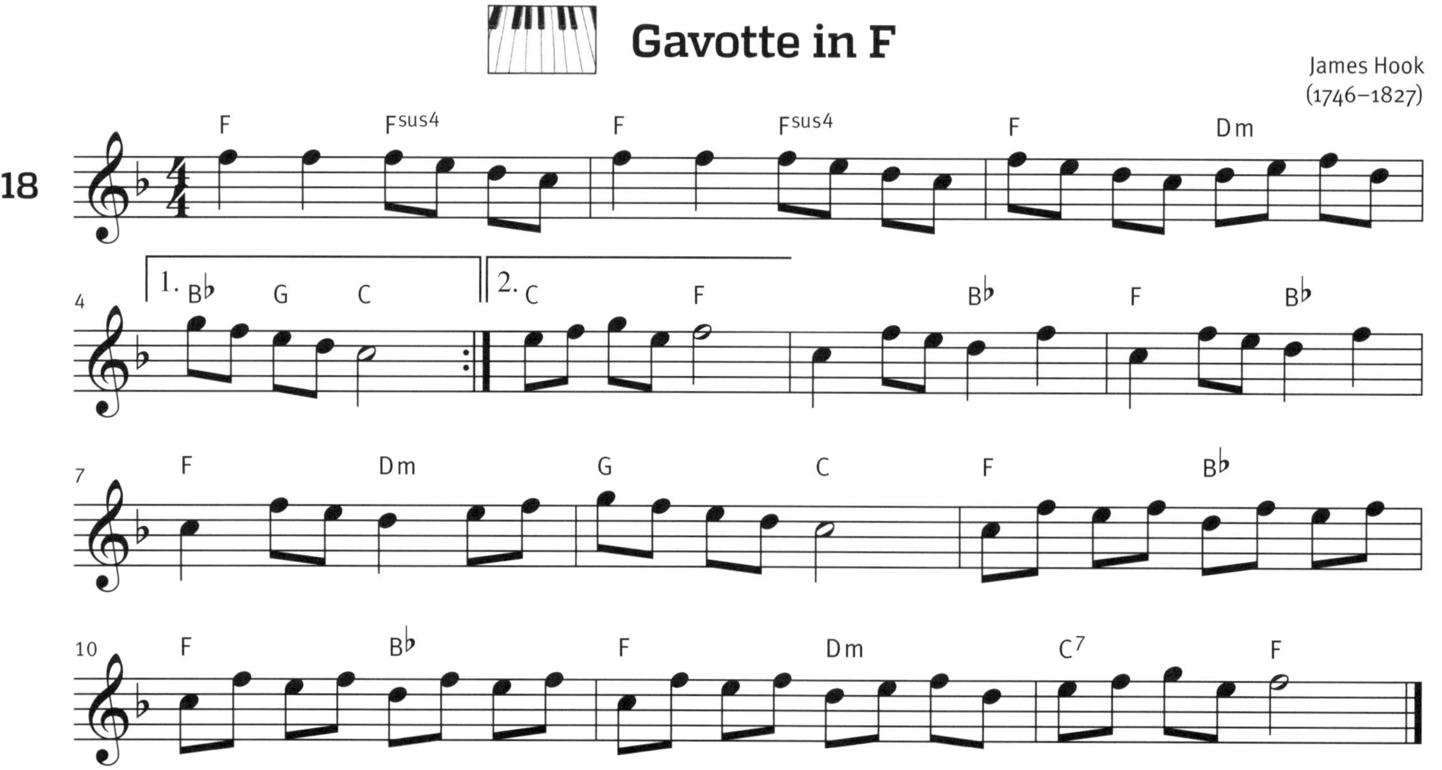

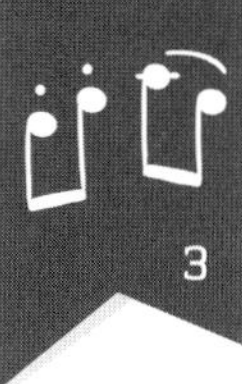

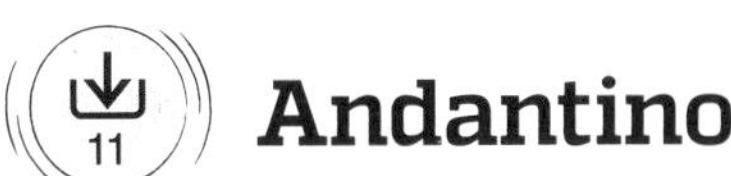

Andantino

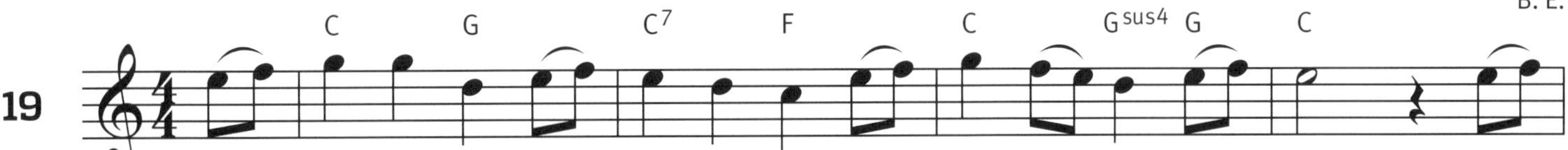

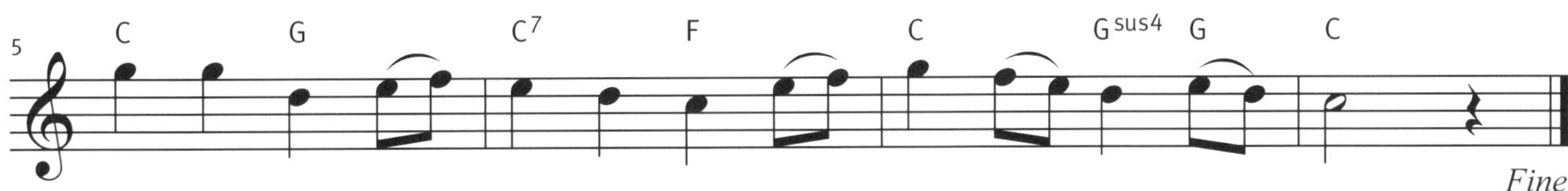

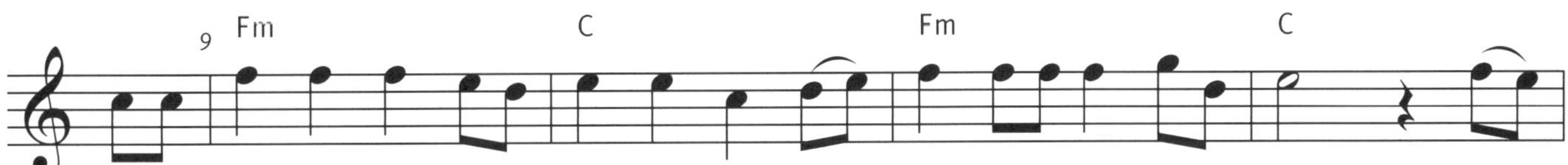

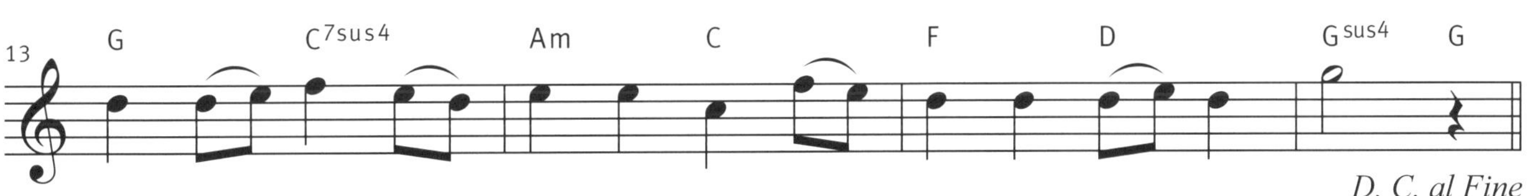

Sechzehntel-Parade

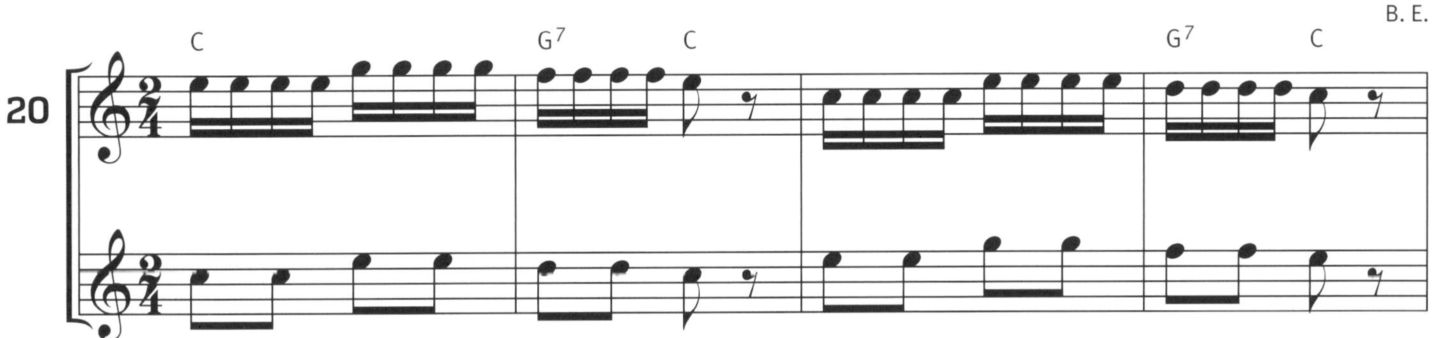

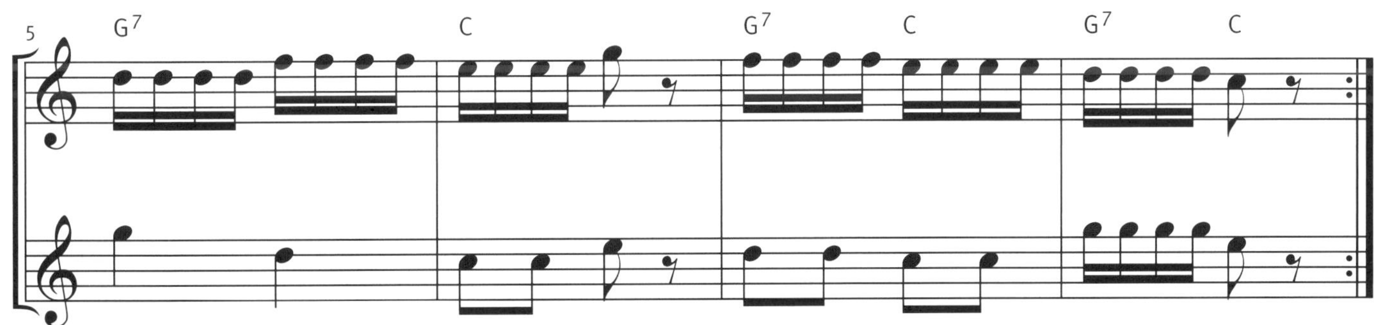

Sonntagsfrühstück

12

B. E.

21

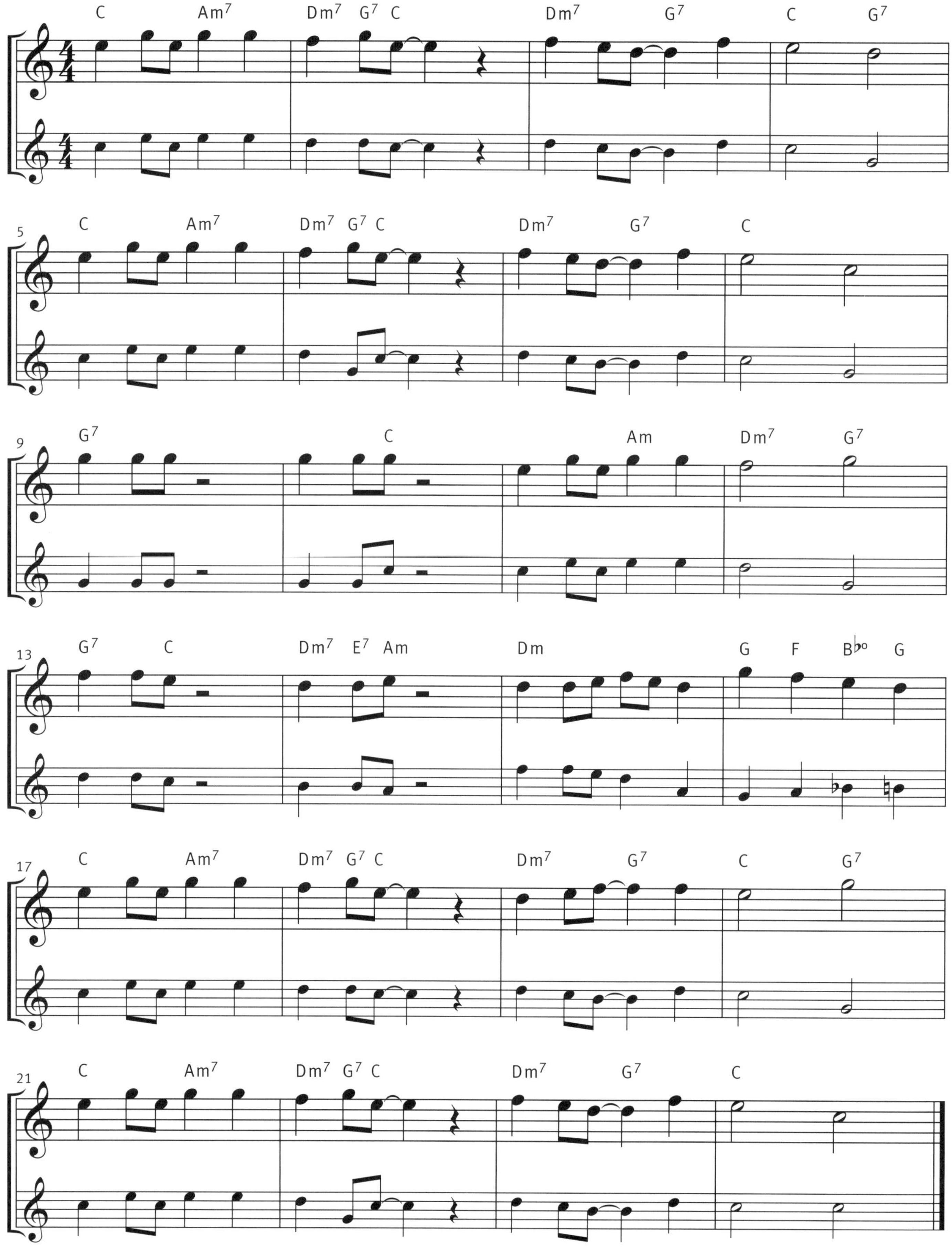

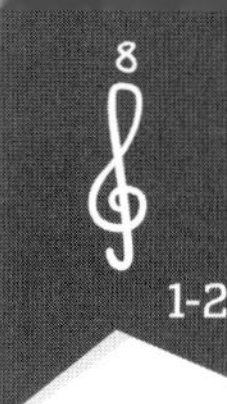

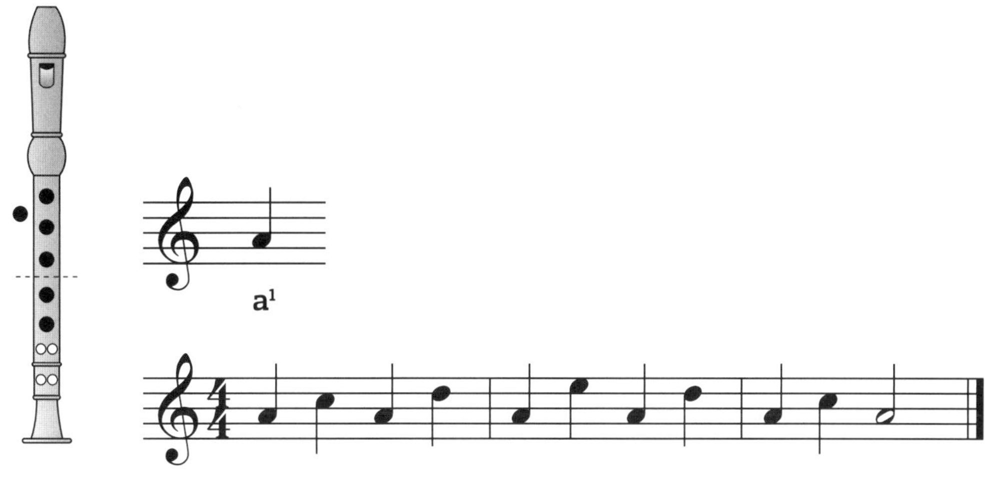

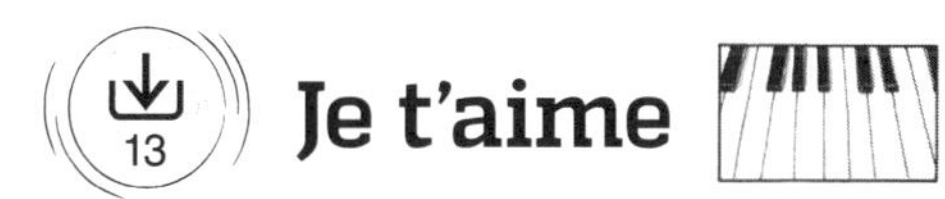

T: aus Frankreich
M: B. E.

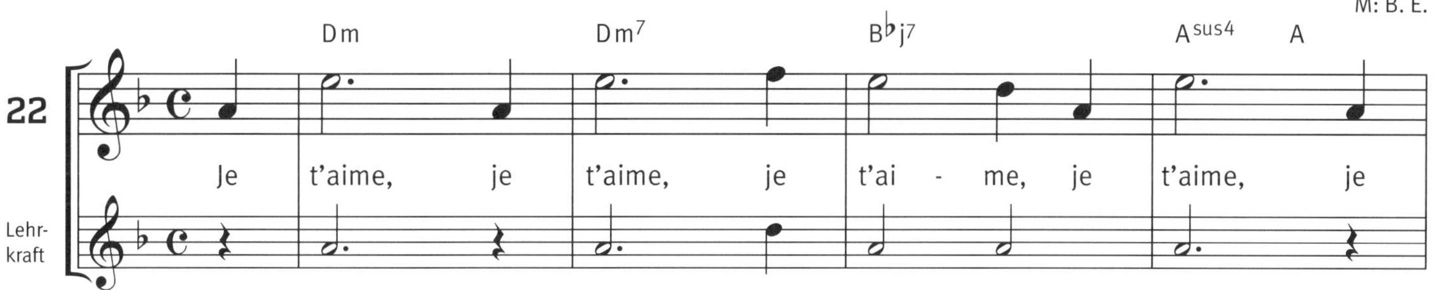

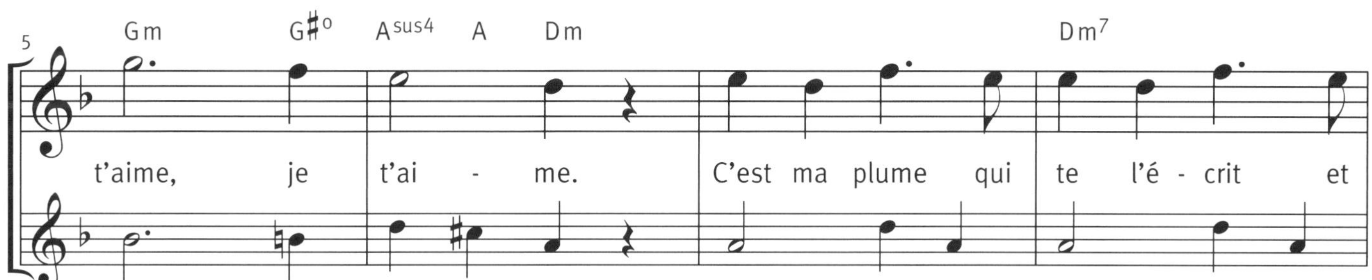

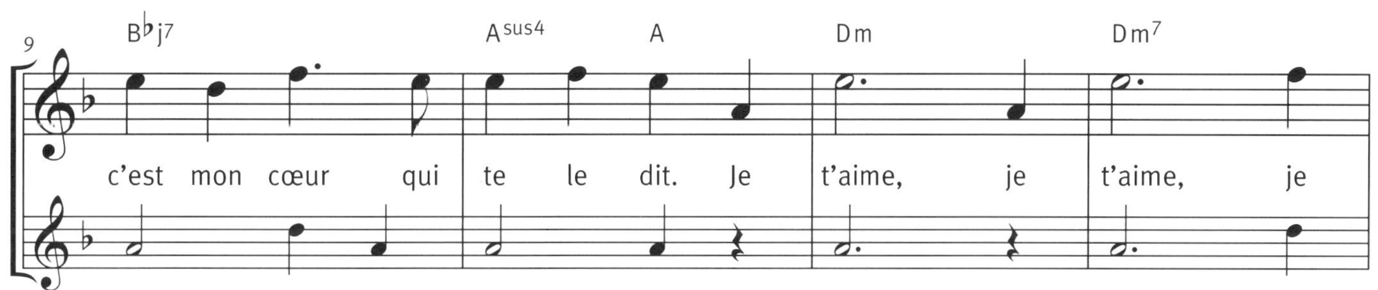

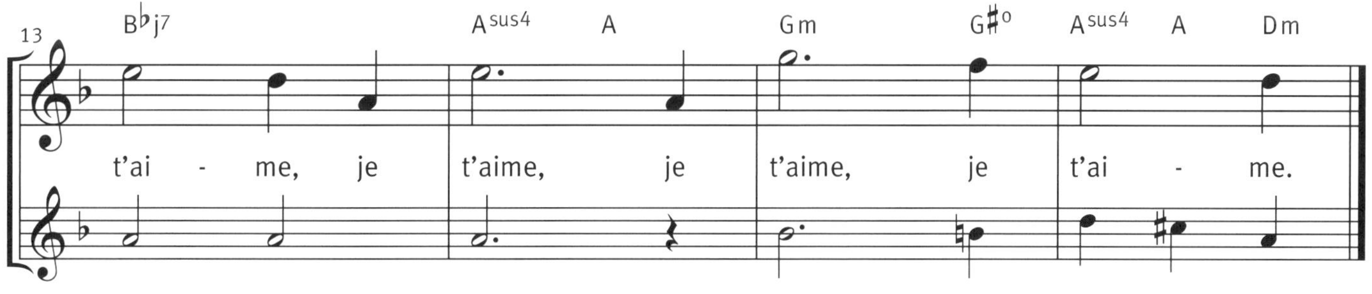

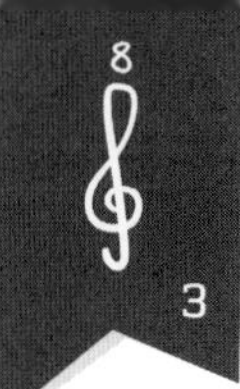

Allotschka

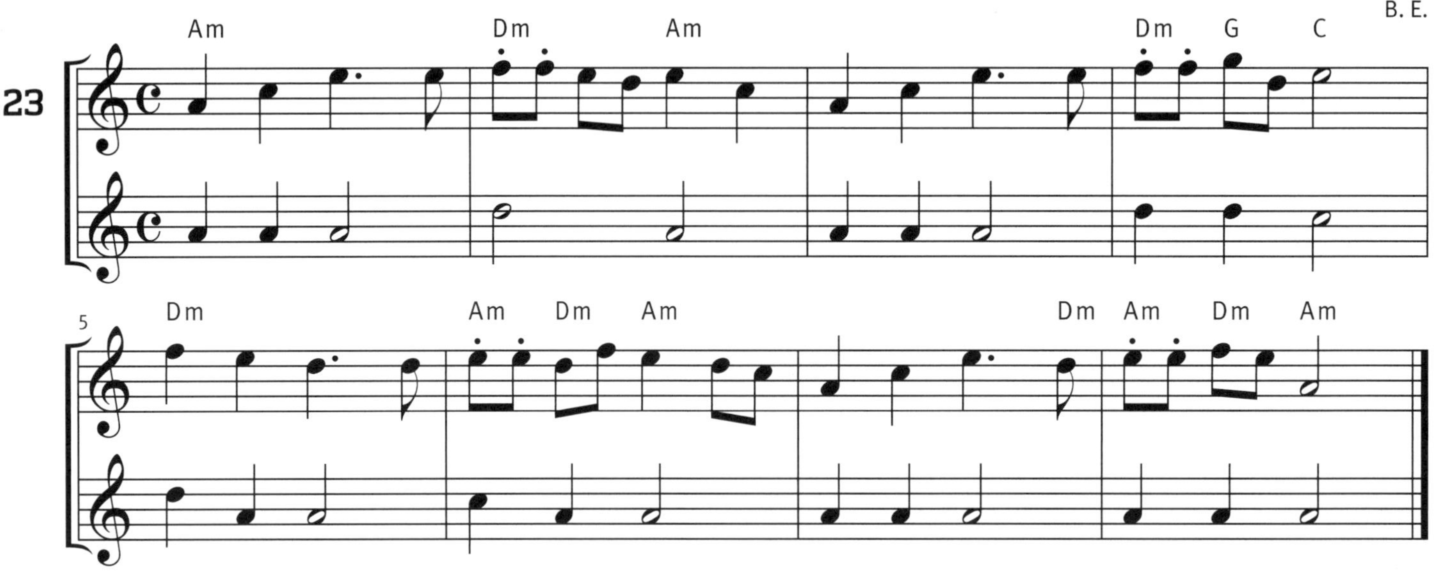

Kimiad ar martolod

aus Frankreich

24

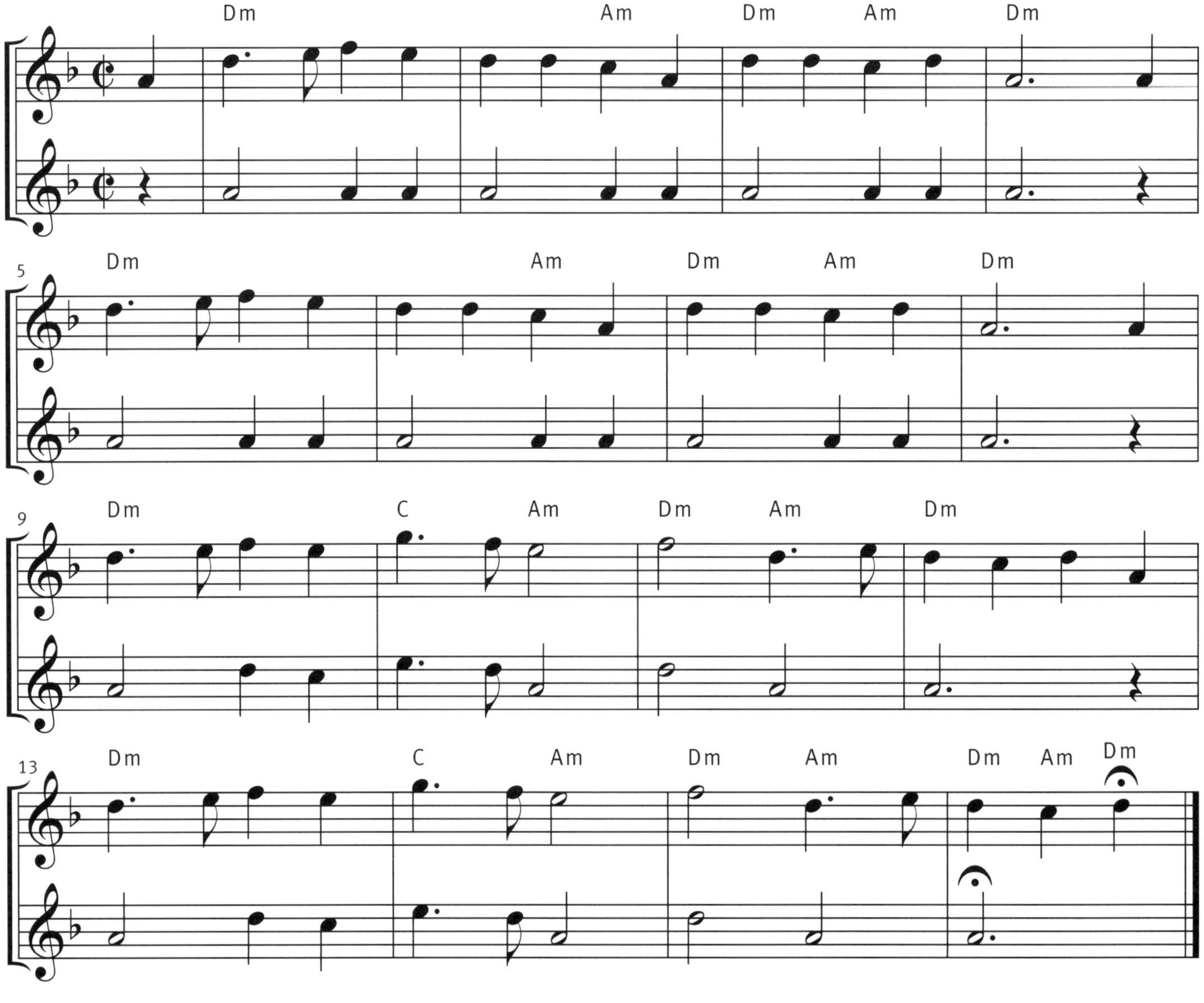

Dm Am Dm Am Dm

5 Dm Am Dm Am Dm

9 Dm C Am Dm Am Dm

13 Dm C Am Dm Am Dm Am Dm

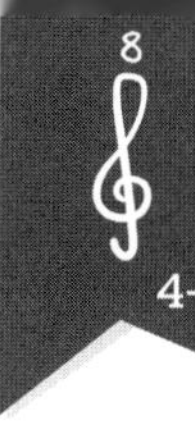

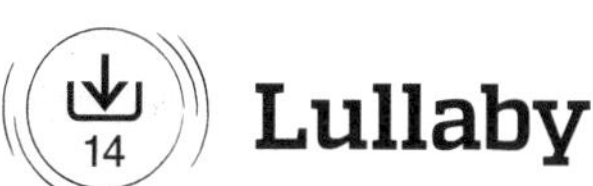

Lullaby

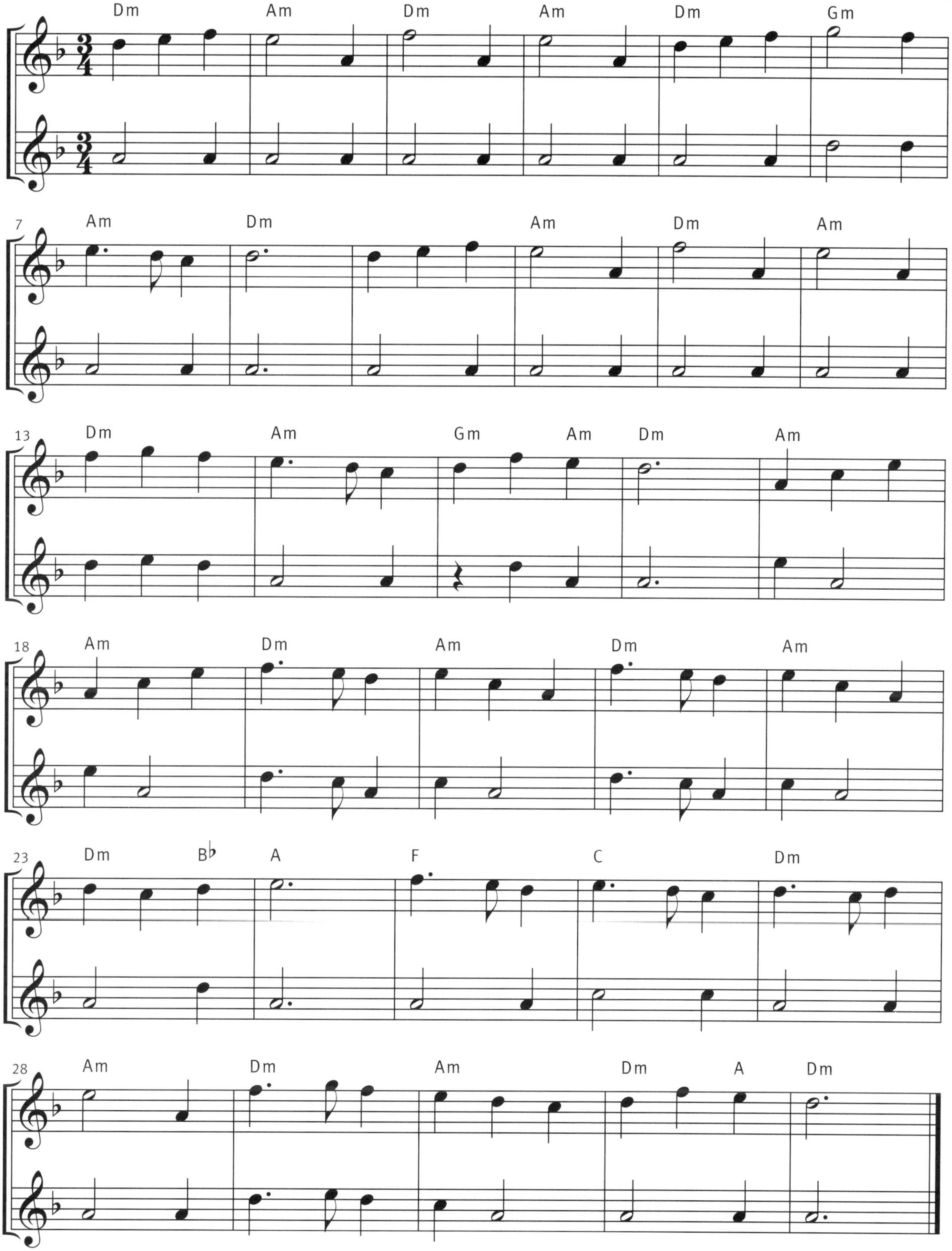

25

B. E.

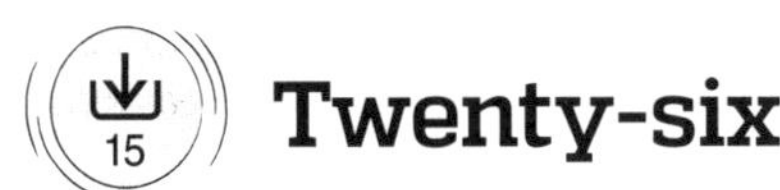

Twenty-six

B. E.

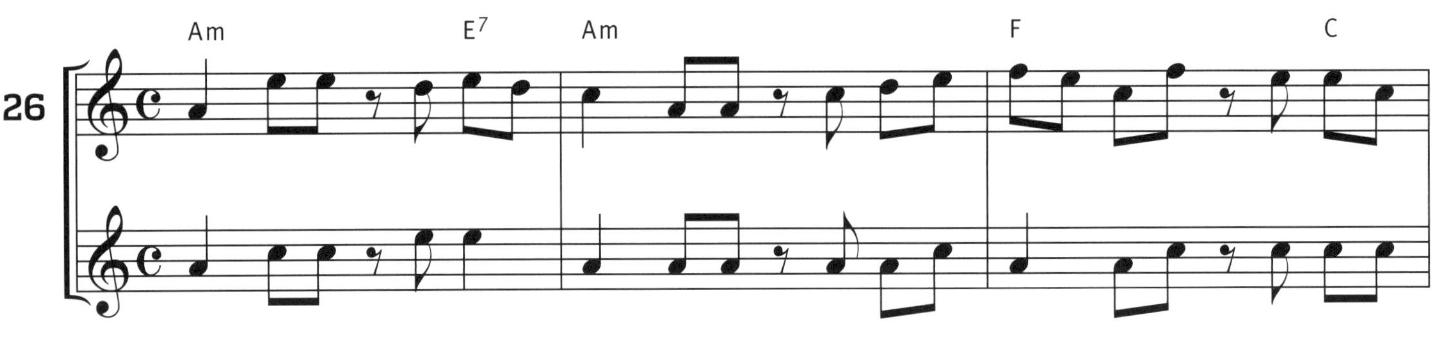

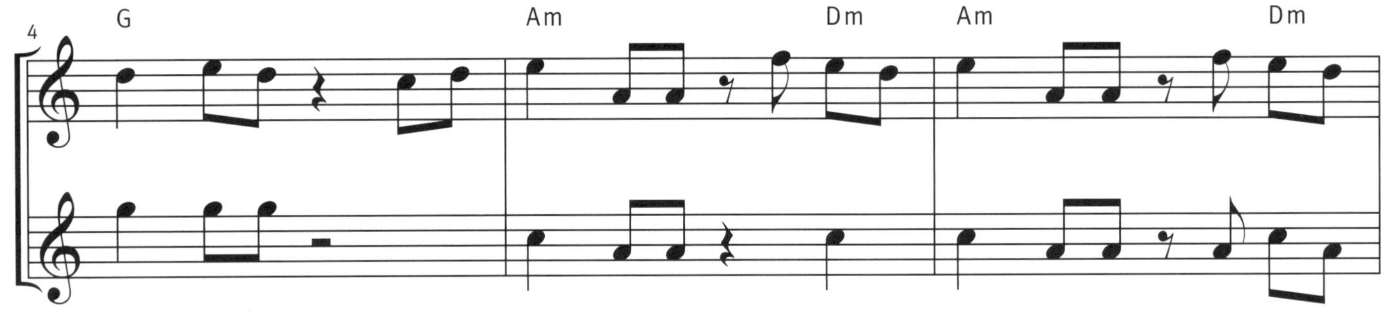

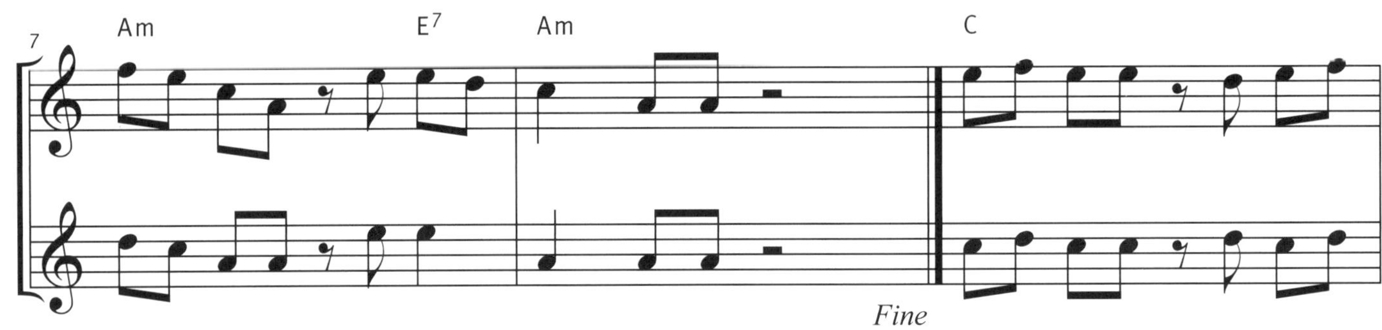

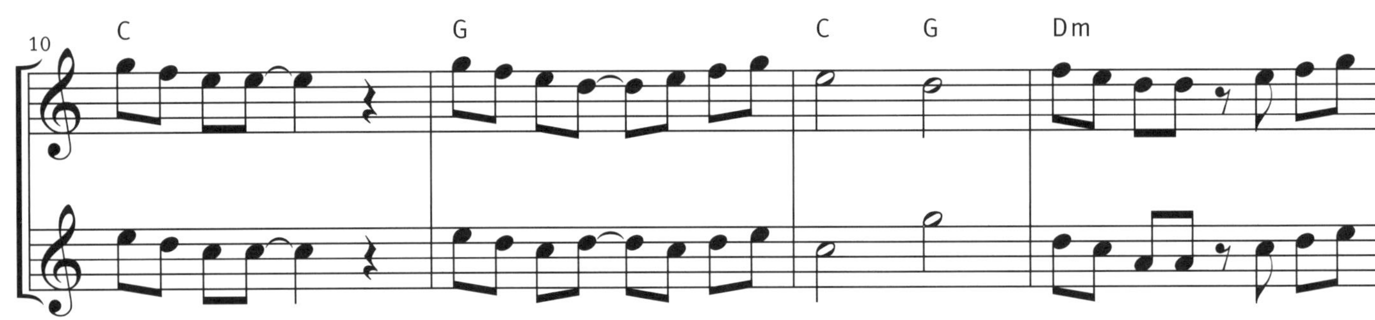

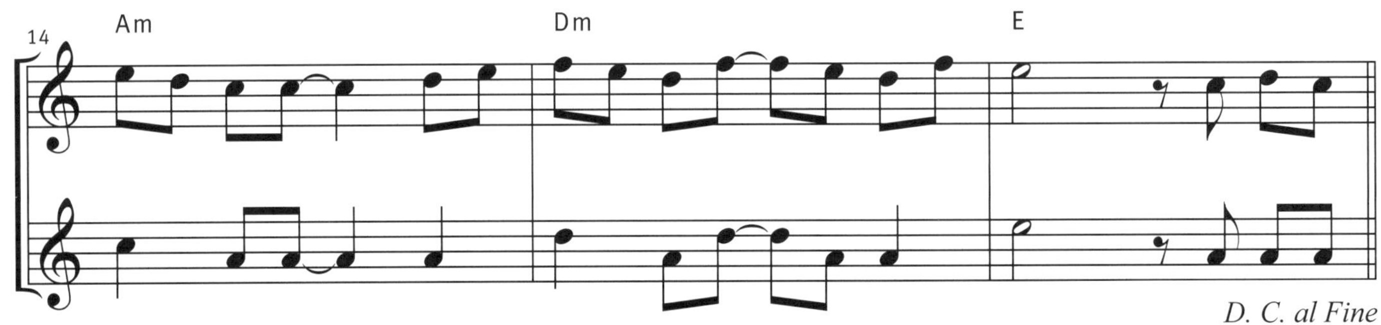

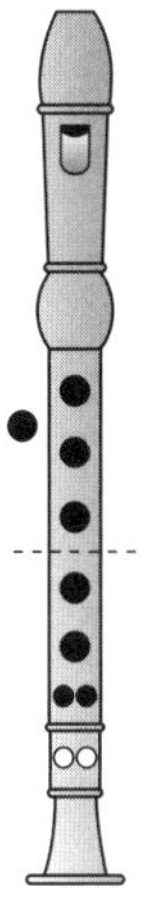

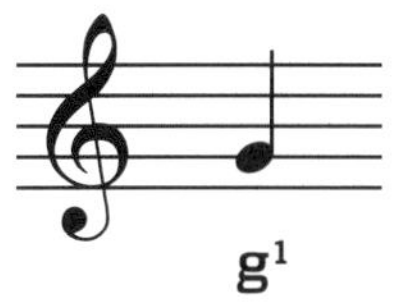

g^1

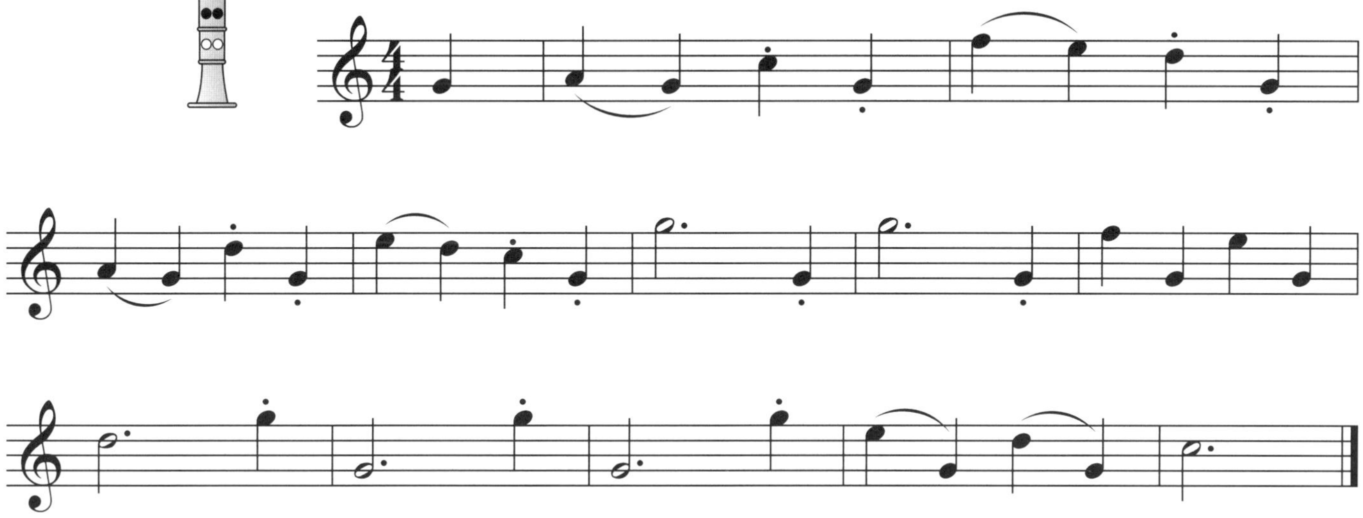

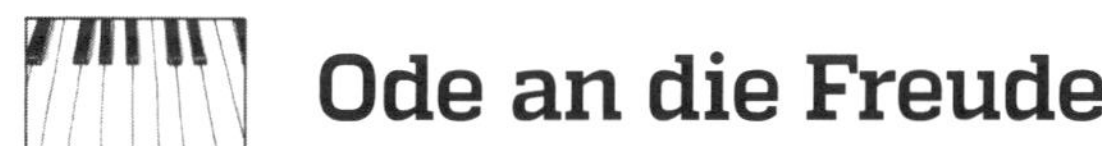

Ode an die Freude

M.: L. van Beethoven (1770–1827)
T.: F. Schiller (1759–1805)

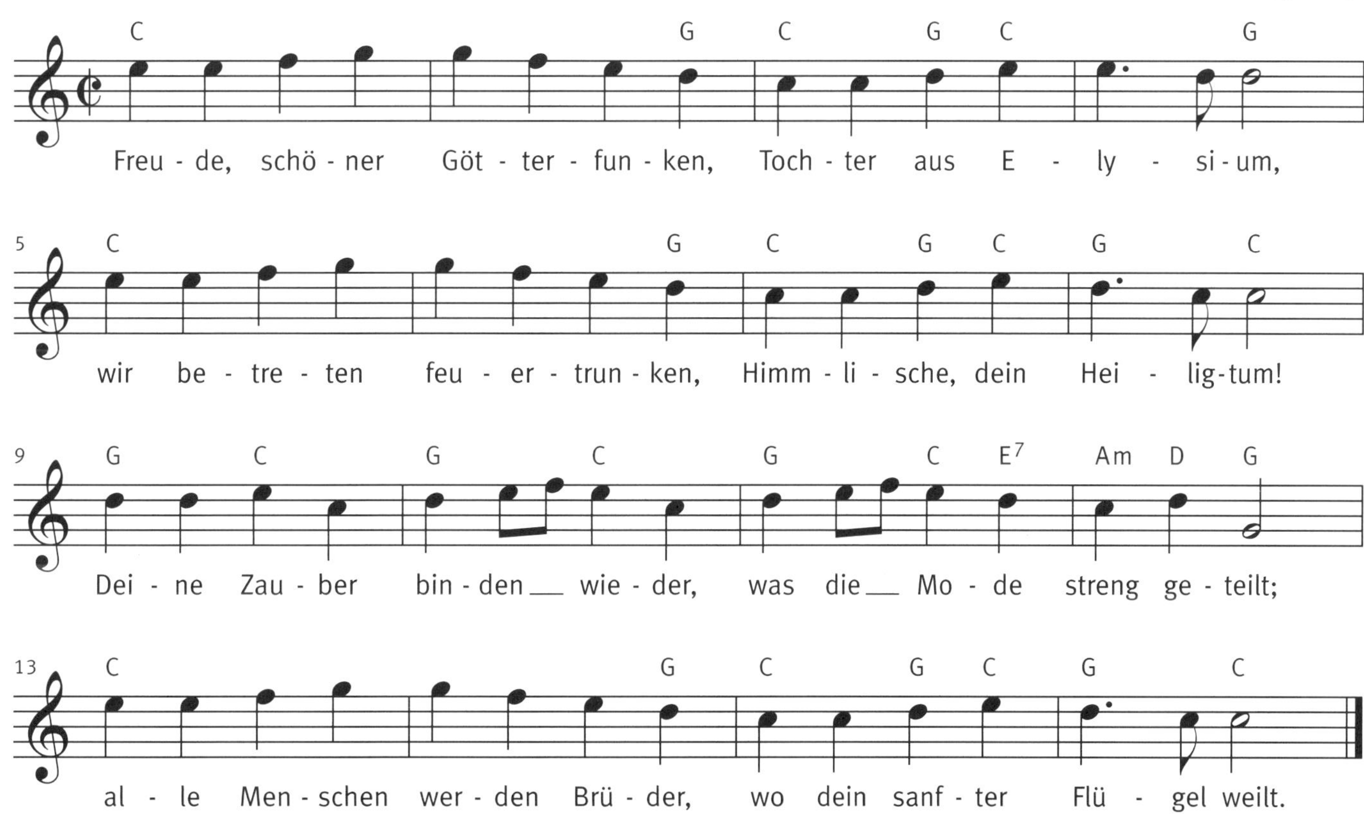

The Spanish Lady

aus Irland

28

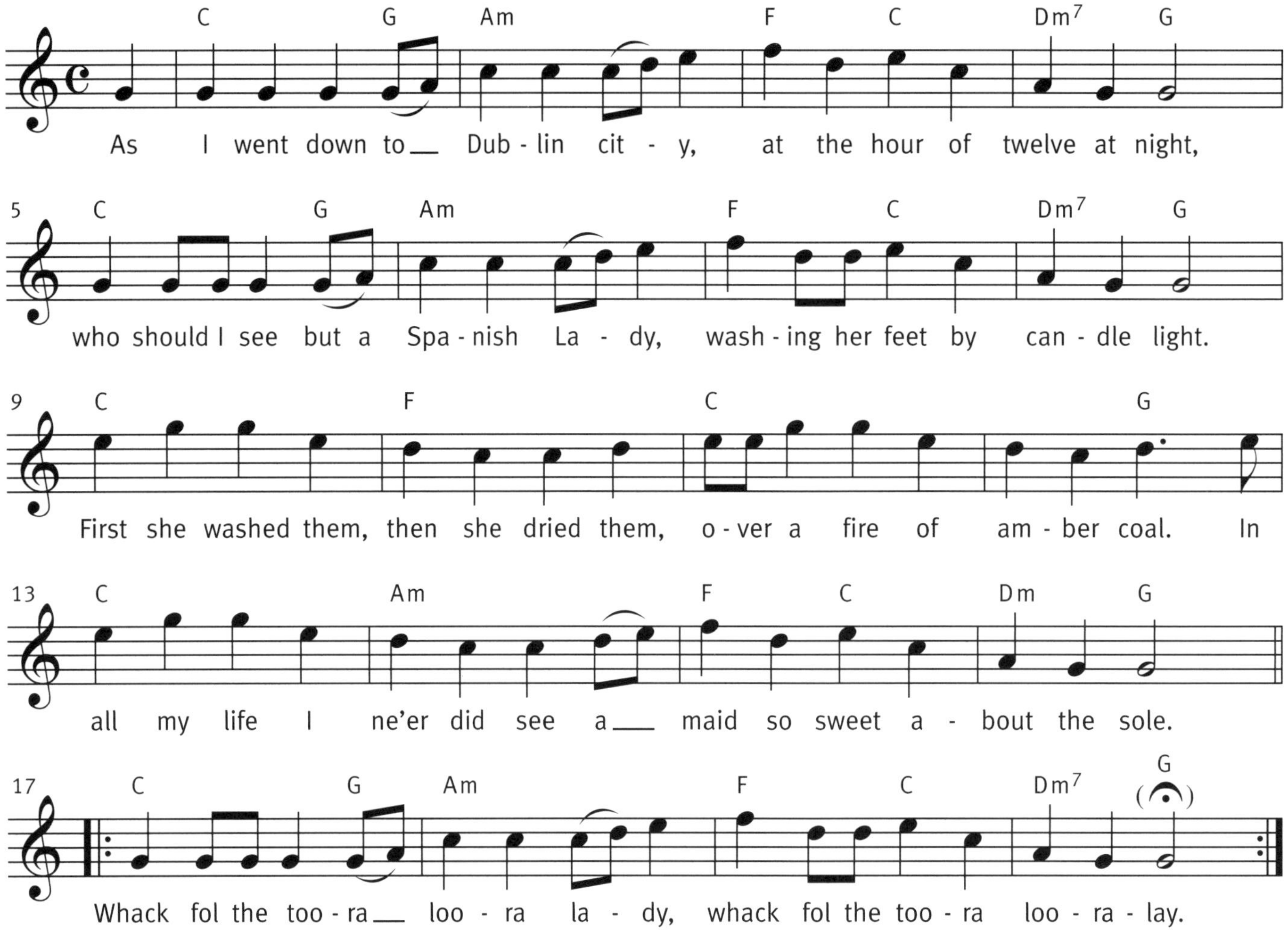

C G Am F C Dm7 G
As I went down to_ Dub-lin cit-y, at the hour of twelve at night,

5 C G Am F C Dm7 G
who should I see but a Spa-nish La-dy, wash-ing her feet by can-dle light.

9 C F C G
First she washed them, then she dried them, o-ver a fire of am-ber coal. In

13 C Am F C Dm G
all my life I ne'er did see a_ maid so sweet a-bout the sole.

17 C G Am F C Dm7 G
Whack fol the too-ra_ loo-ra la-dy, whack fol the too-ra loo-ra-lay.

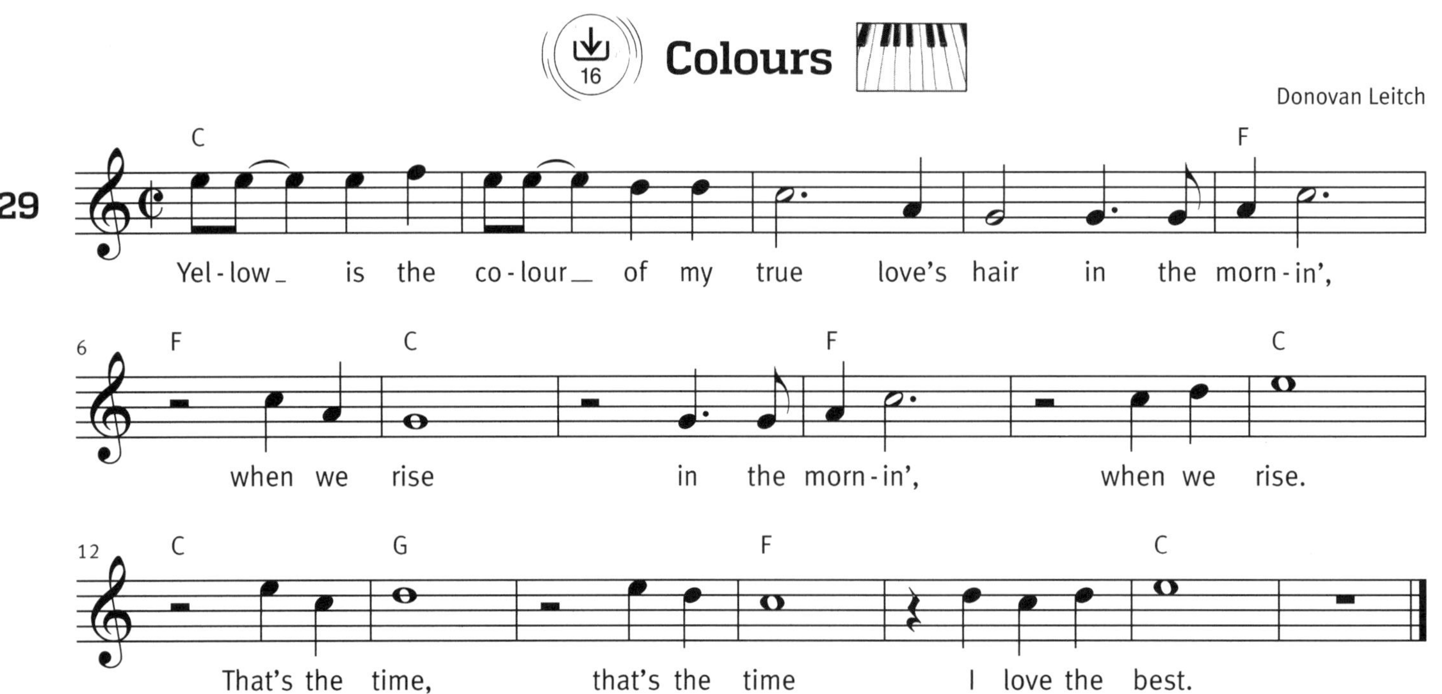

Hinter den Hügeln

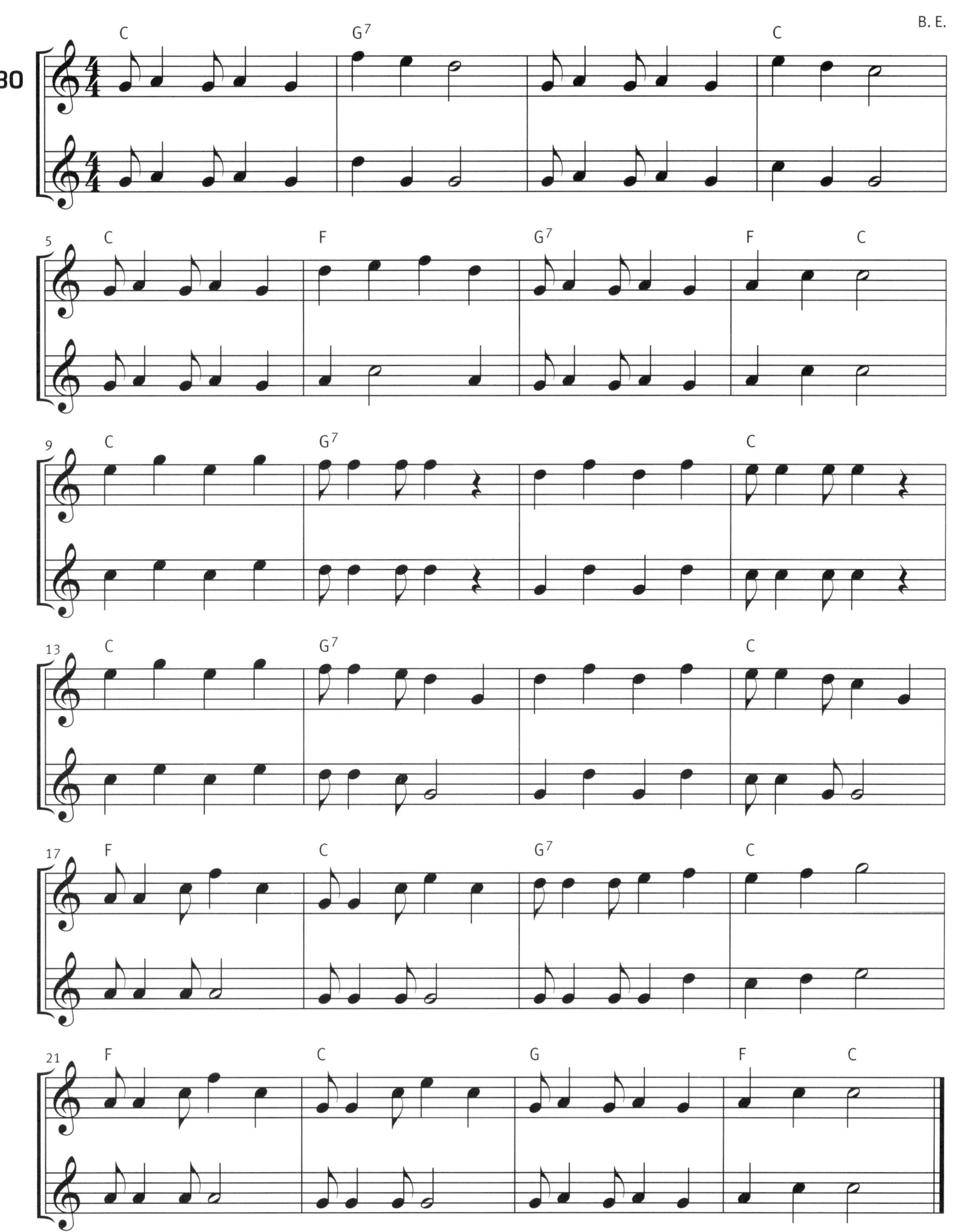

In Dublin's Fair City

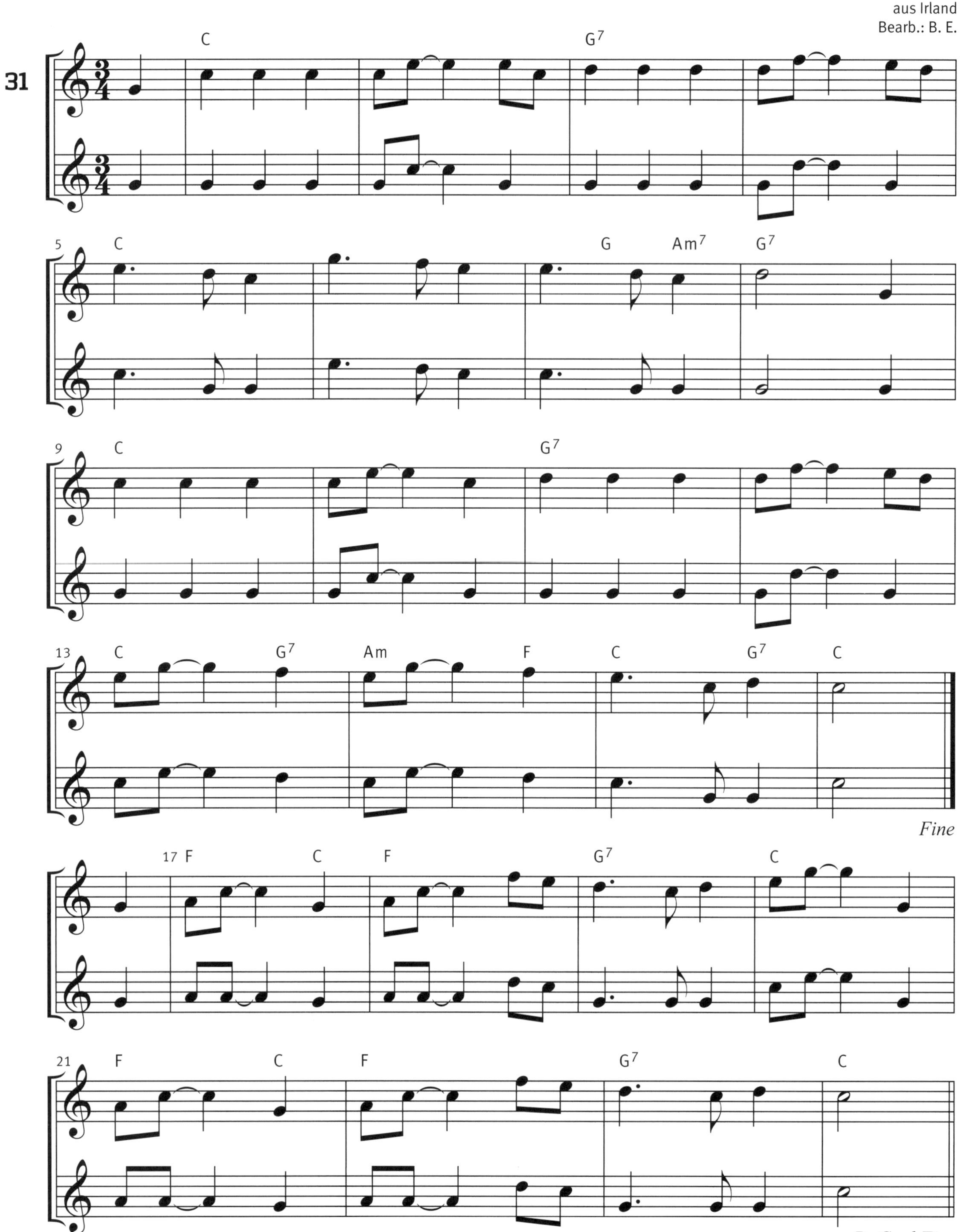

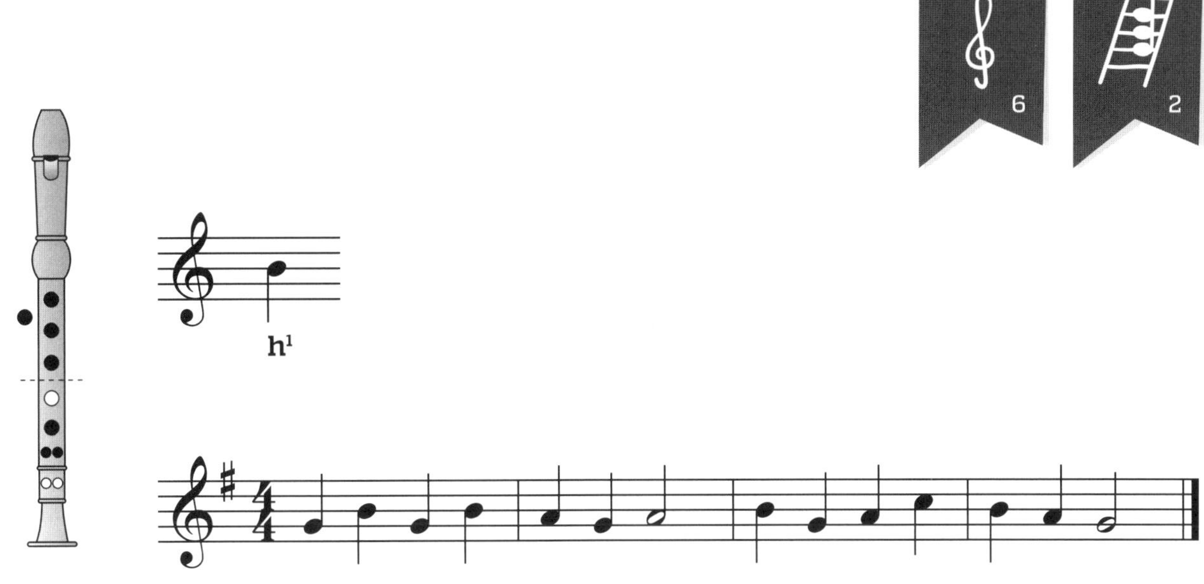

Ein Stimm beginnt im Abend sacht

S. Borris
(1906–1987)

32

Ein Stimm be - ginnt im A - bend sacht, da - von ist am Him - mel ein Stern er - wacht. Nun sin - gen die bei - den und ru - fen zum Chor: Al - le Ster - ne her - vor!

Rhythm And Syncopation

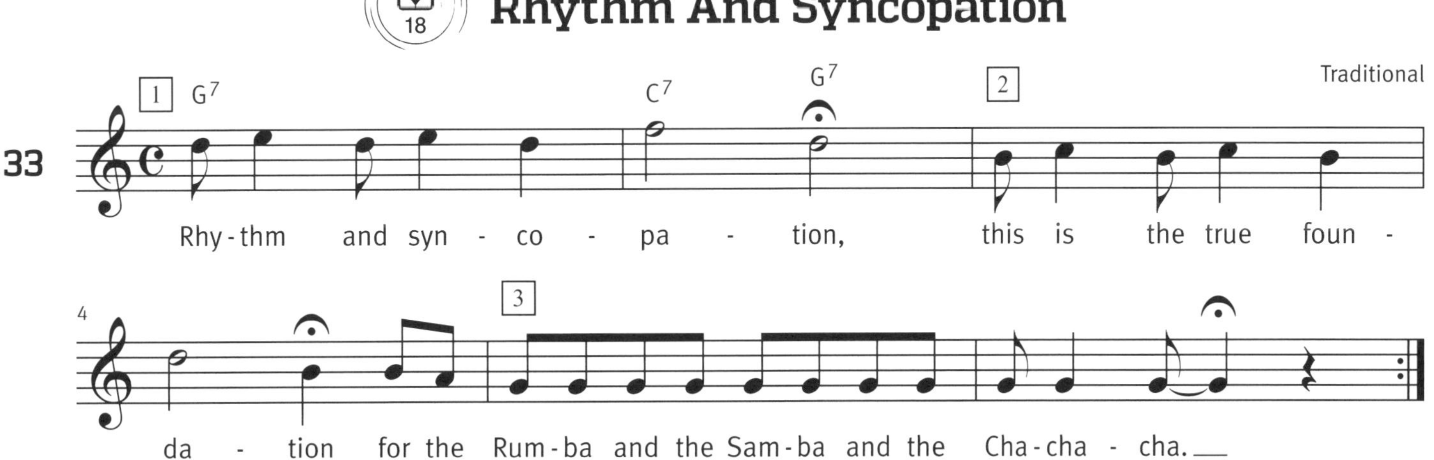

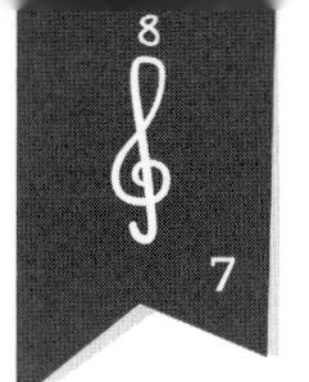

Argeers

J. Playord
(1623–1686)

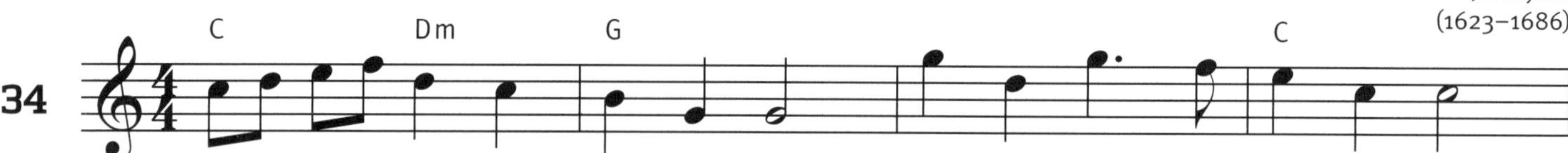

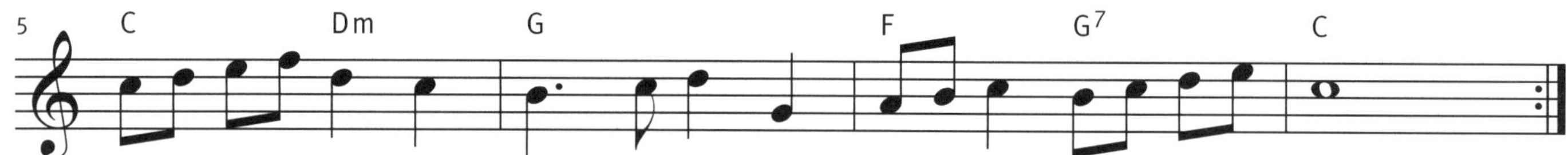

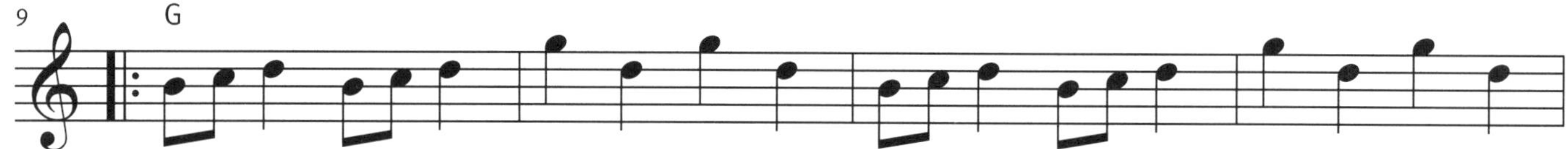

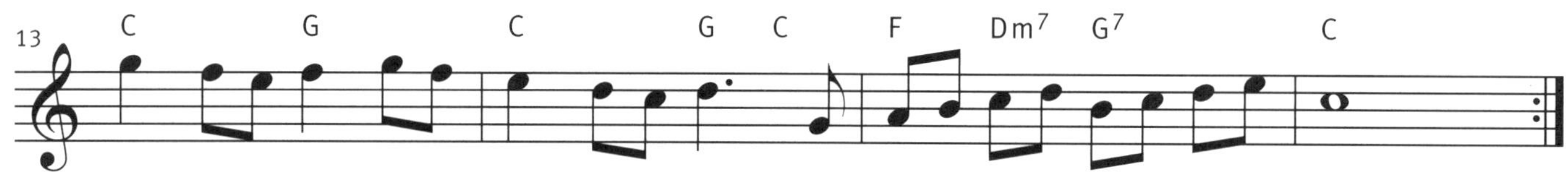

Da Que Deus Mamo

19

aus „Cantigas de Santa Maria“

13. Jh.

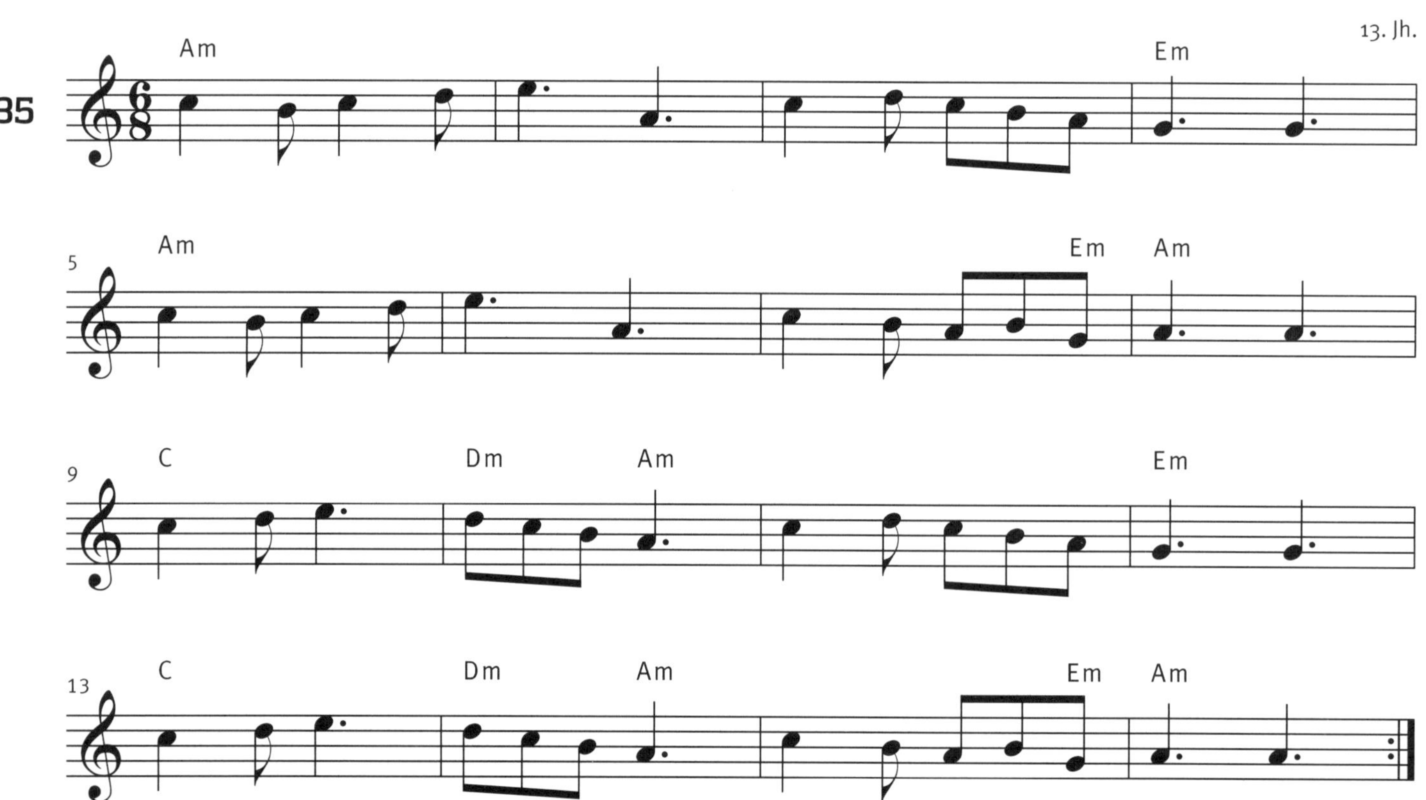

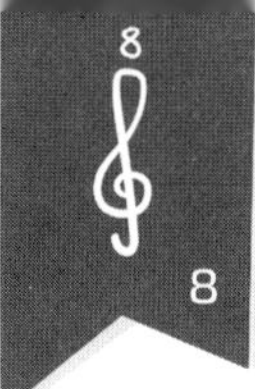

The Bold Fenian Men

aus Irland

36

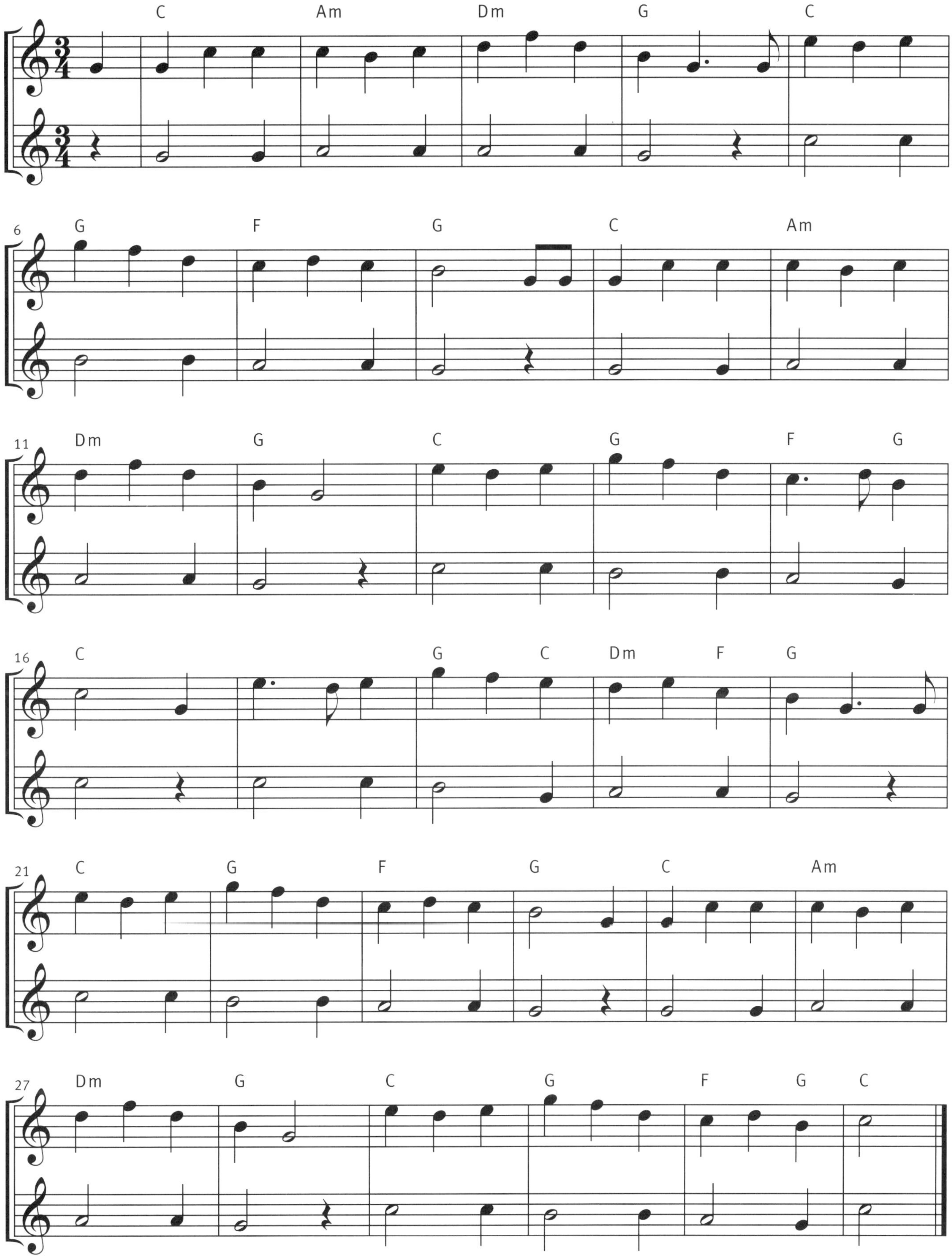

Marche de Sacco et Vanzetti

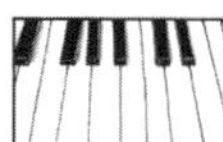

M.: E. Moricone
T.: J. Baez

37

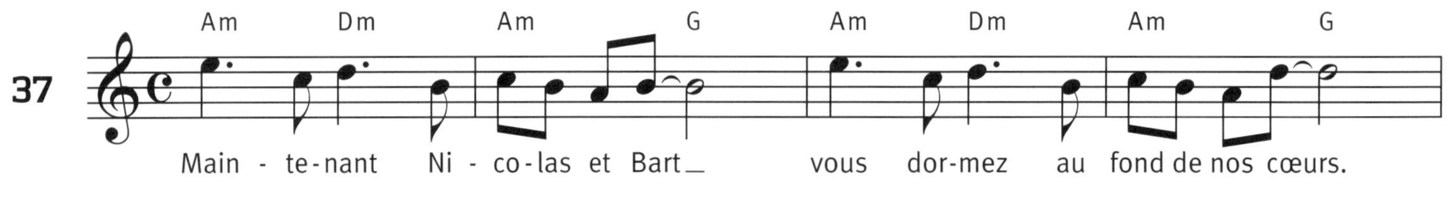

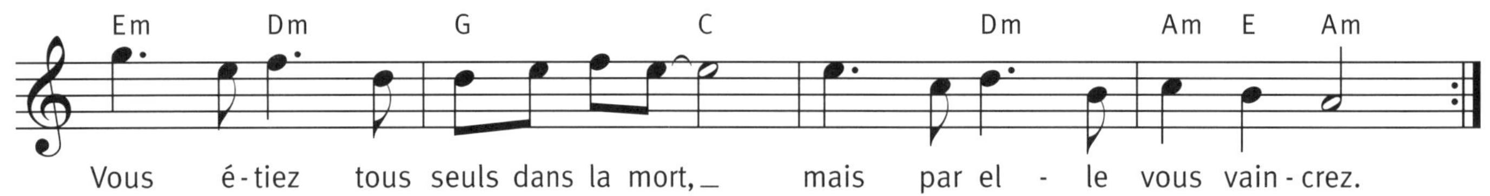

5

21

Danza L'Osu

aus Asturien

38

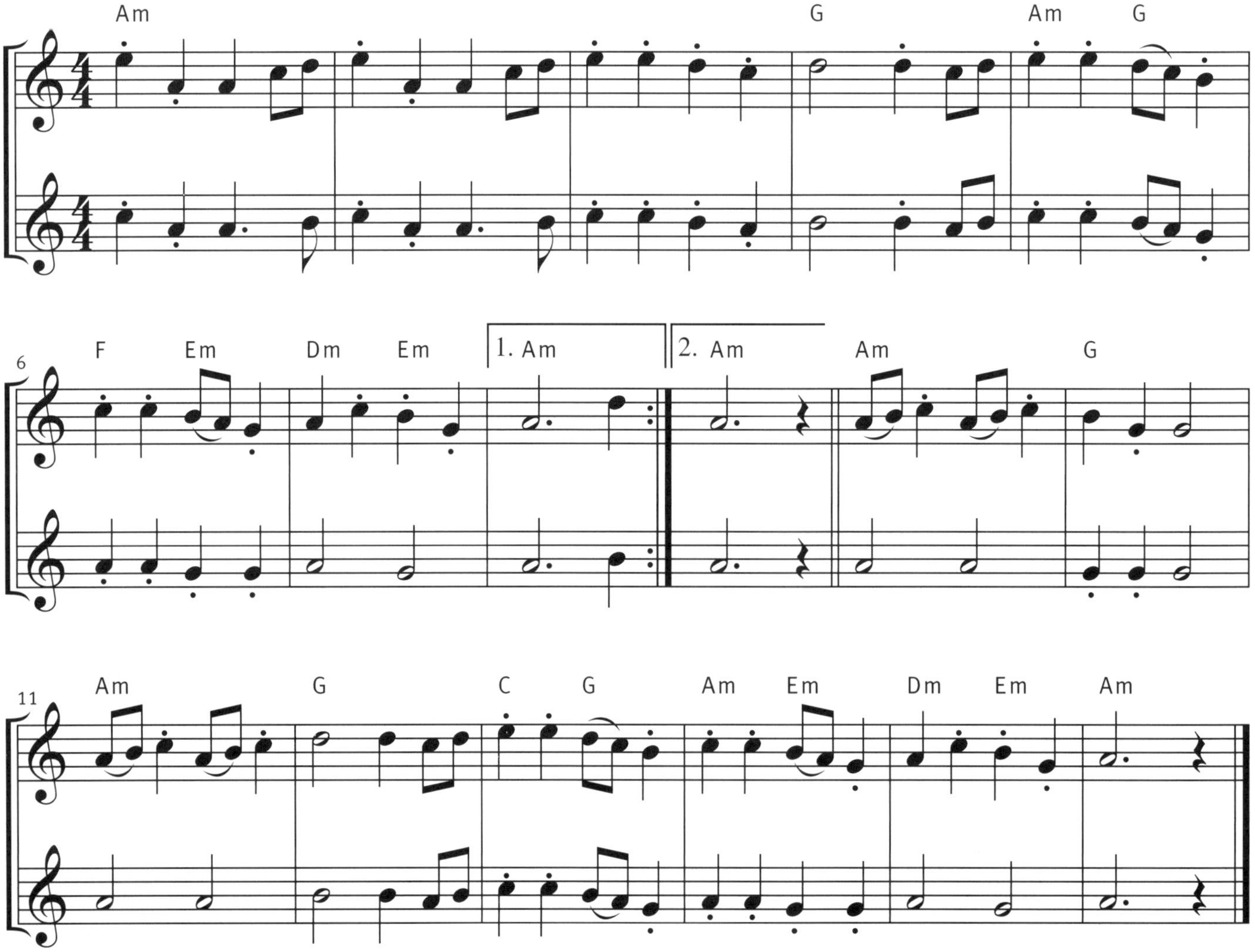

Am G Am G

6 F Em Dm Em 1. Am 2. Am Am G

11 Am G C G Am Em Dm Em Am

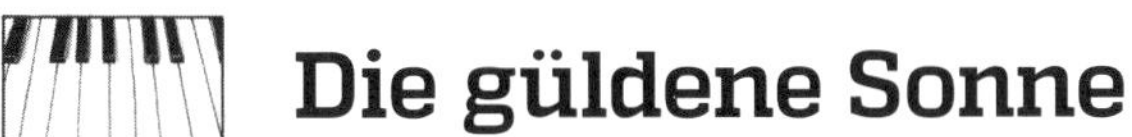

Die güldene Sonne

M.: J. G. Ahle (1651–1706)
T.: Ph. von Zesen (1619–1689)

39

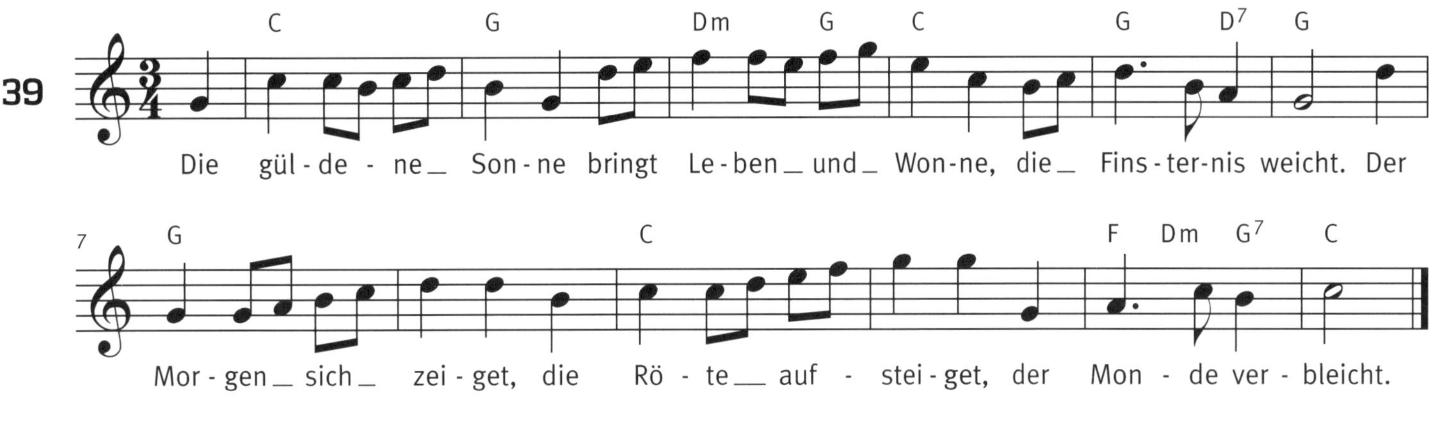

7 G C F Dm G7 C

Mor - gen sich zei - get, die Rö - te auf - stei - get, der Mon - de ver - bleicht.

Nun ruhen alle Wälder

22

M.: H. Isaac (15. Jh.)
T.: P. Gerhardt

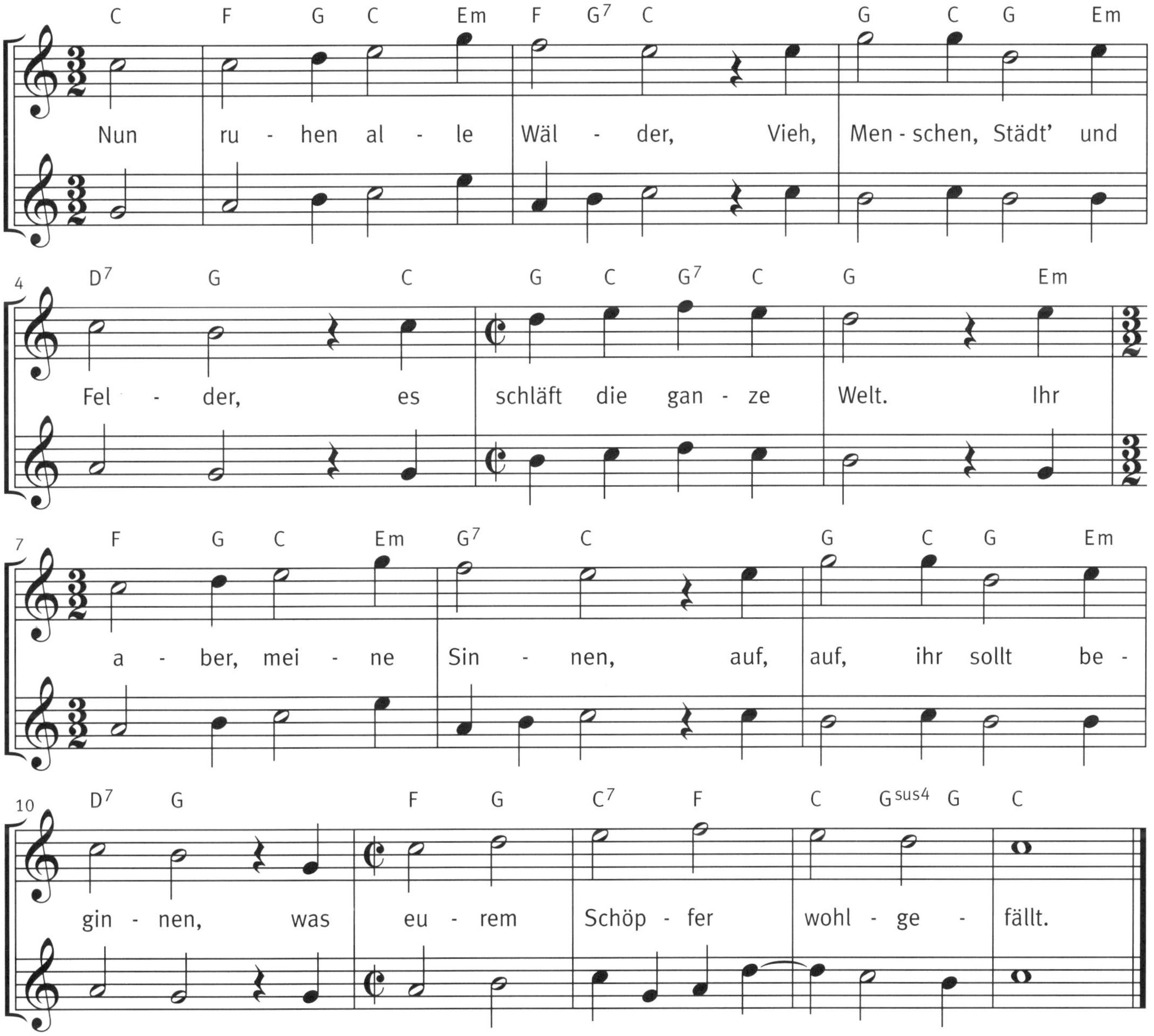

40

C F G C Em F G7 C G C G Em

Nun ru - hen al - le Wäl - der, Vieh, Men - schen, Städt' und

4 D7 G C G C G7 C G Em

Fel - der, es schläft die gan - ze Welt. Ihr

7 F G C Em G7 C G C G Em

a - ber, mei - ne Sin - nen, auf, auf, ihr sollt be -

10 D7 G F G C7 F C Gsus4 G C

gin - nen, was eu - rem Schöp - fer wohl - ge - fällt.

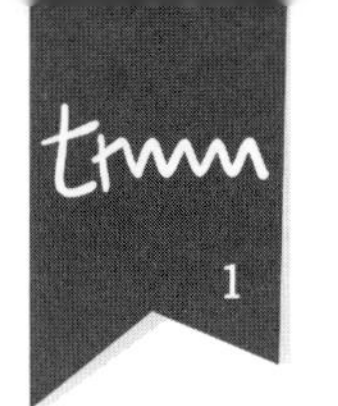

Sarabande

E.-Ph. Chédeville
(1696–1762)

41

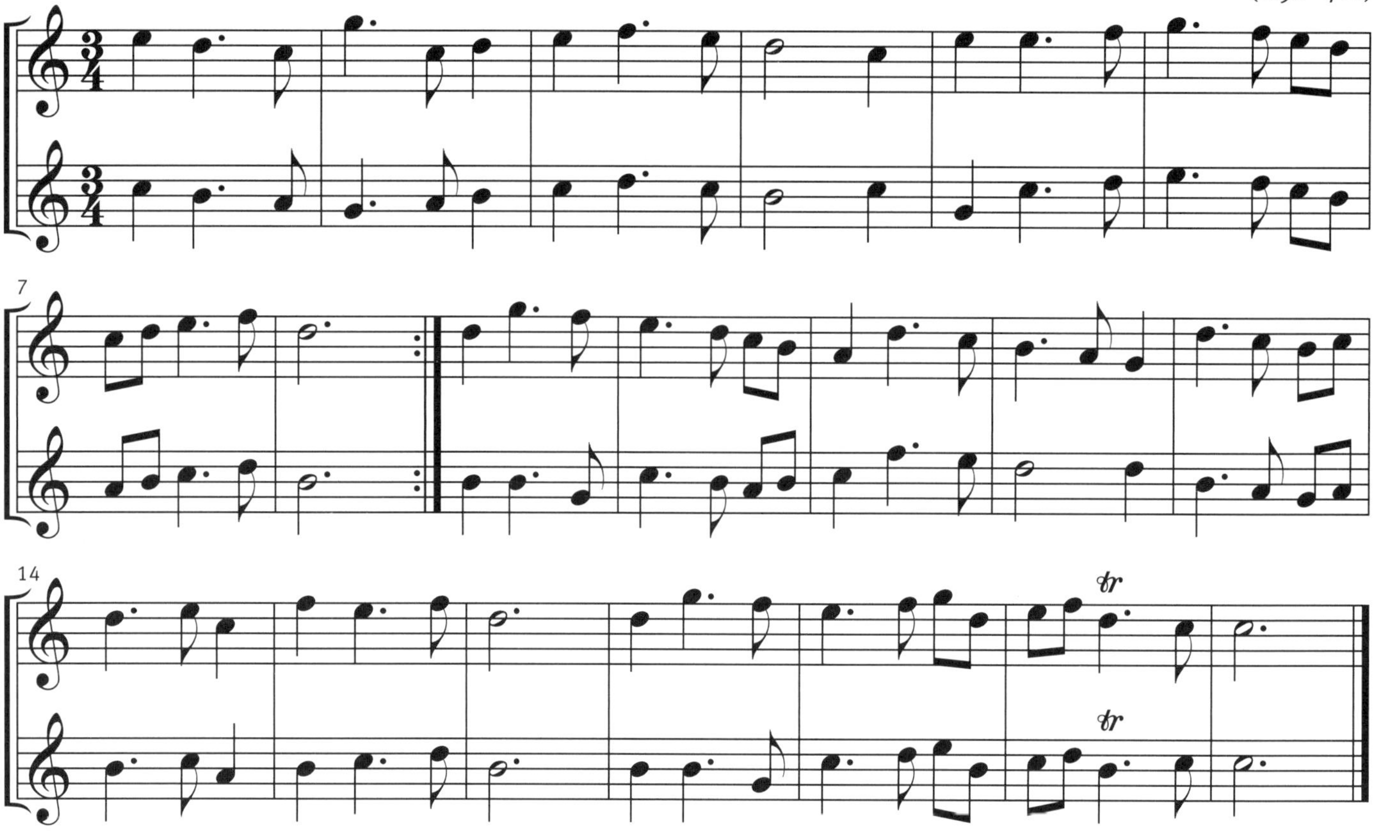

Gavotte

E.-Ph. Chédeville
(1696–1762)

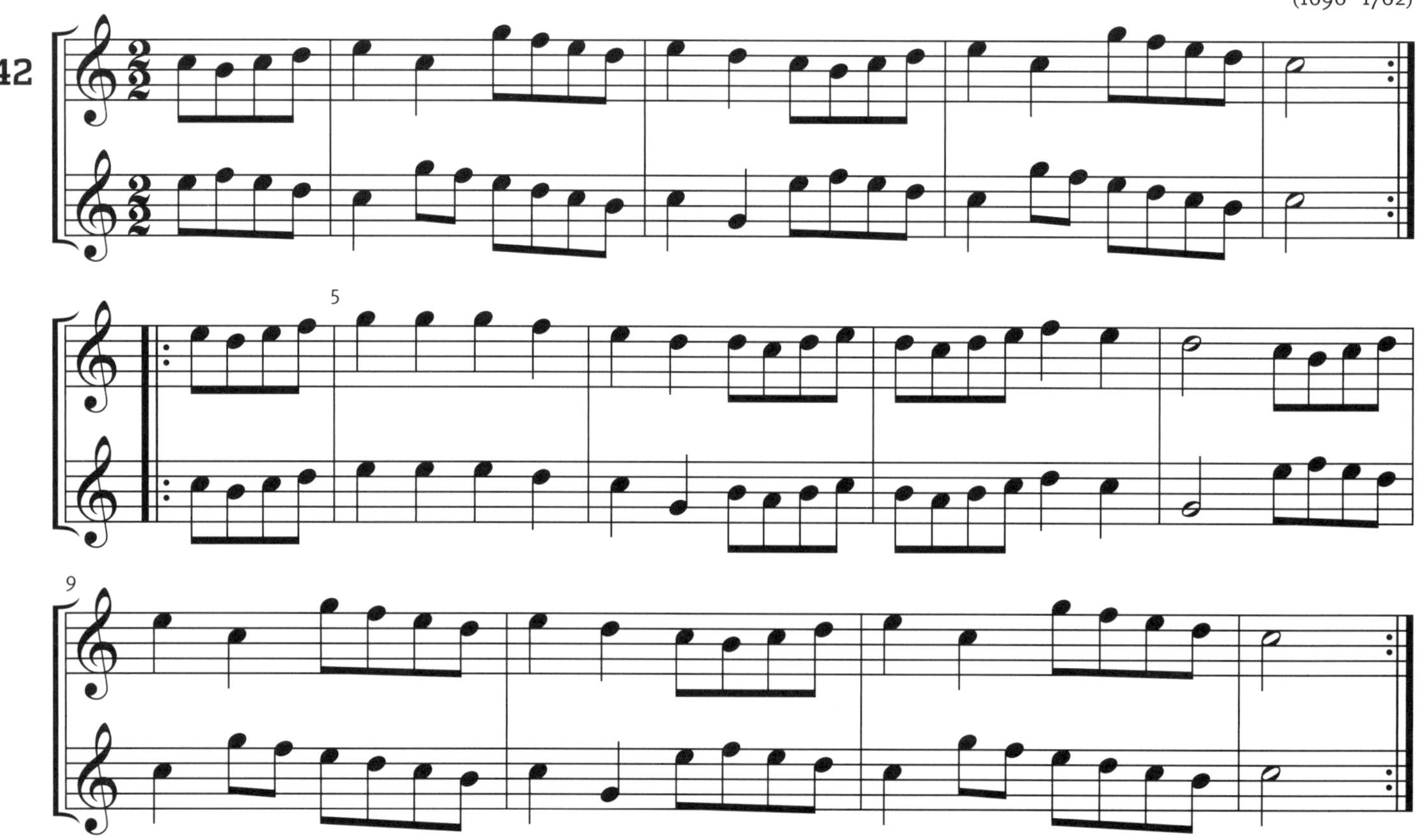

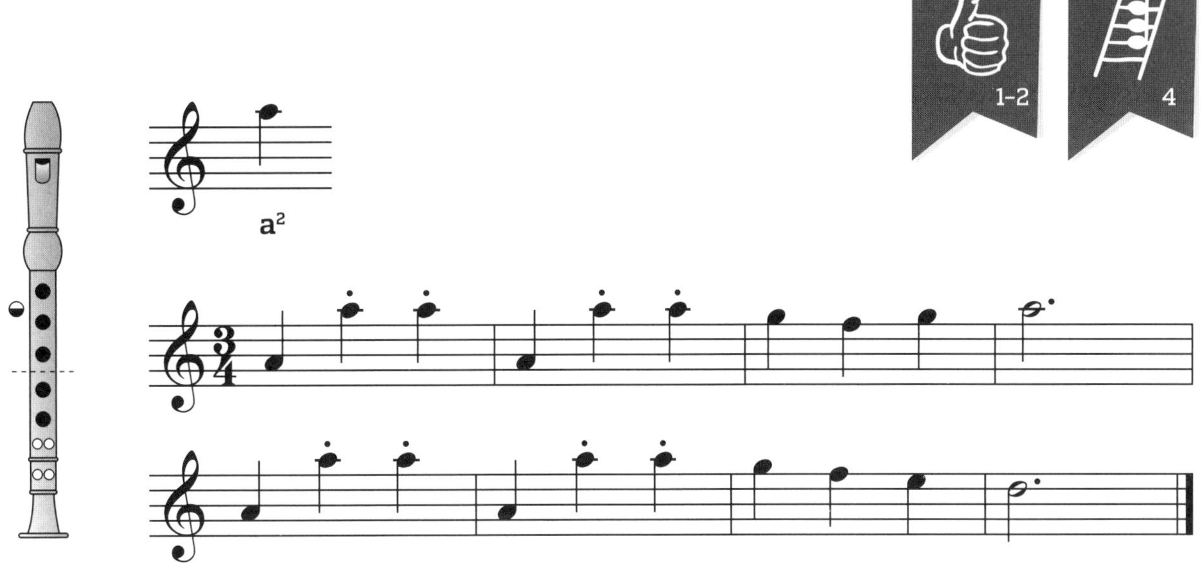

Es war ein König in Thule

M.: C. F. Zelter (1758–1832)
T.: J. W. von Goethe (1749–1832)

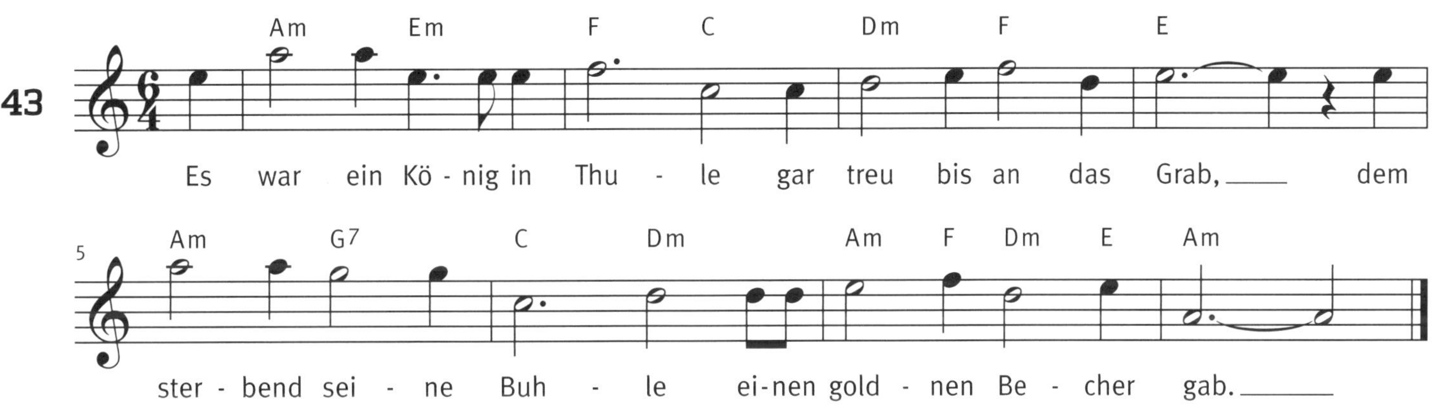

Sailing

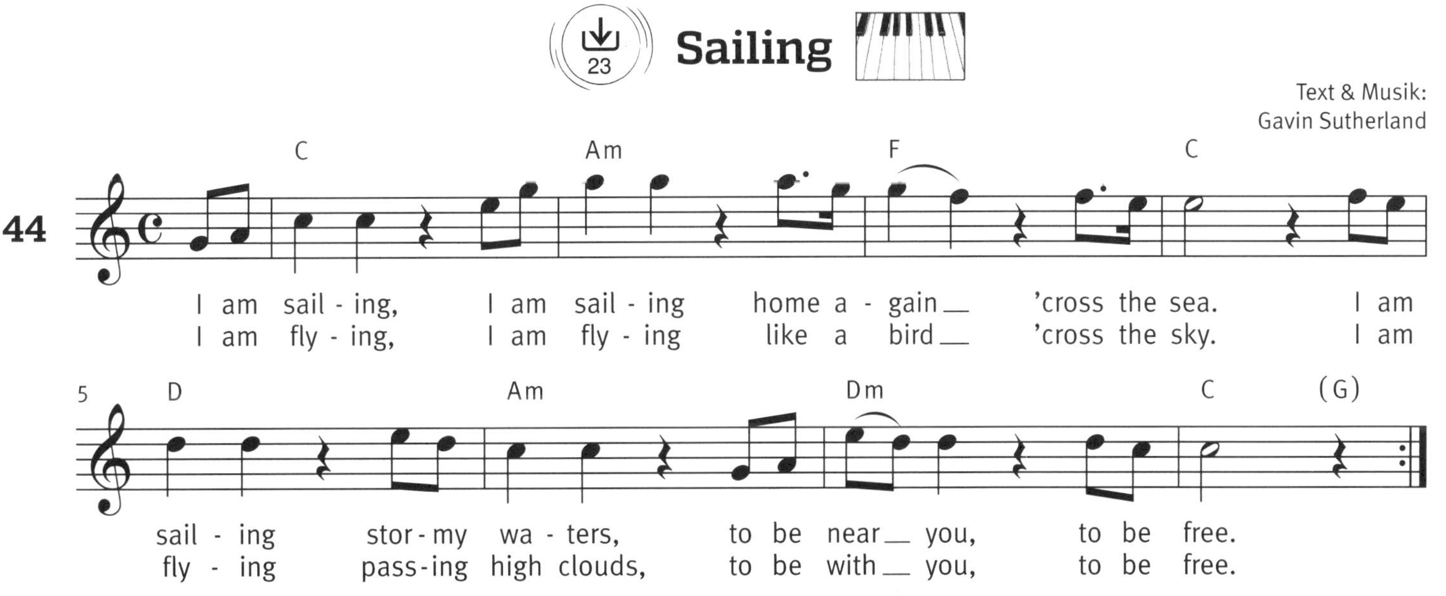

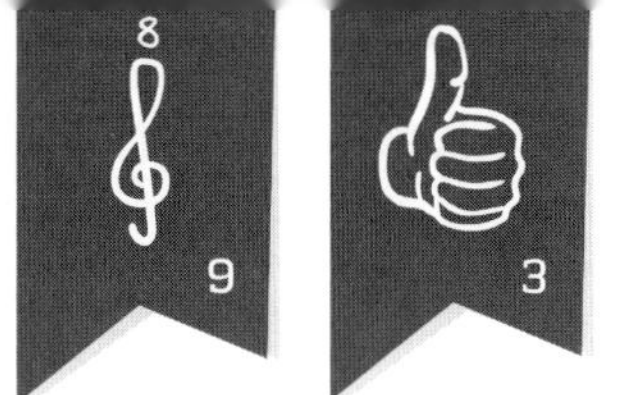

24

Maienzeit bannet Leid

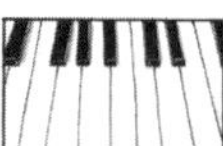

13. Jh.

45

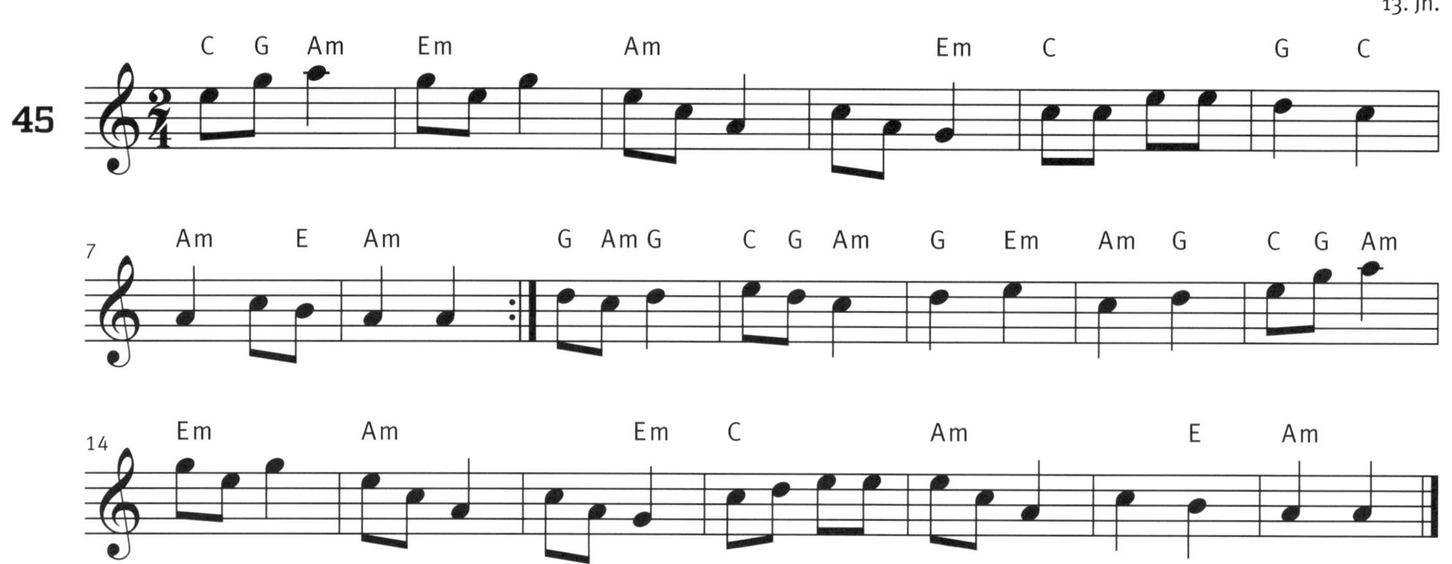

Wacht auf, ihr schönen Vögelein

M.: J. Gippenbusch (1612–1664)
T.: F. von Spee (1591–1635)

46

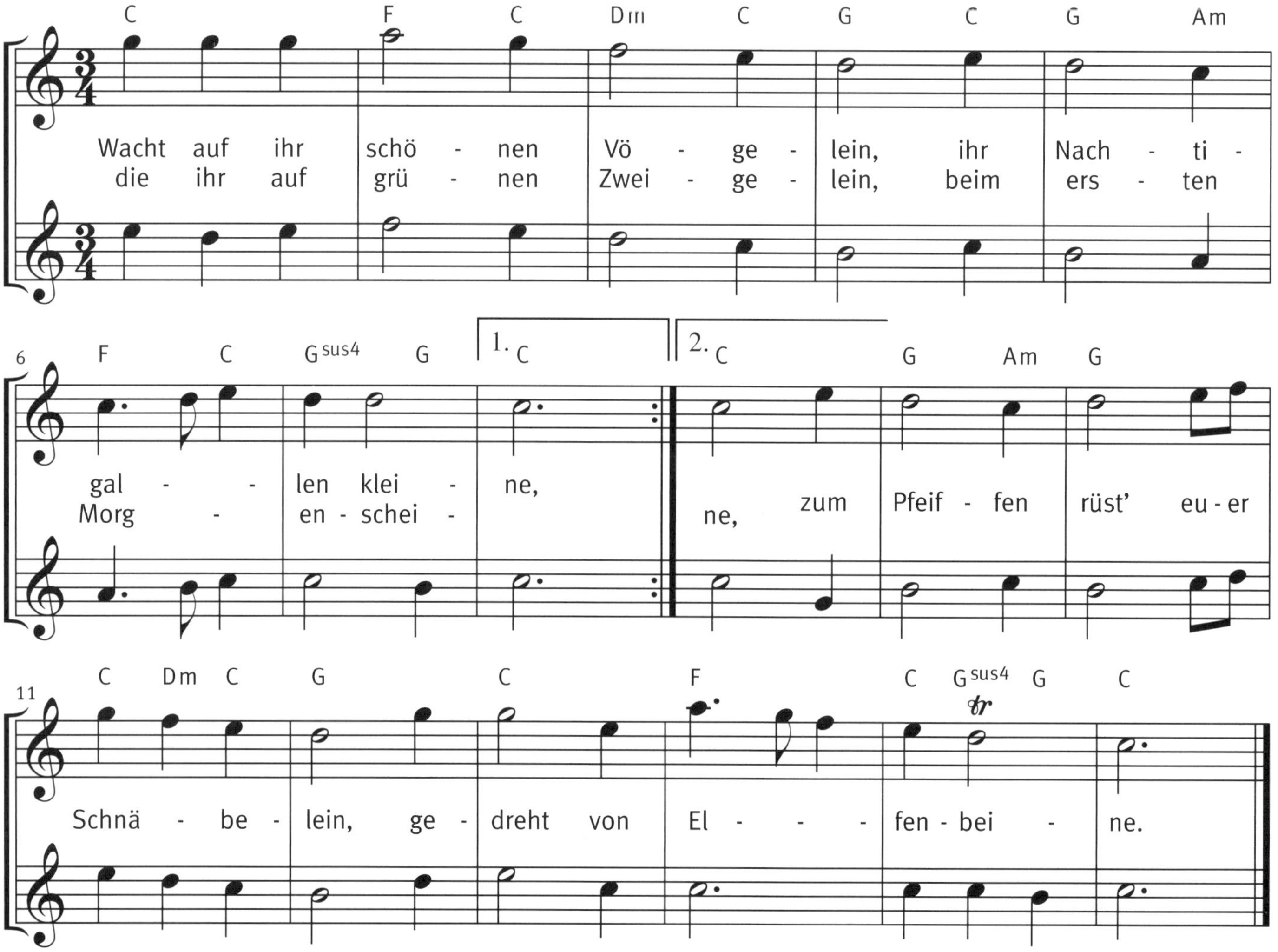

C F C Dm C G C G Am

Wacht auf ihr schö - nen Vö - ge - lein, ihr Nach - ti -
die ihr auf grü - nen Zwei - ge - lein, beim ers - ten

6 F C Gsus4 G 1. C 2. C G Am G

gal - - len klei - ne,
Morg - en - schei - ne, zum Pfeif - fen rüst' eu - er

11 C Dm C G C F C Gsus4 G C

Schnä - be - lein, ge - dreht von El - - - fen - bei - ne.

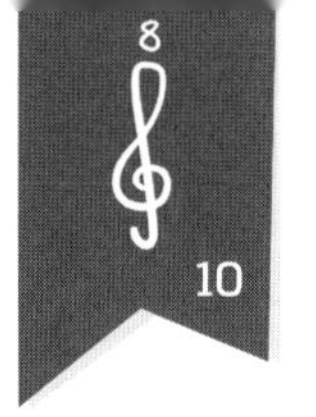

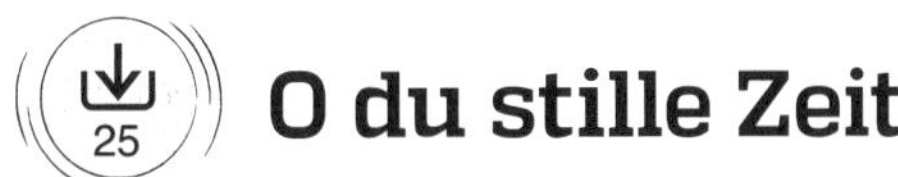

O du stille Zeit

M.: C. Bresgen (1913–1988)
T.: J. von Eichendorff (1788–1857)

47

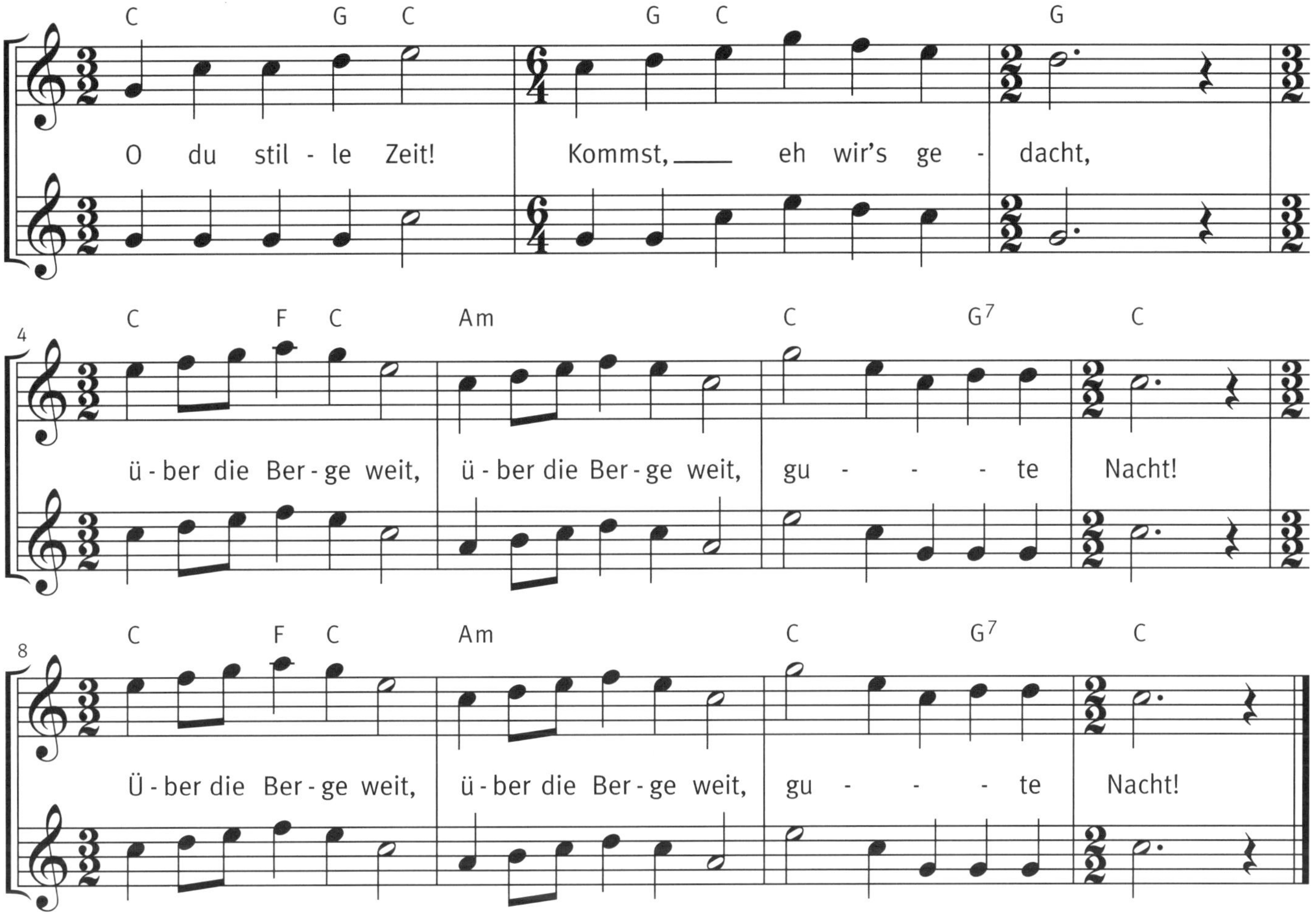

C G C G C G

O du stil - le Zeit! Kommst, ___ eh wir's ge - dacht,

C F C Am C G7 C

über die Ber - ge weit, über die Ber - ge weit, gu - - - te Nacht!

C F C Am C G7 C

Über die Ber - ge weit, über die Ber - ge weit, gu - - - te Nacht!

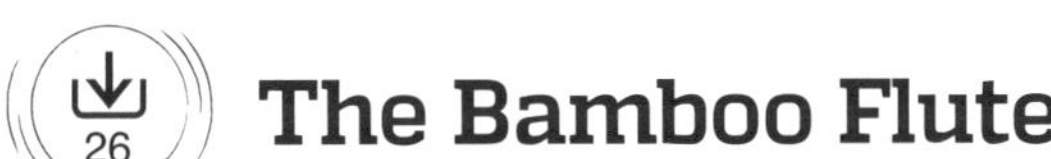

The Bamboo Flute

aus China

48

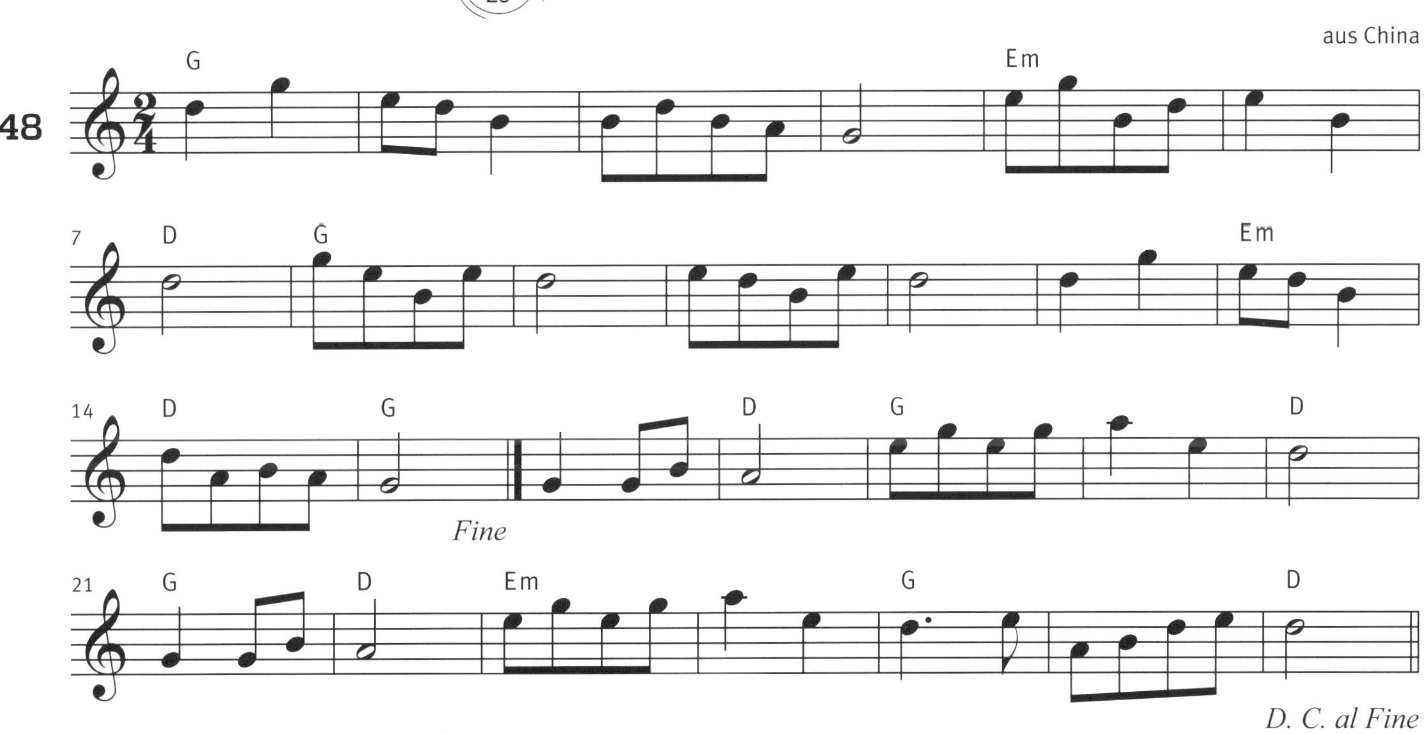

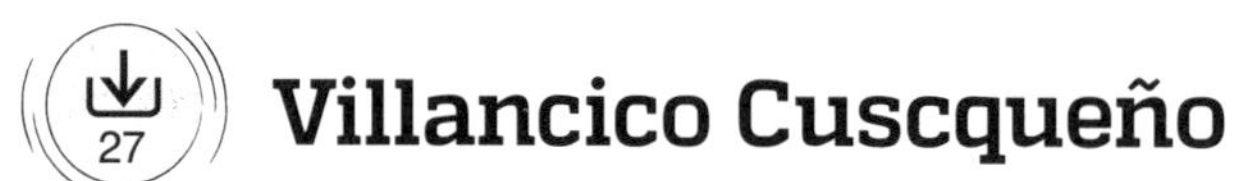

Villancico Cuscqueño

Cusco, Peru

49

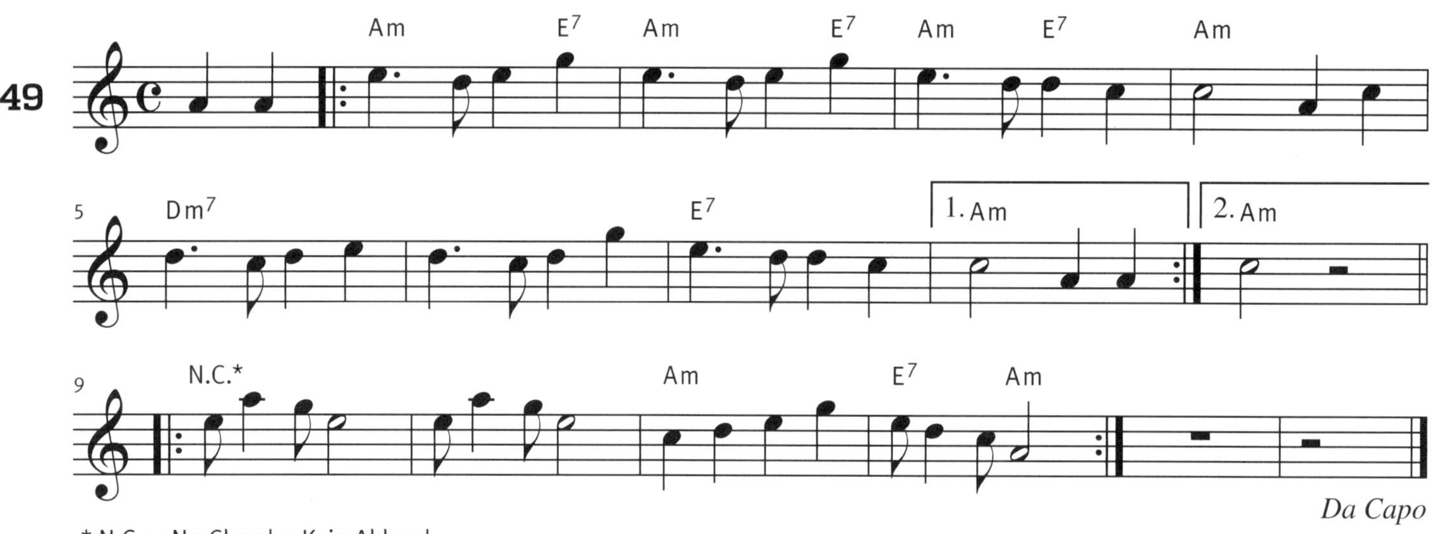

* N.C. = No Chord = Kein Akkord

Gavotte

F. Caroubel
(1549–1619)

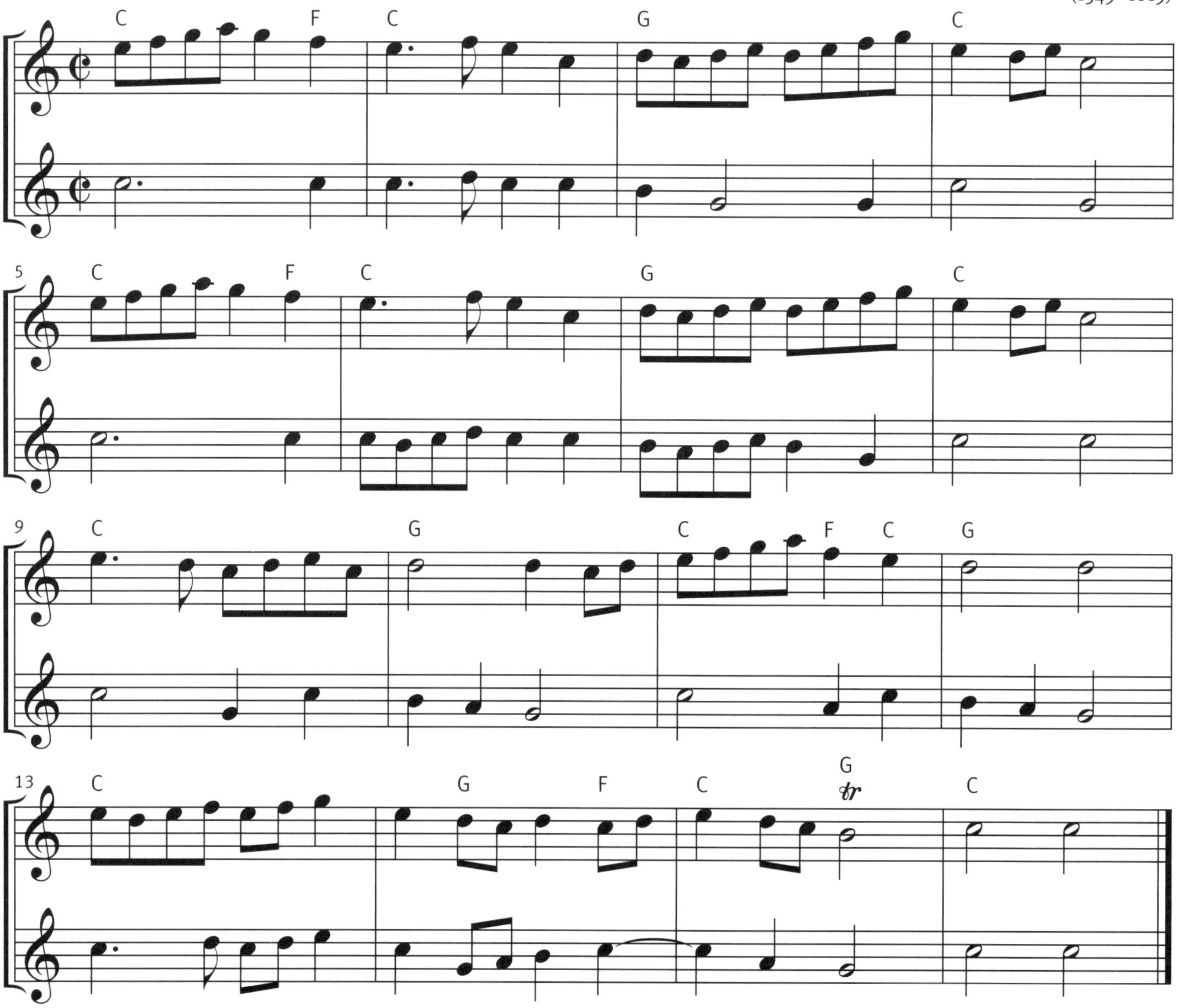

50

C F C G C

C F C G C

C G C F C G

C G F C G C

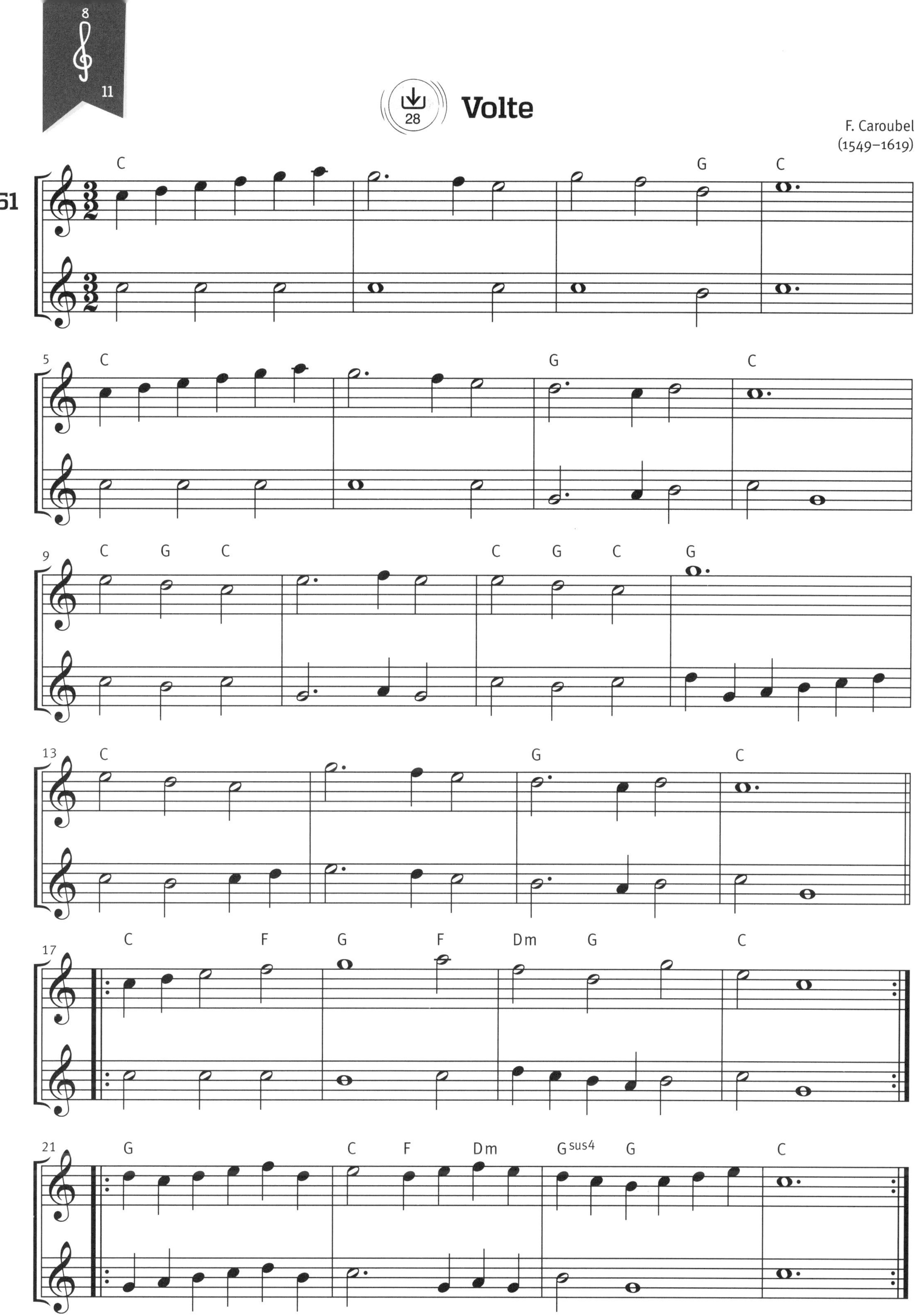
8
11
28
Volte
F. Caroubel
(1549–1619)
51
C G C
5
C G C
9
C G C C G C G
13
C G C
17
C F G F Dm G C
21
G C F Dm Gsus4 G C

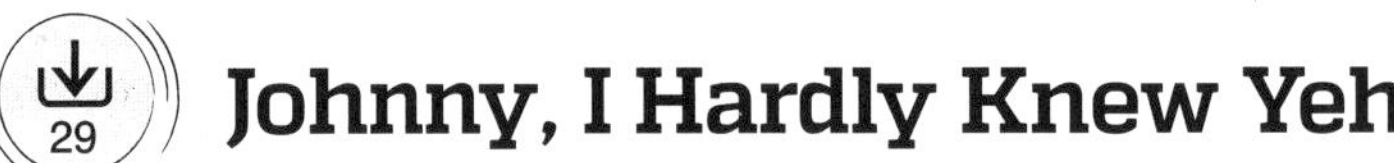

Johnny, I Hardly Knew Yeh

aus Irland

52

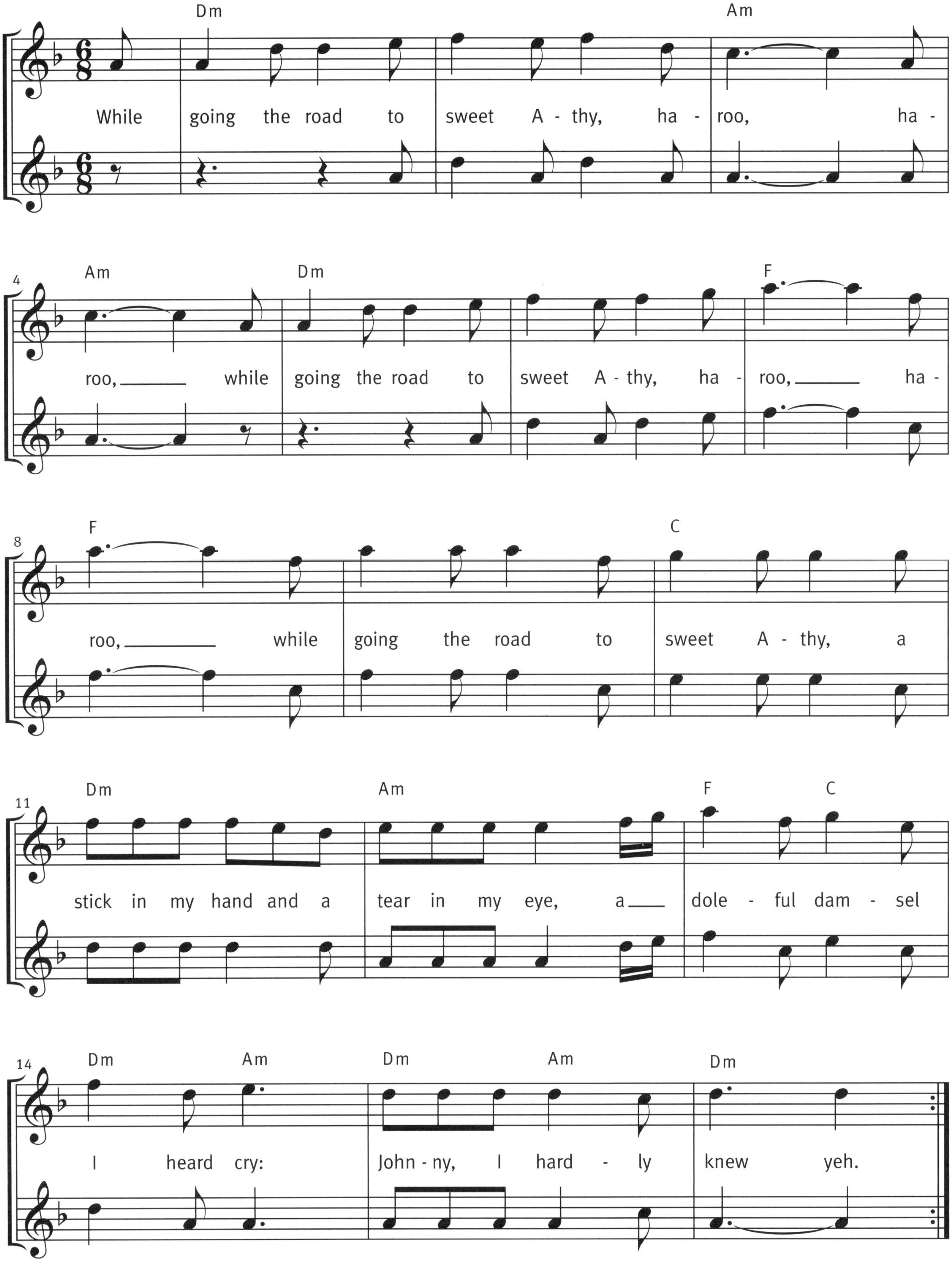

Dm Am

While going the road to sweet A - thy, ha - roo, ha -

Am Dm F

roo, while going the road to sweet A - thy, ha - roo, ha -

F C

roo, while going the road to sweet A - thy, a

Dm Am F C

stick in my hand and a tear in my eye, a doleful damsel

Dm Am Dm Am Dm

I heard cry: John - ny, I hard - ly knew yeh.

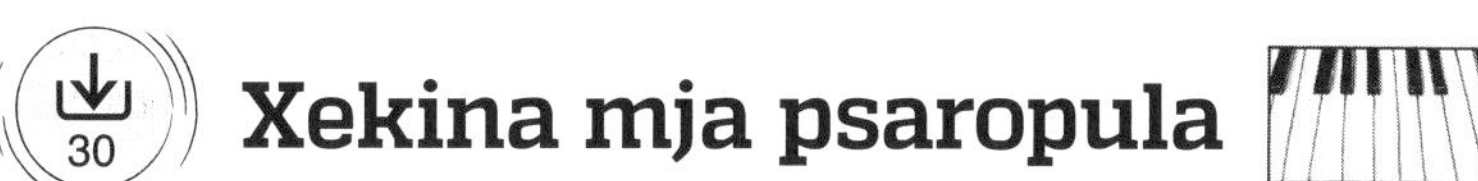

Xekina mja psaropula

aus Griechenland

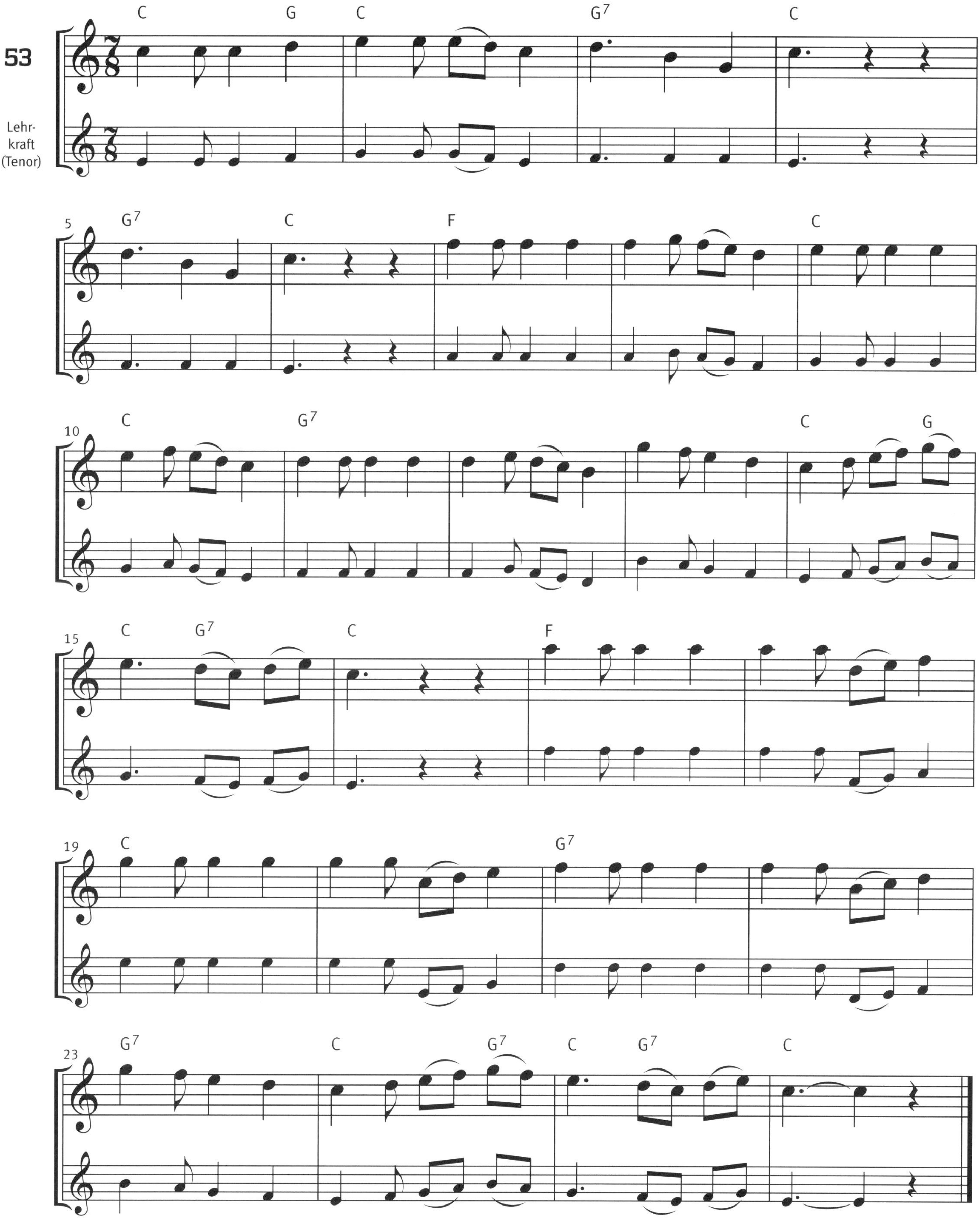

53

Lehrkraft (Tenor)

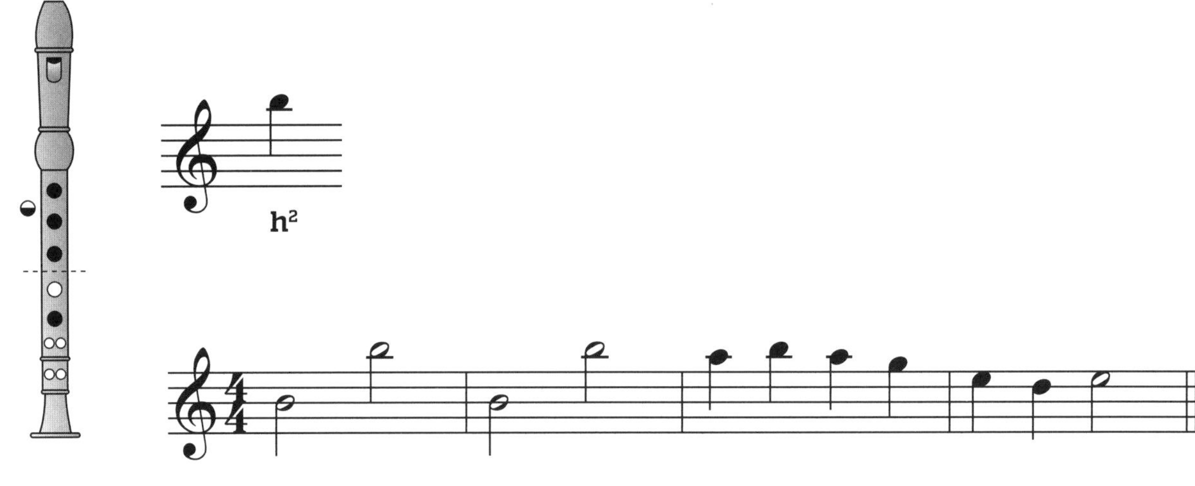

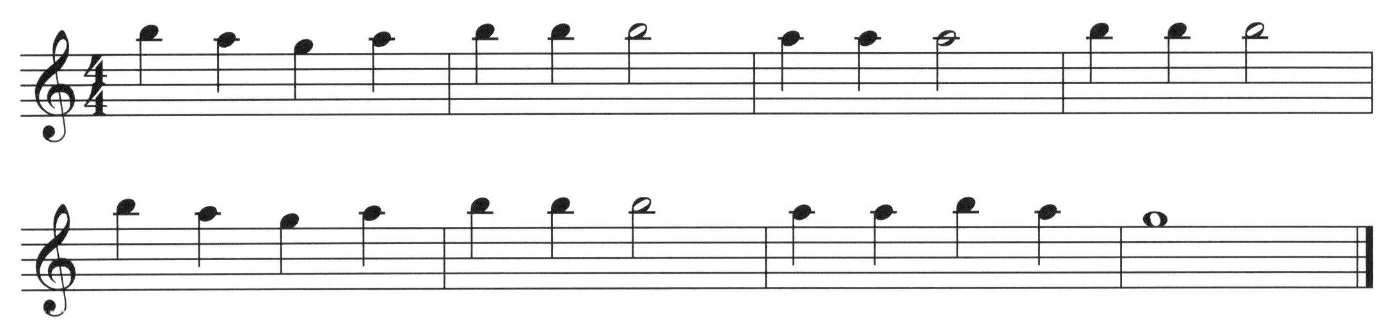

Furuma Dance

aus Japan

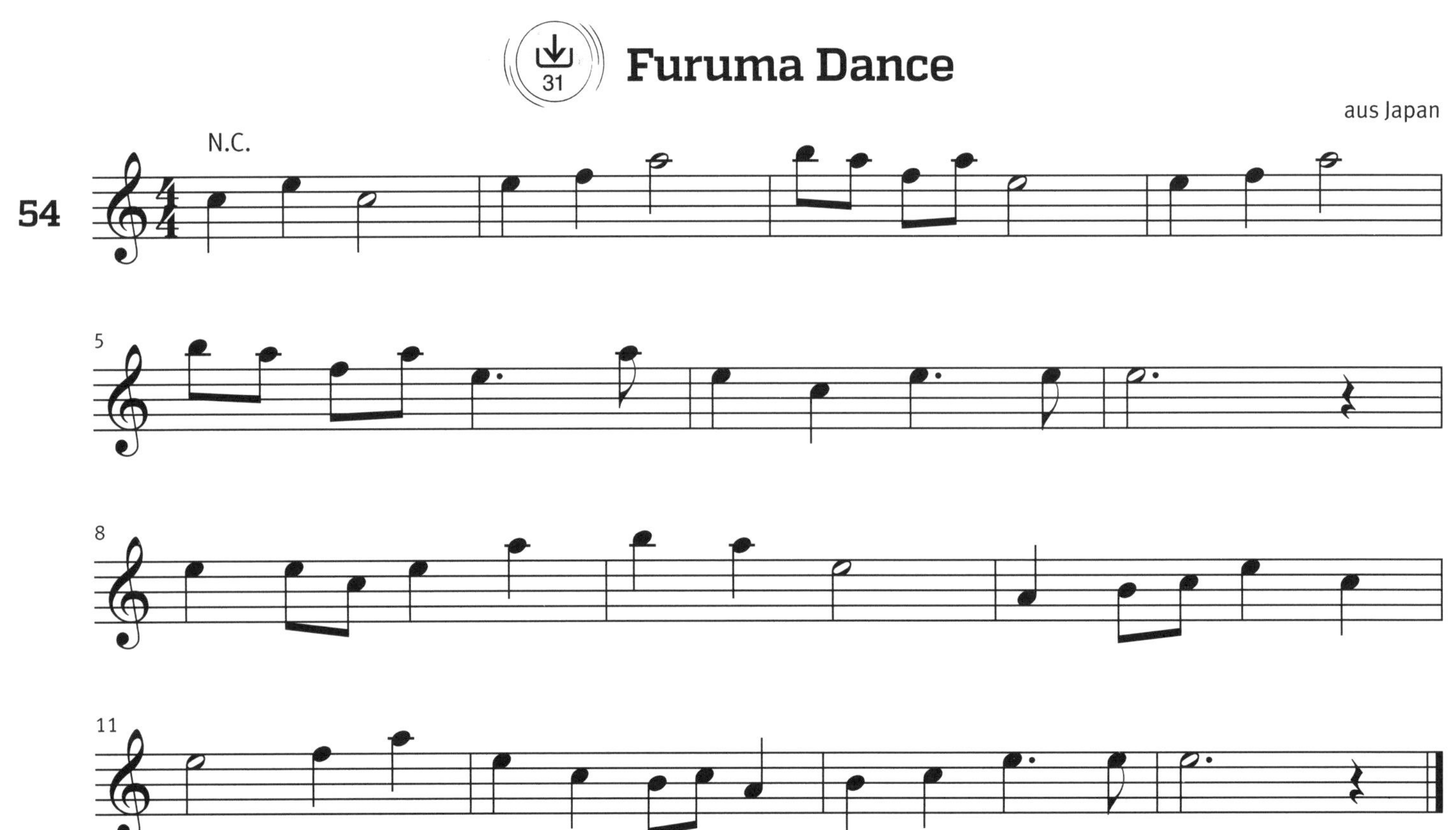

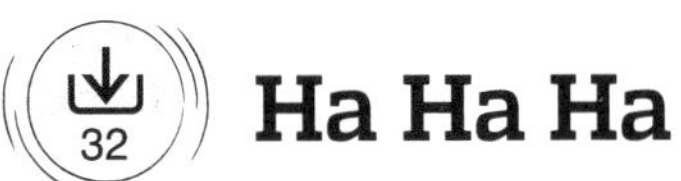

Ha Ha Ha

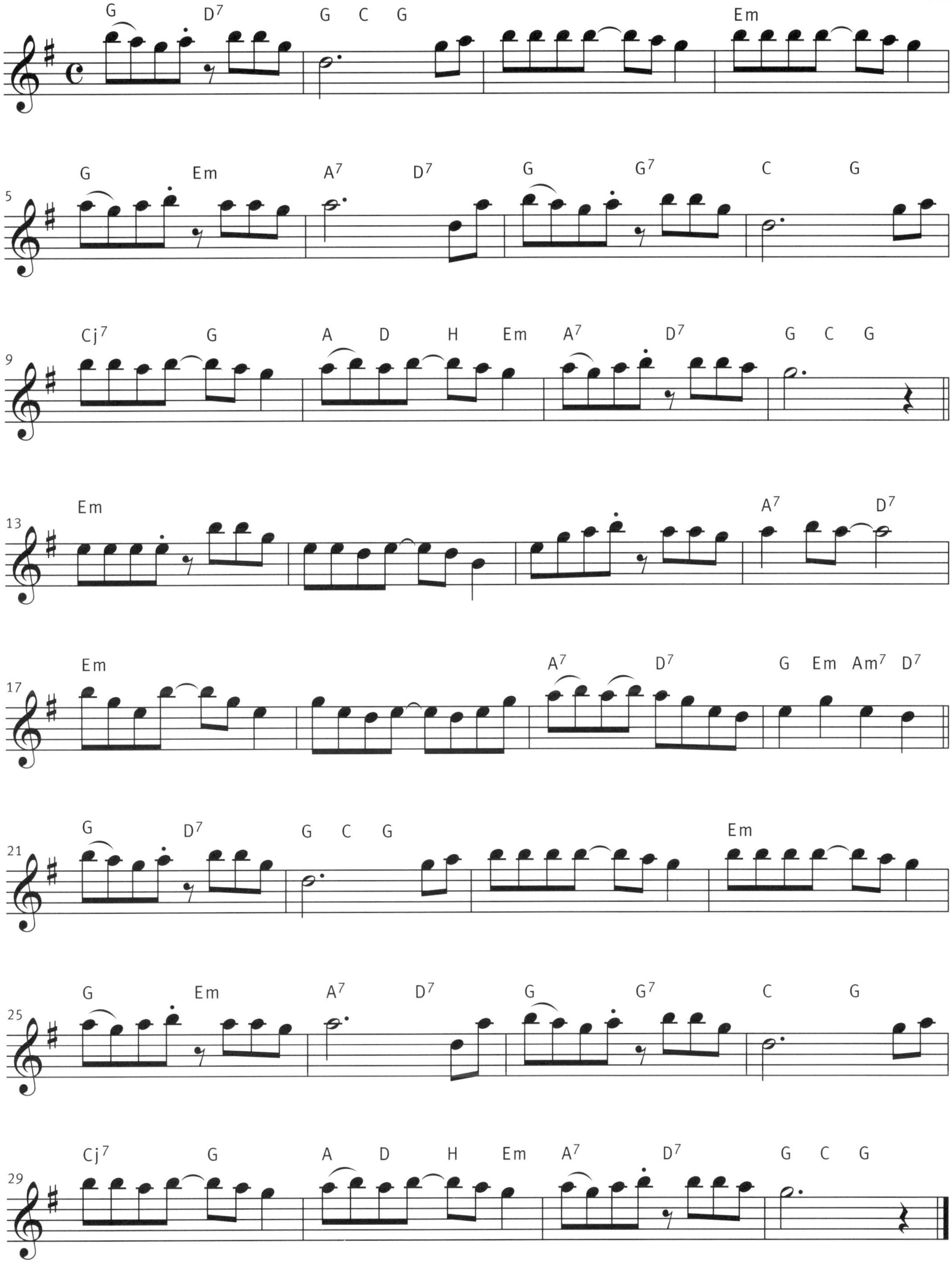

55

B. E.

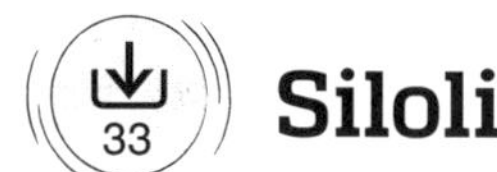

Siloli

B. E.

56

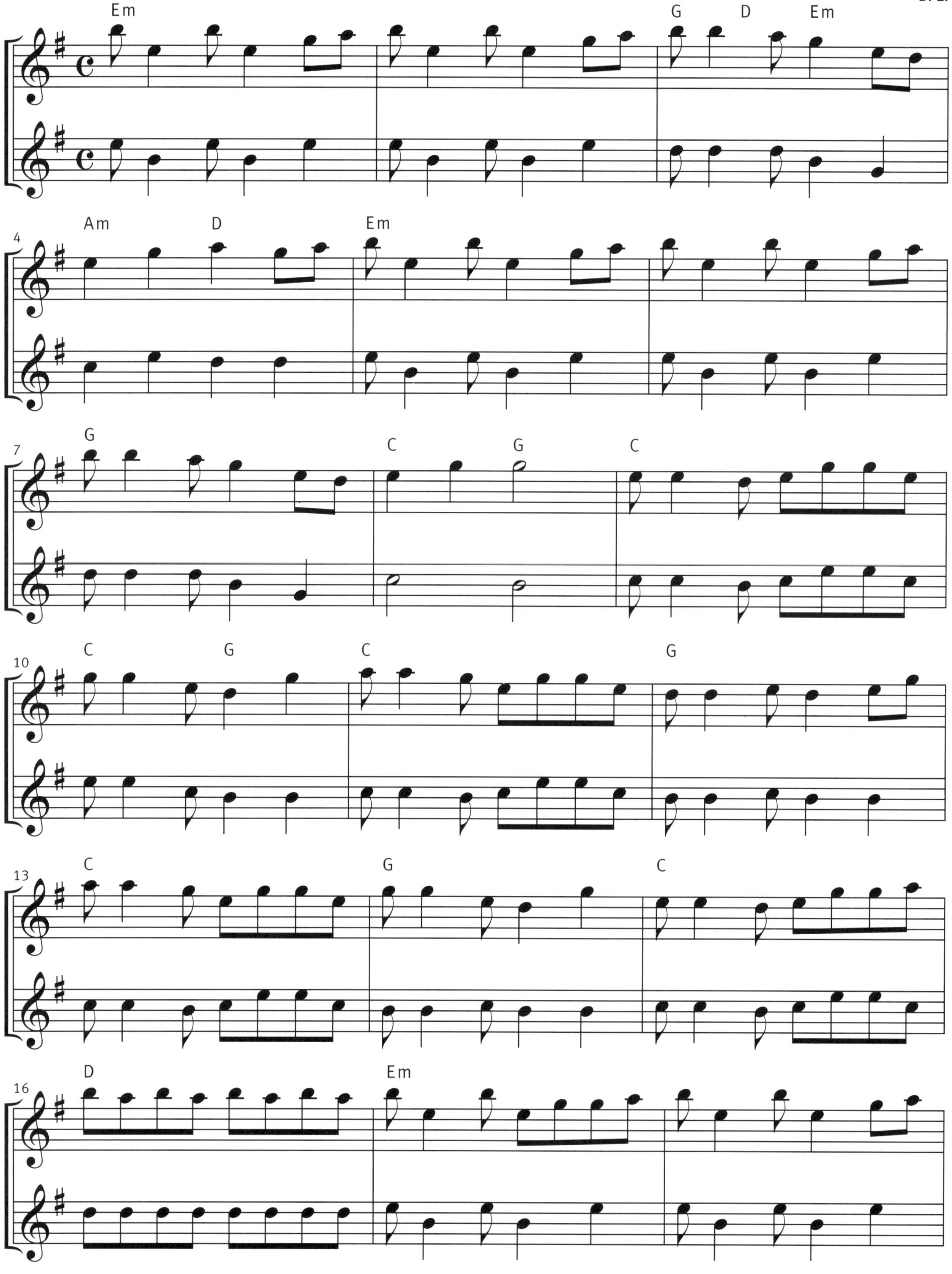

Em G D Em

Am D Em

G C G C

C G C G

C G C

D Em

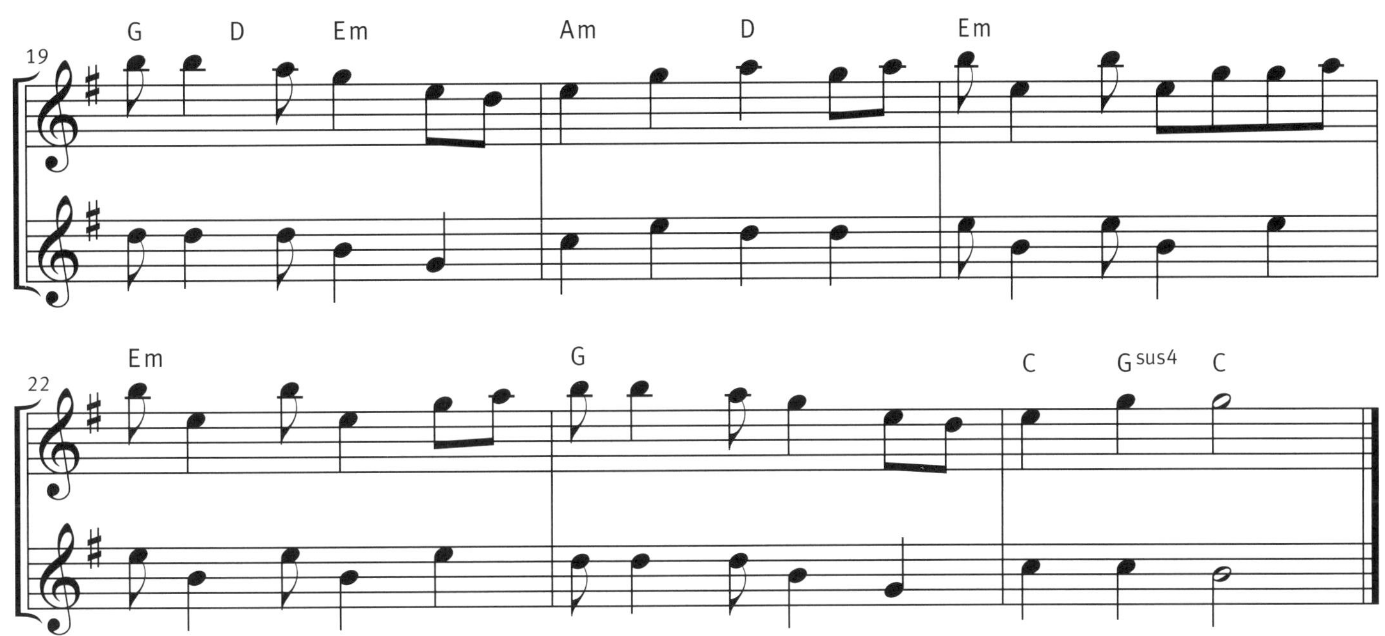

57 Springtime

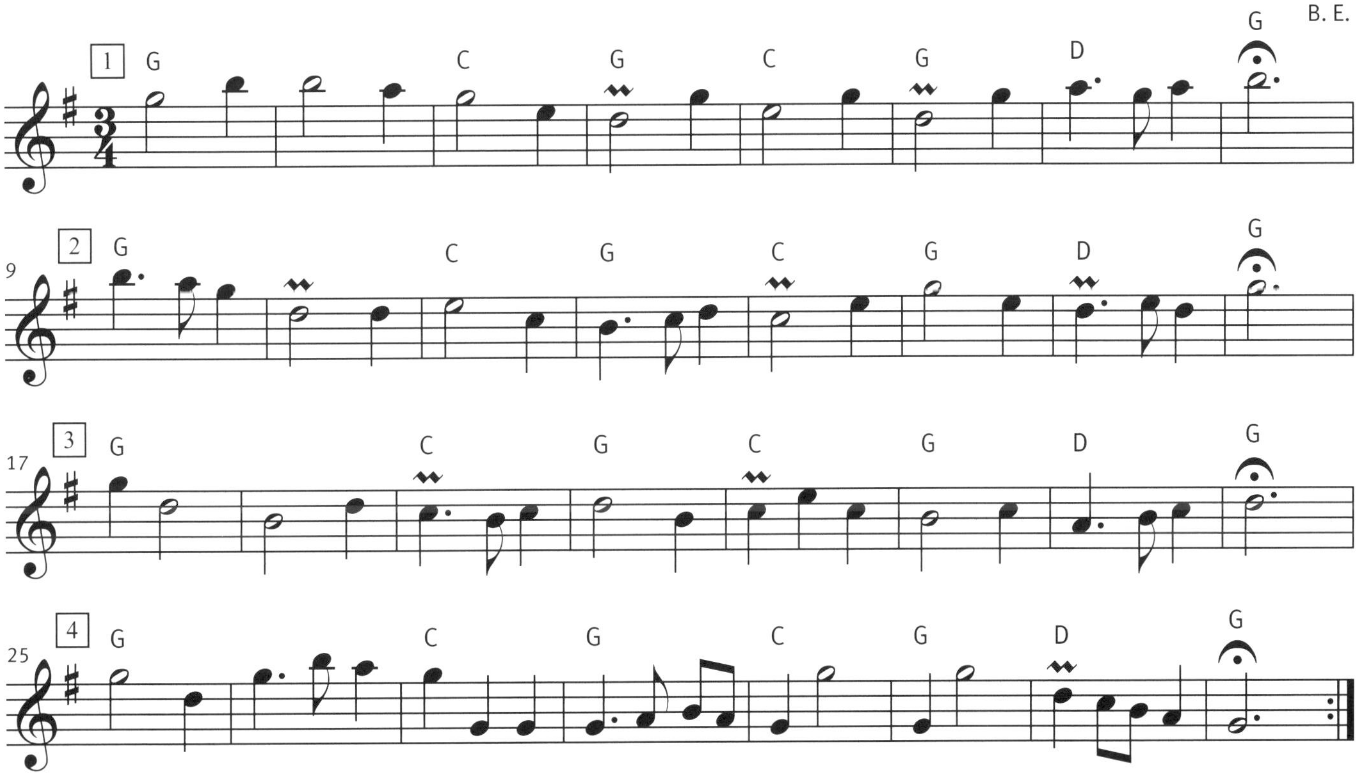

B. E.

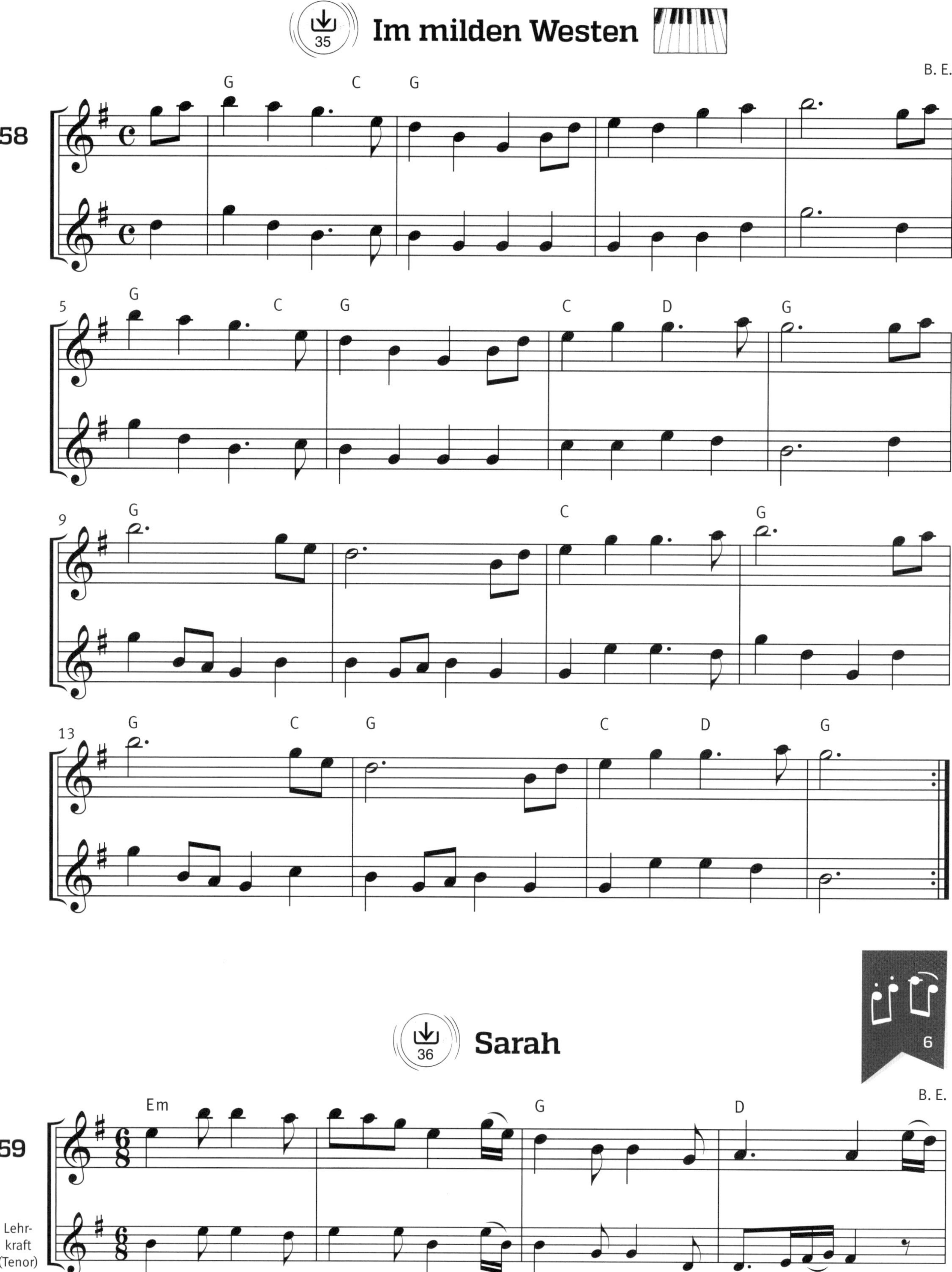
35
Im milden Westen
B. E.
58
36
Sarah
6
B. E.
59
Lehr-
kraft
(Tenor)

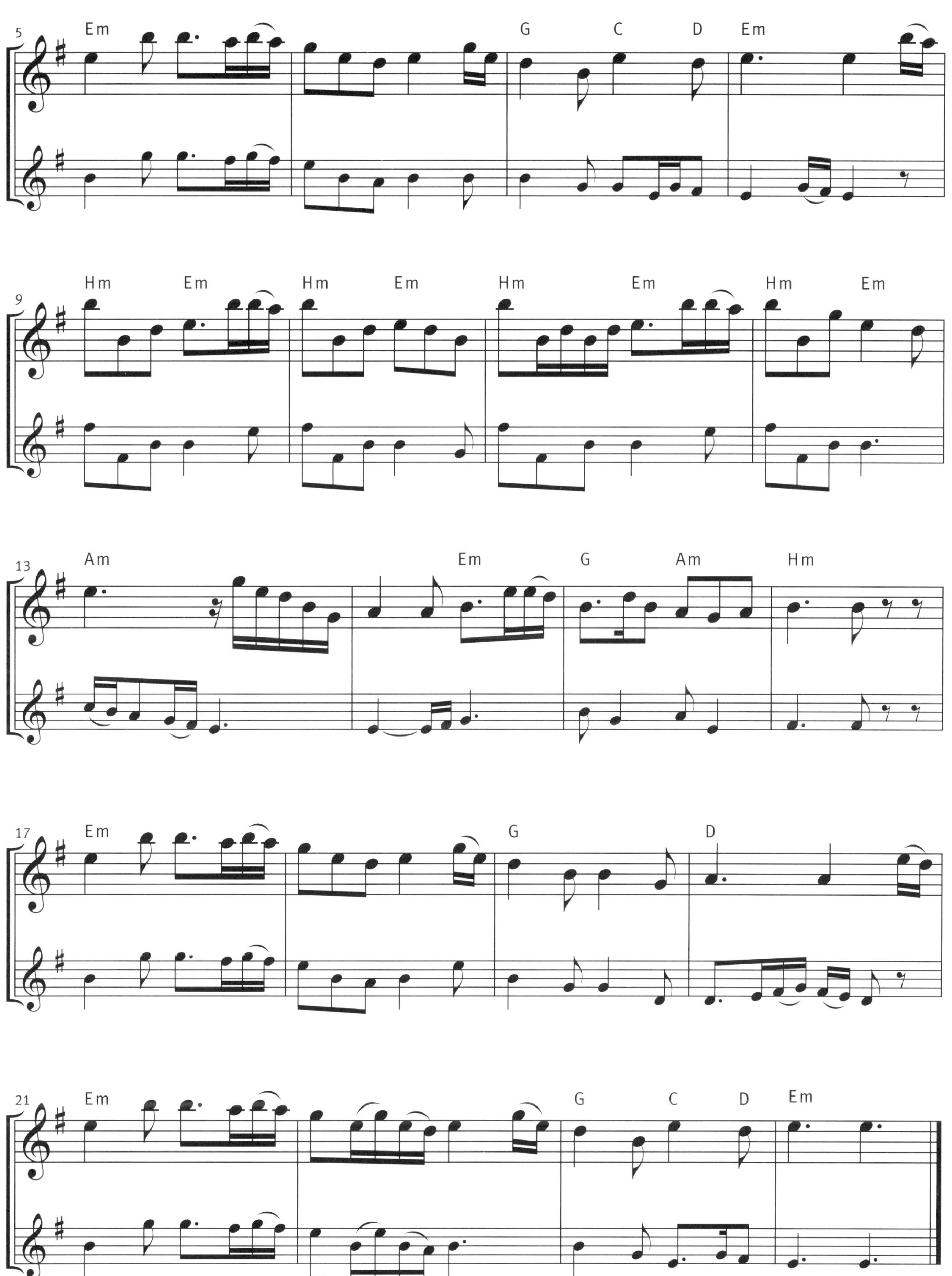
Em
G
C
D
Em
Hm
Em
Hm
Em
Hm
Em
Hm
Em
Am
Em
G
Am
Hm
Em
G
D
Em
G
C
D
Em

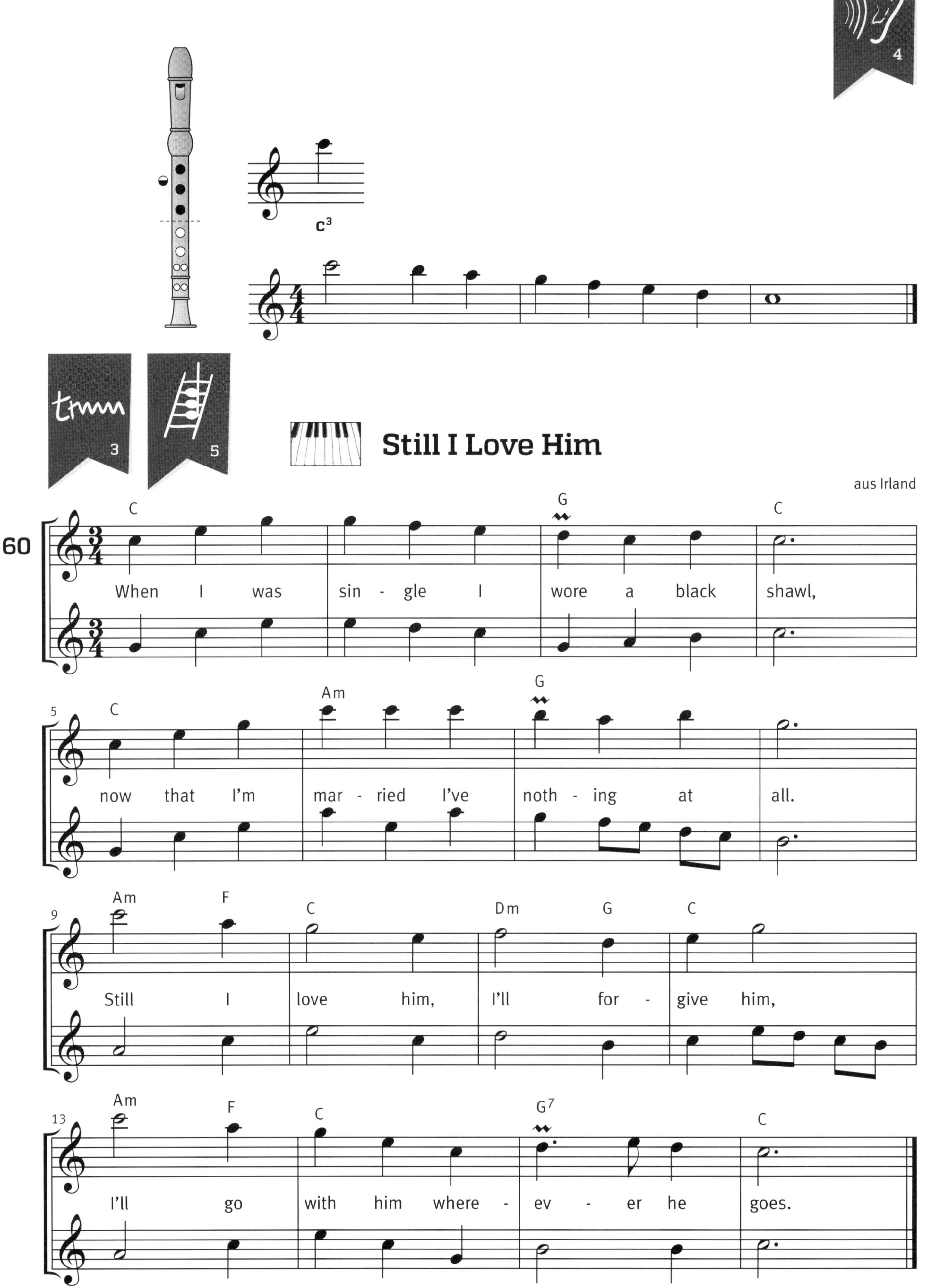
4
c³
3
5
Still I Love Him
aus Irland
60
C G C
When I was sin - gle I wore a black shawl,
C Am G
now that I'm mar - ried I've noth - ing at all.
Am F C Dm G C
Still I love him, I'll for - give him,
Am F C G7 C
I'll go with him where - ev - er he goes.

The Sound Of Silence

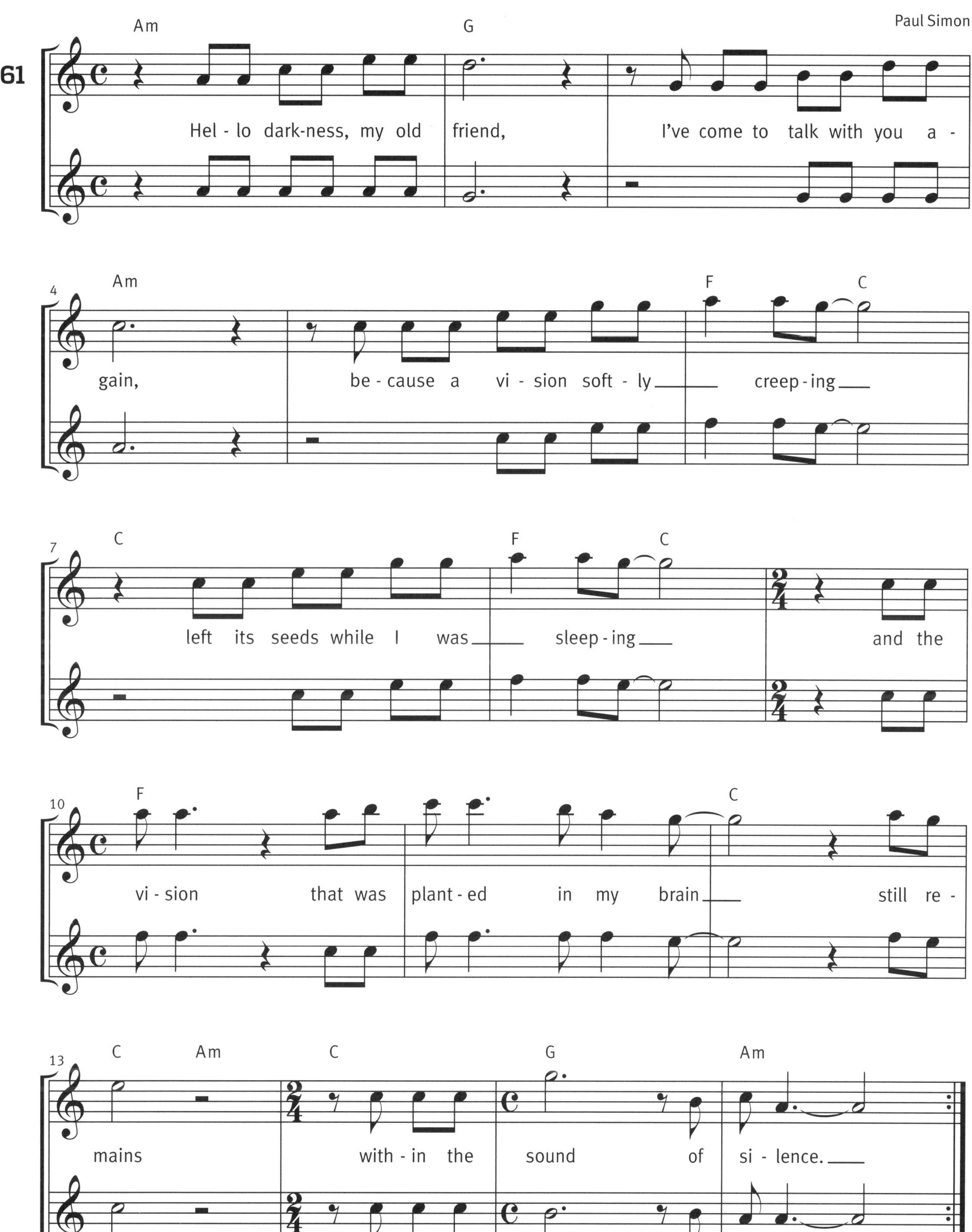

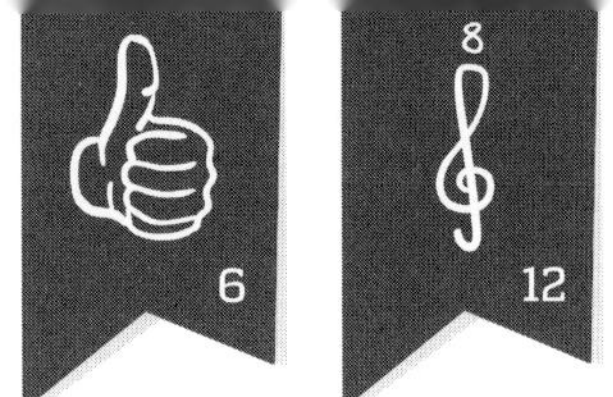

38

Whiskey In The Jar

aus Irland

62

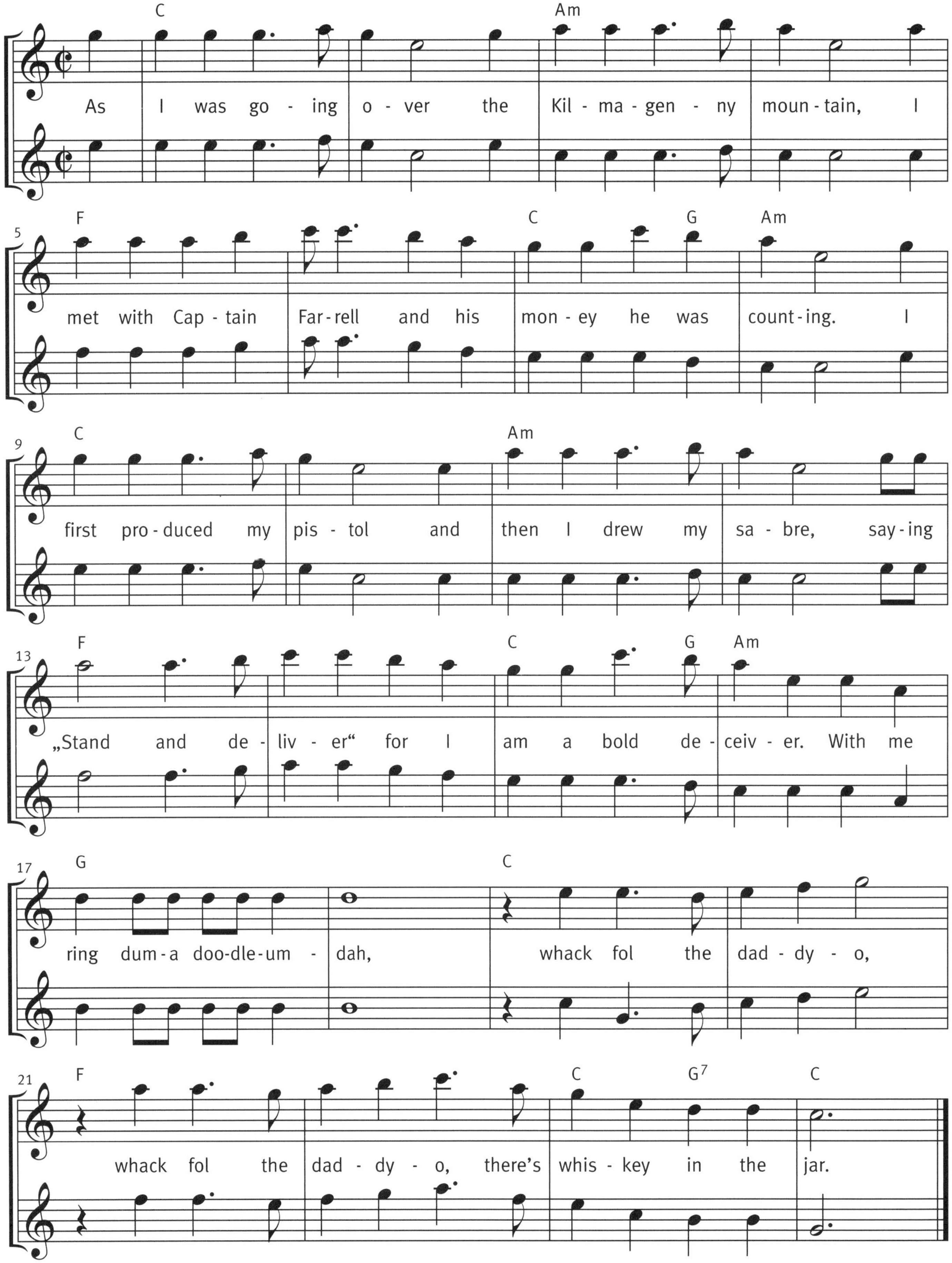

C Am
As I was go - ing o - ver the Kil - ma - gen - ny moun - tain, I

5 F C G Am
met with Cap - tain Far - rell and his mon - ey he was count - ing. I

9 C Am
first pro - duced my pis - tol and then I drew my sa - bre, say - ing

13 F C G Am
„Stand and de - liv - er“ for I am a bold de - ceiv - er. With me

17 G C
ring dum - a doo - dle - um - dah, whack fol the dad - dy - o,

21 F C G^7 C
whack fol the dad - dy - o, there's whis - key in the jar.

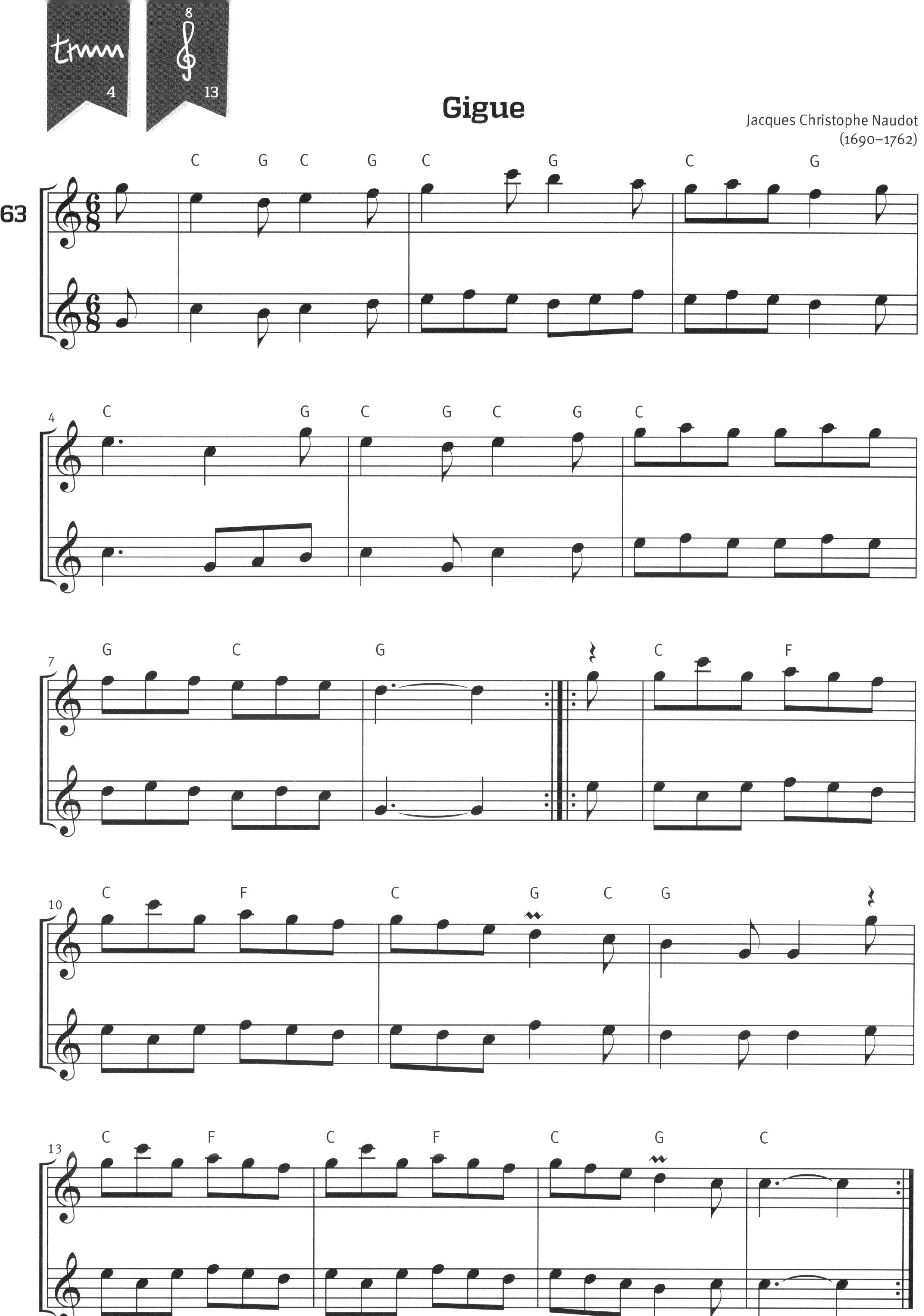

tr
4
8
13
Gigue
Jacques Christophe Naudot
(1690–1762)
63
C G C G C G C G
4
C G C G C G C
7
G C G C F
10
C F C G C G
13
C F C F C G C

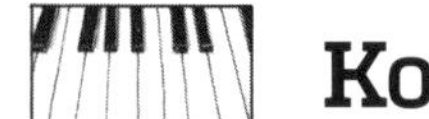

Kommt, ihr Gspielen

T: Melchior Franck (1573–1639)
M: England, um 1537

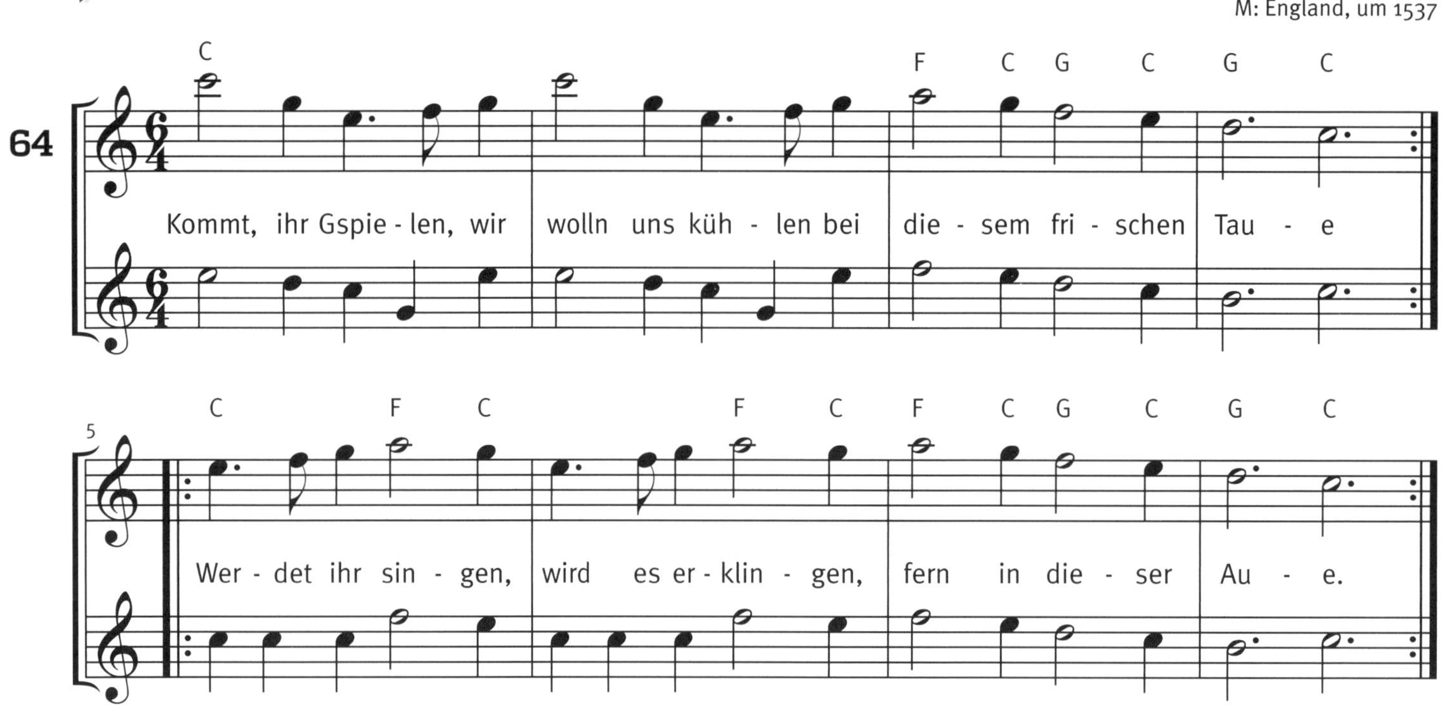

All In A Green Garden

John Playford
(1623–1886)

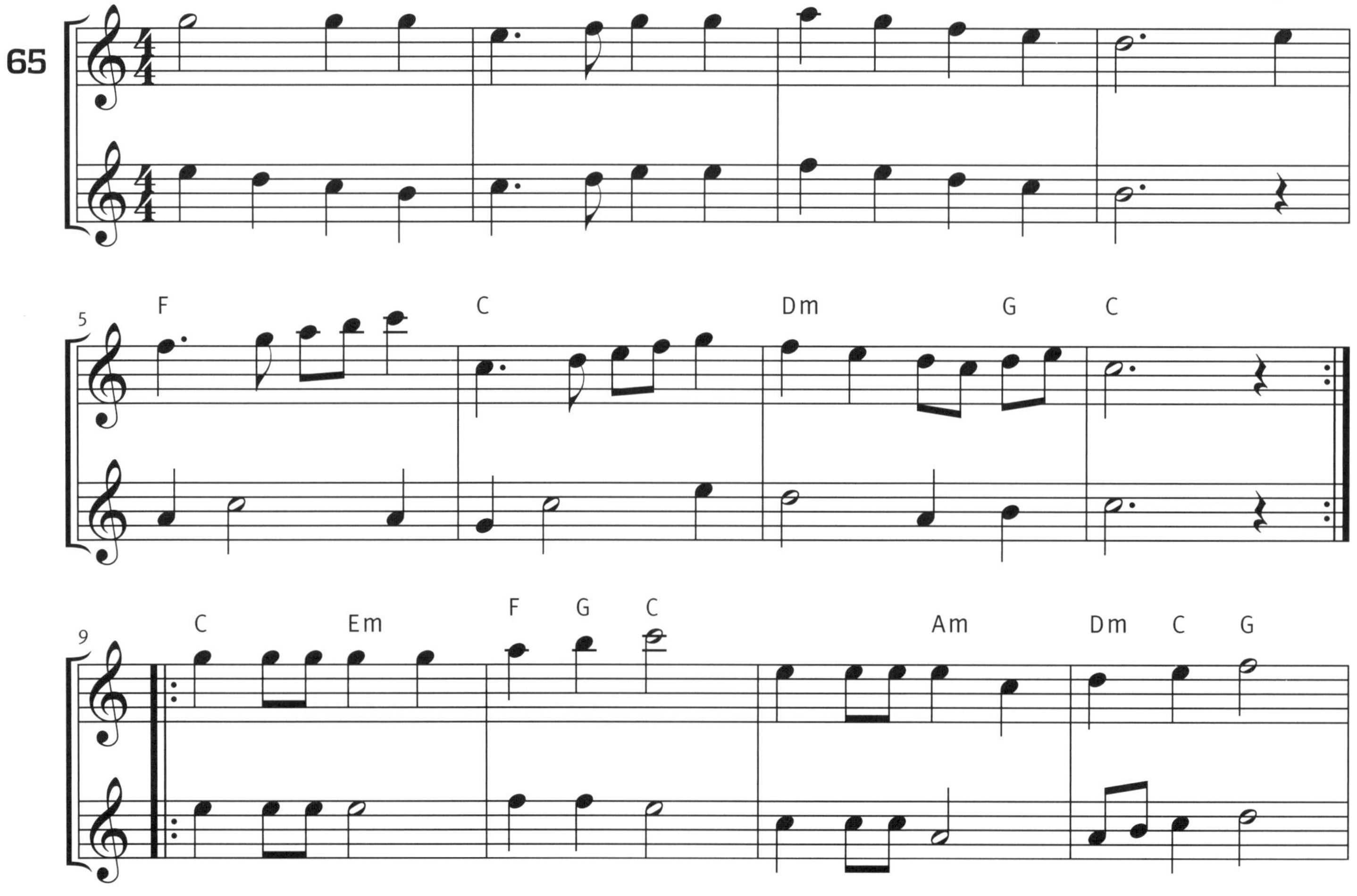

65

C G C F Dm G

F C Dm G C

C Em F G C Am Dm C G

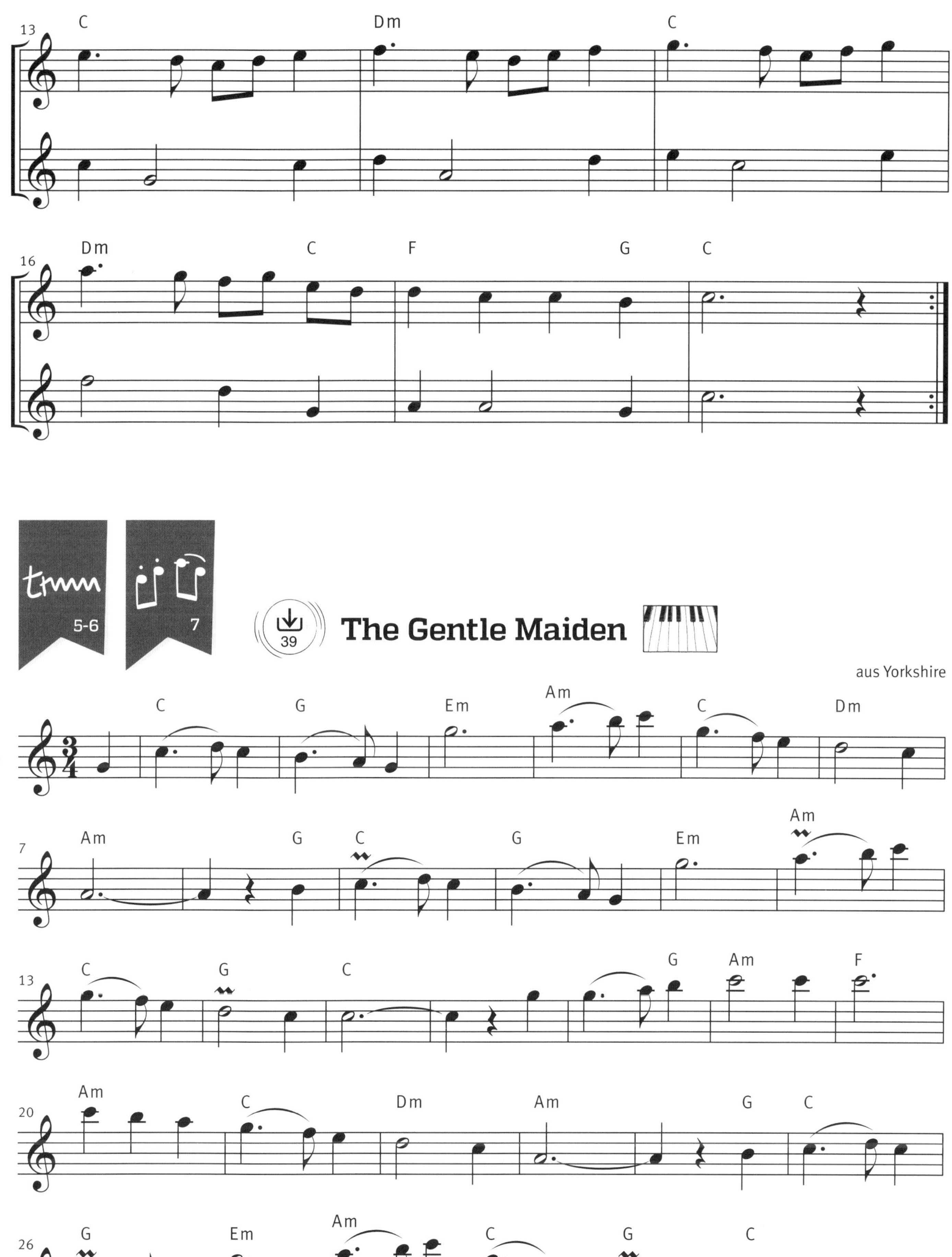
13
C
Dm
C
16
Dm
C
F
G
C
5-6
7
39
The Gentle Maiden
aus Yorkshire
66
C
G
Em
Am
C
Dm
7
Am
G
C
G
Em
Am
13
C
G
C
G
Am
F
20
Am
C
Dm
Am
G
C
26
G
Em
Am
C
G
C

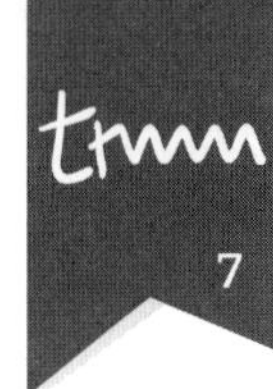

Gavotte allemande

Nicolas Chédeville
(1705–1782)

67

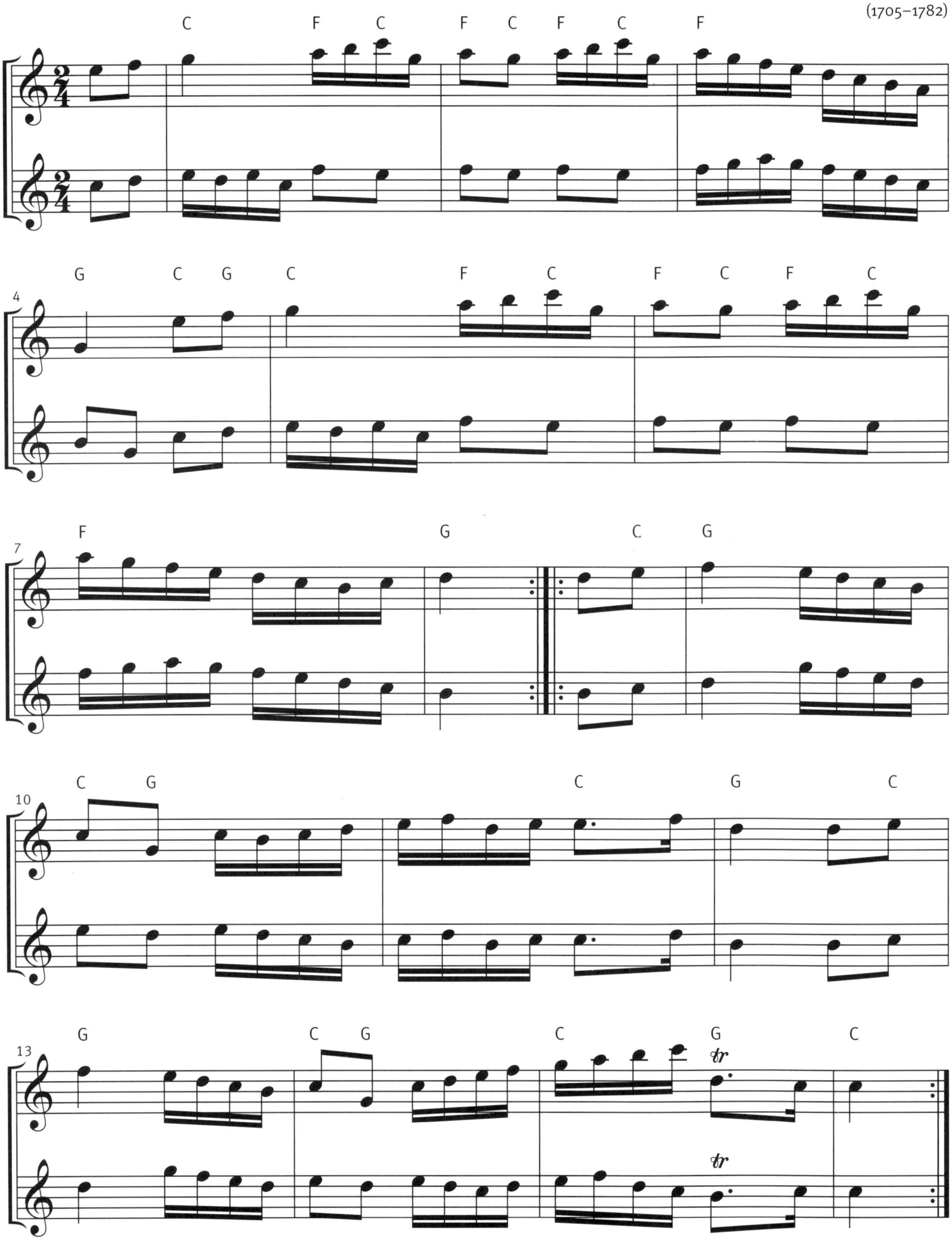

C F C F C F C F

G C G C F C F C F C

4

F G C G

7

C G C G C

10

G C G C G C

13

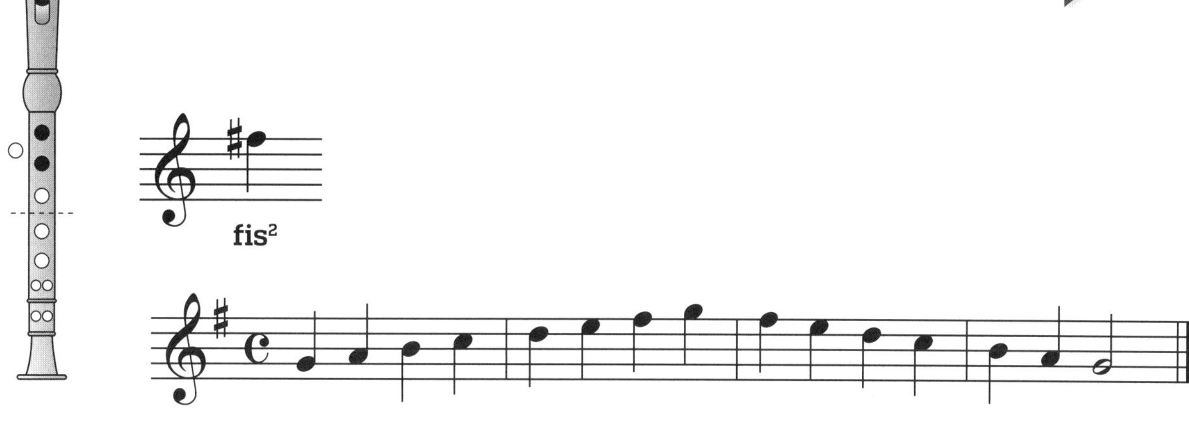

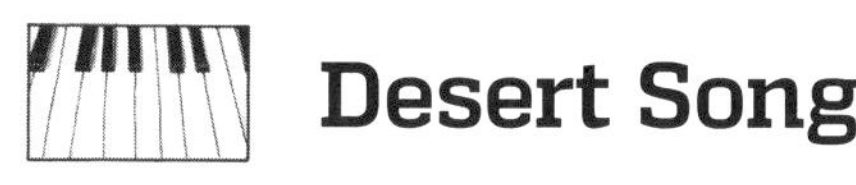

Desert Song

aus Ägypten

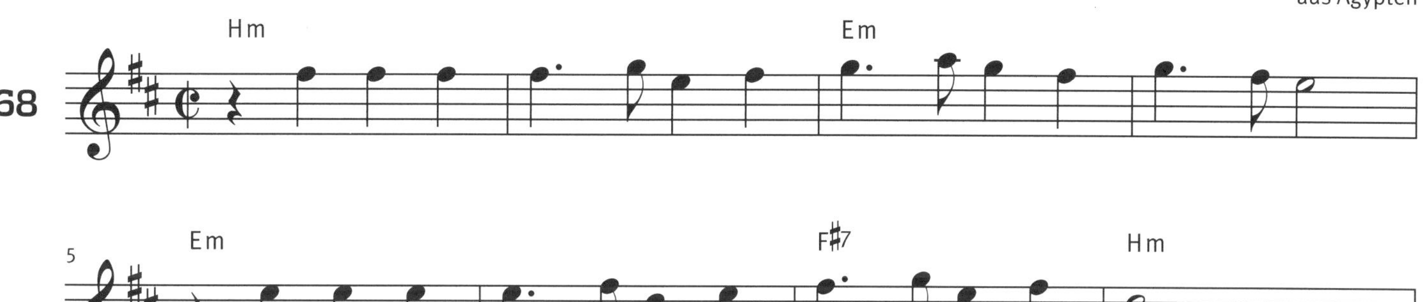

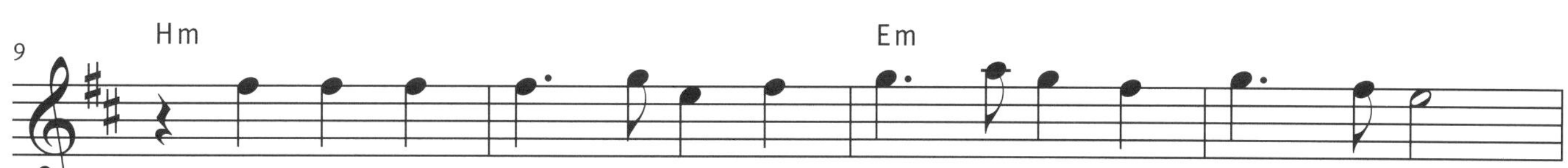

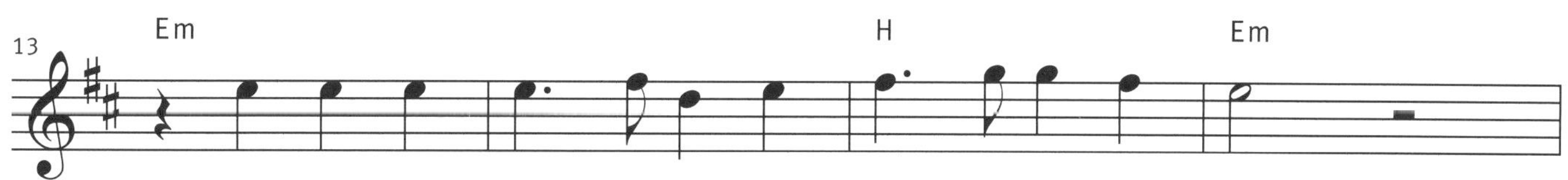

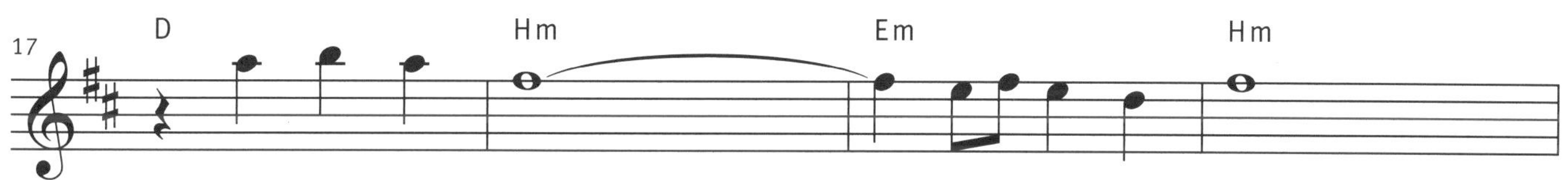

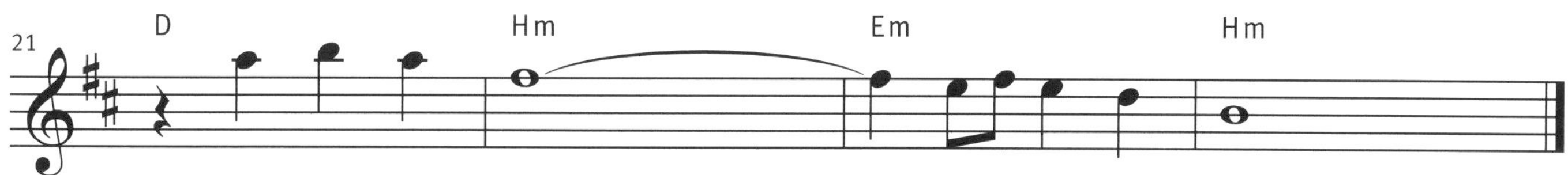

La Carméline

aus Frankreich

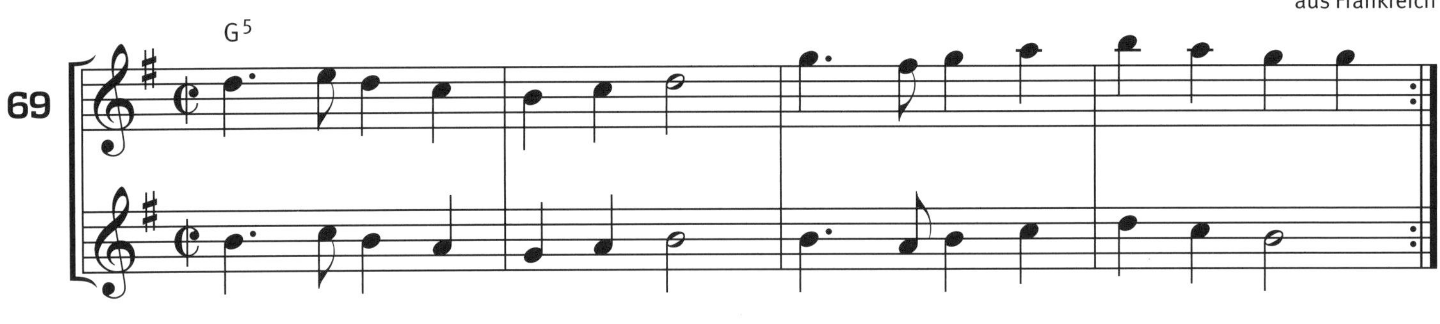

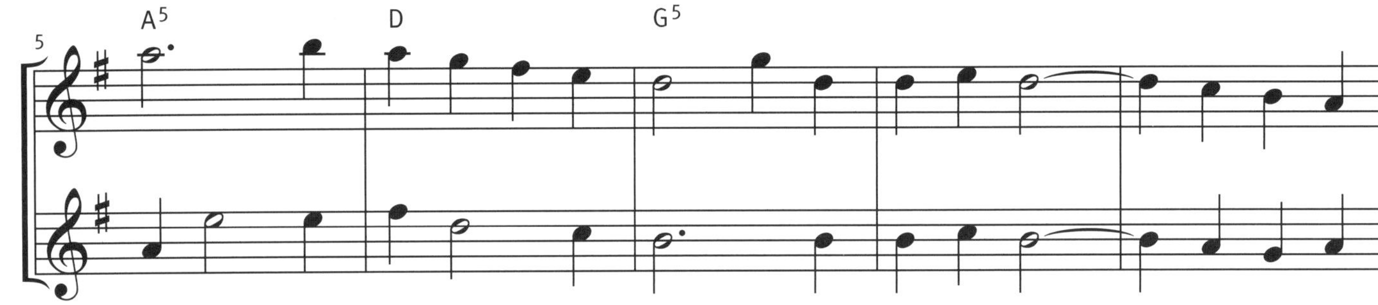

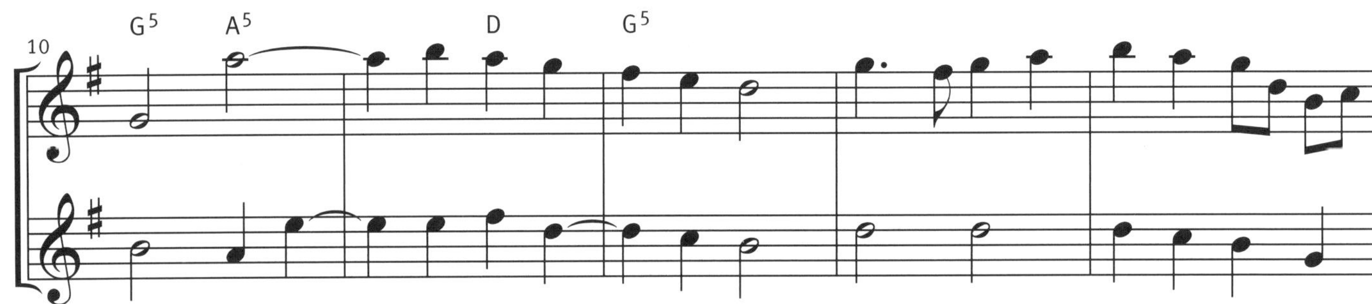

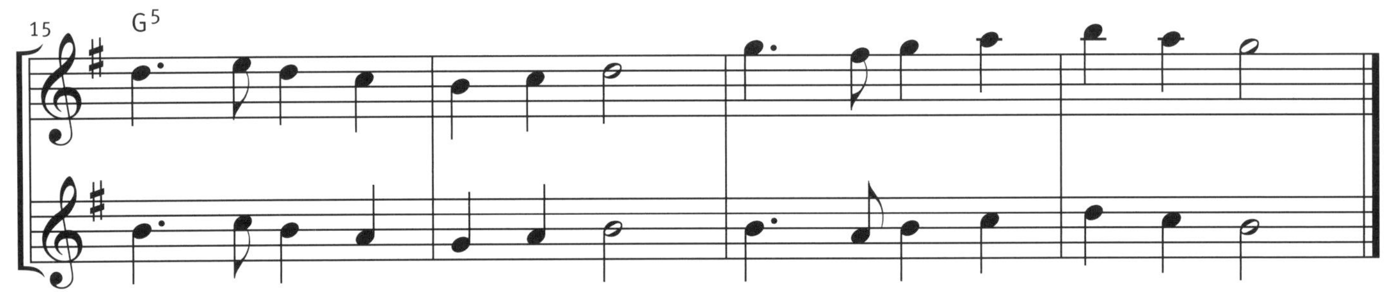

Dans la ville de Bordeaux

aus Frankreich

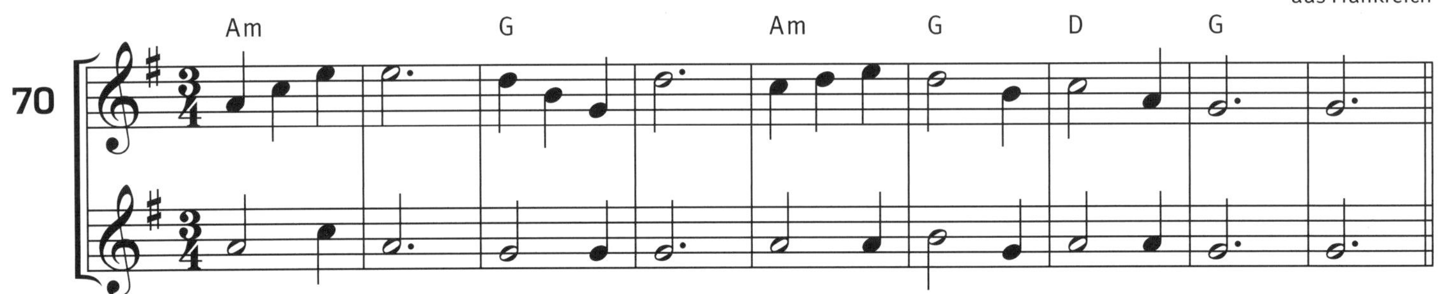

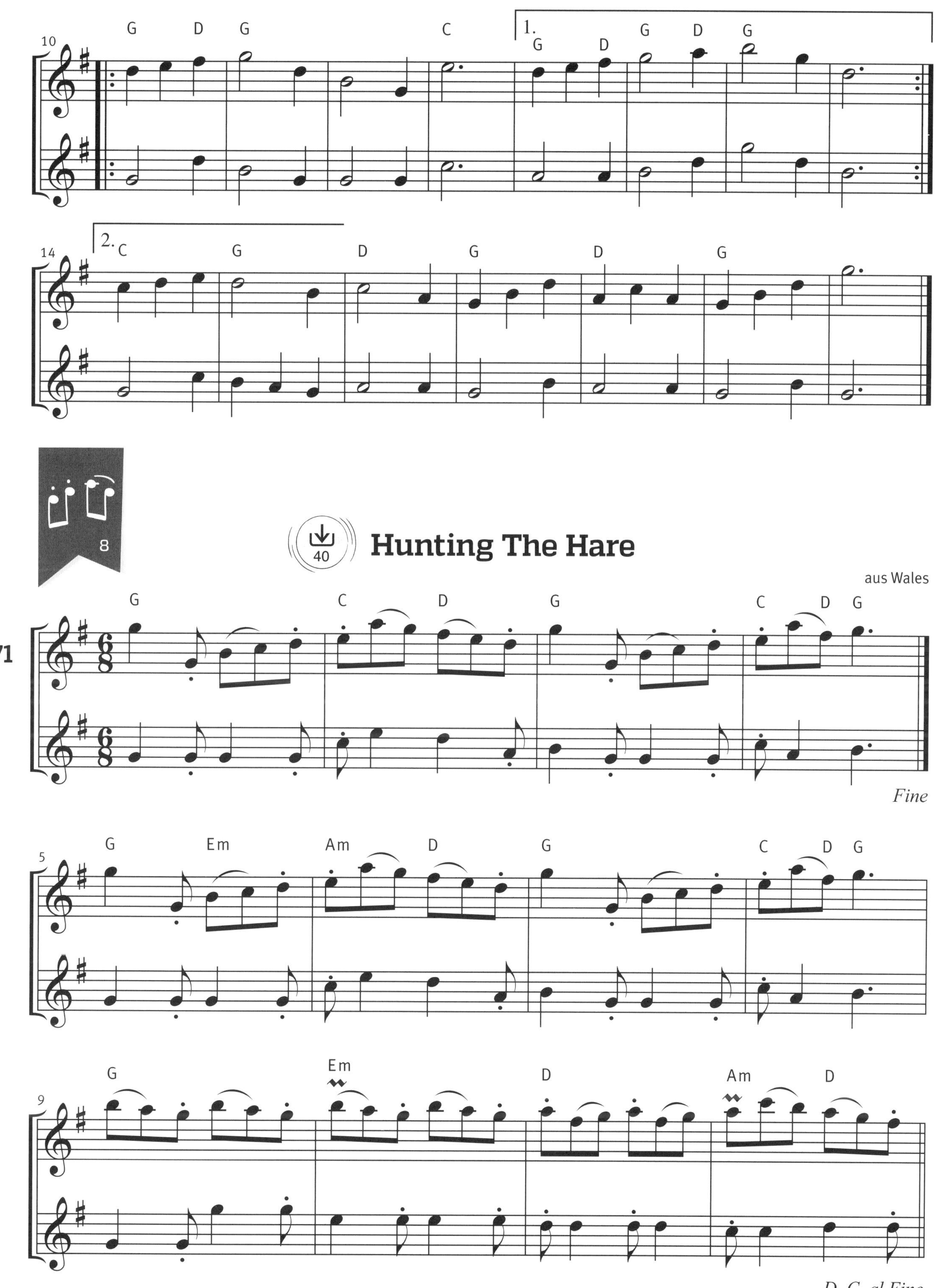
G D G C
1.
G D G D G
2.
C G D G D G
8
40
Hunting The Hare
aus Wales
71
G C D G C D G
Fine
G Em Am D G C D G
G Em D Am D
D. C. al Fine

Jenny Jones

41

John Parry (1710–1782)

72

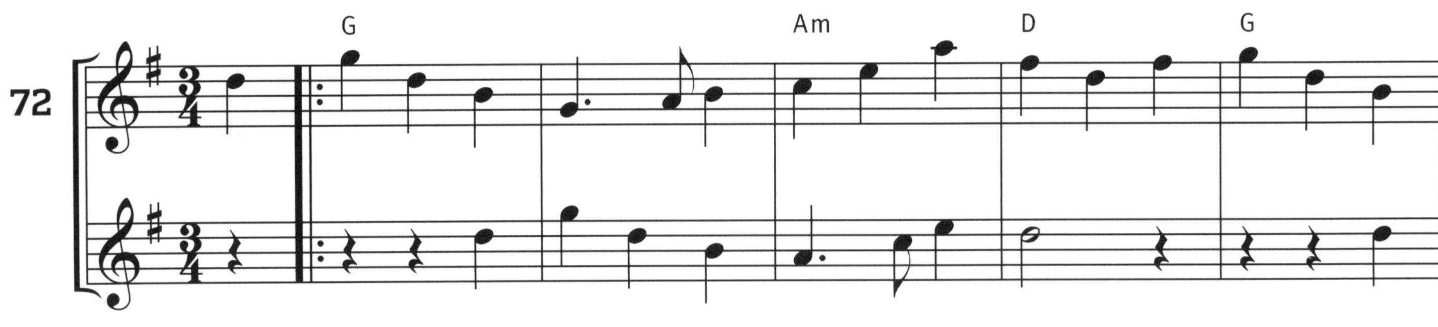

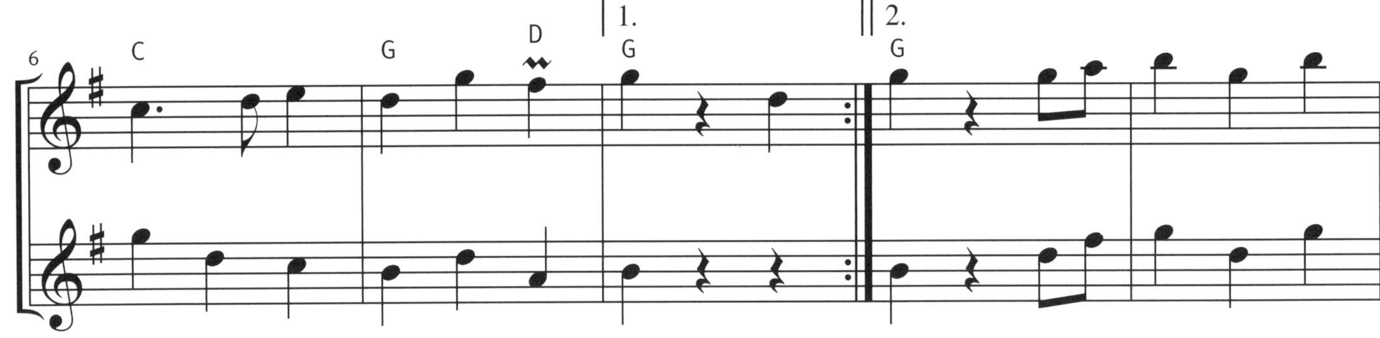

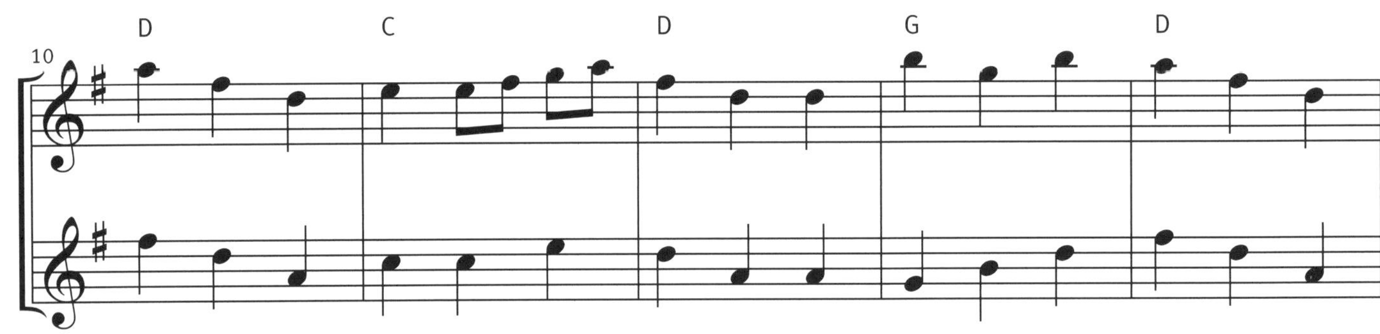

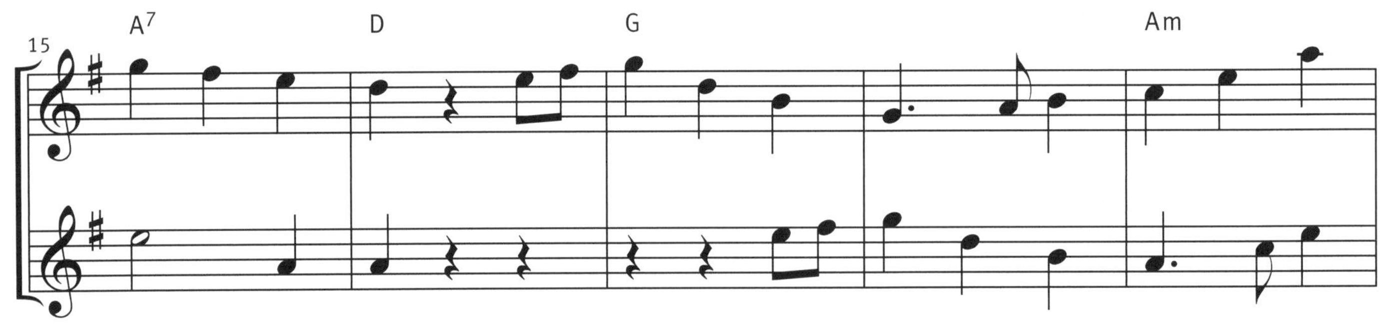

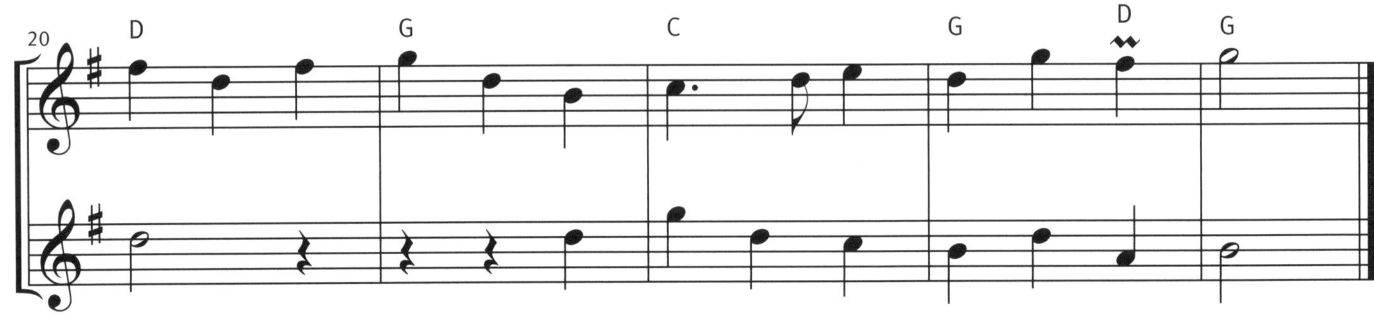

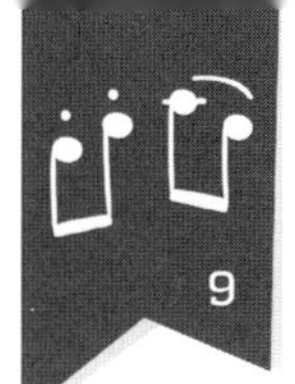

Buttered Peas

aus Irland

73

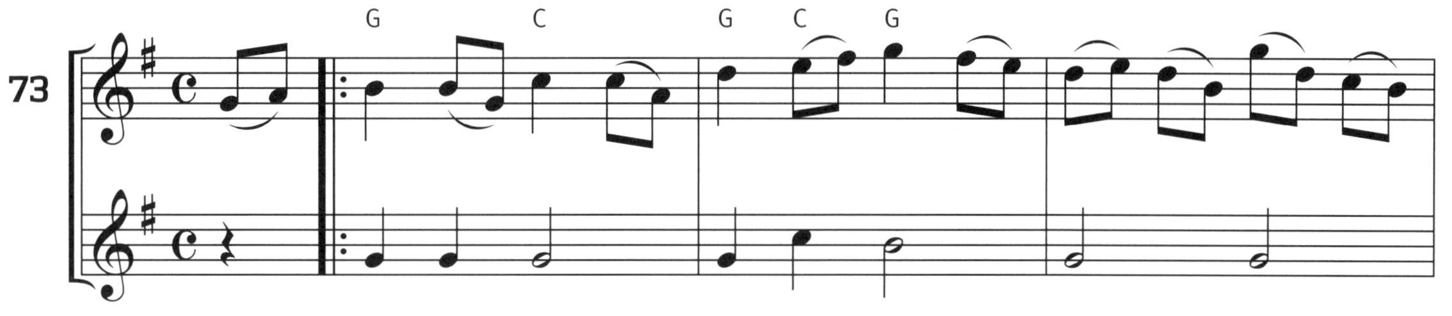

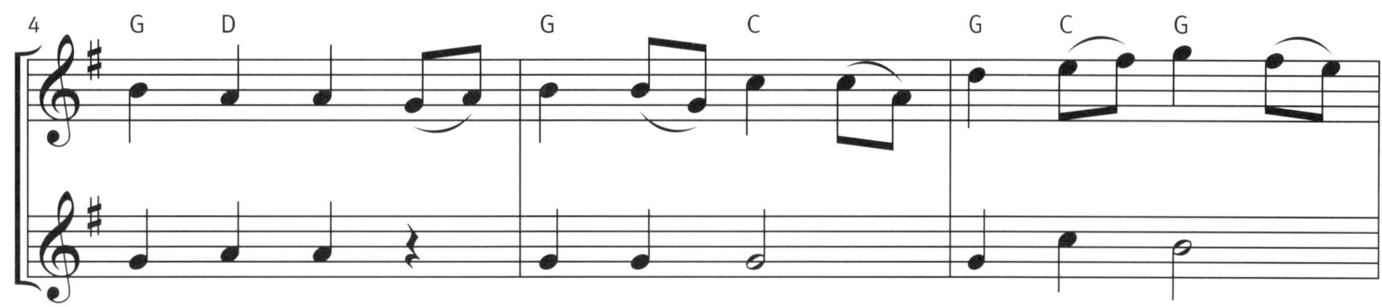

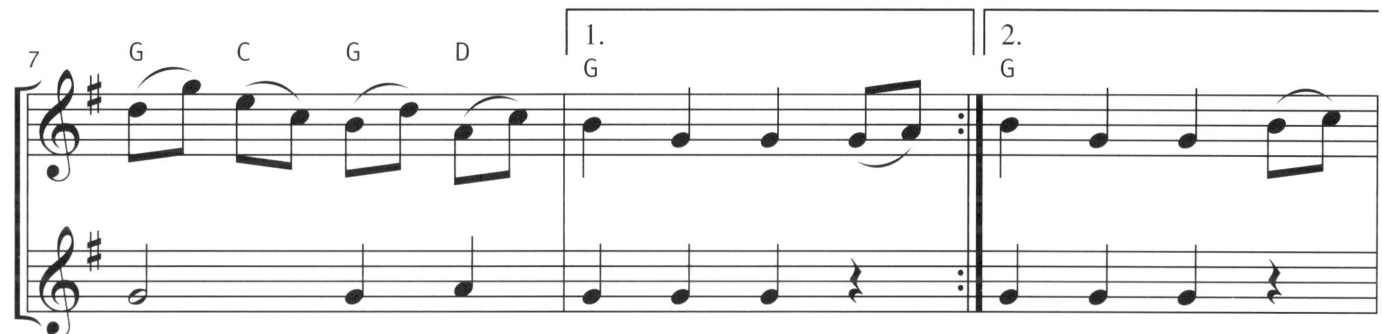

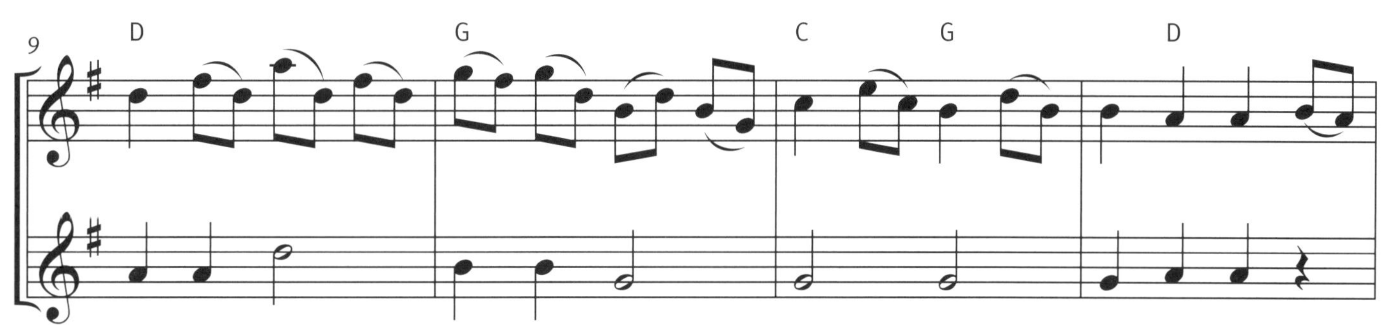

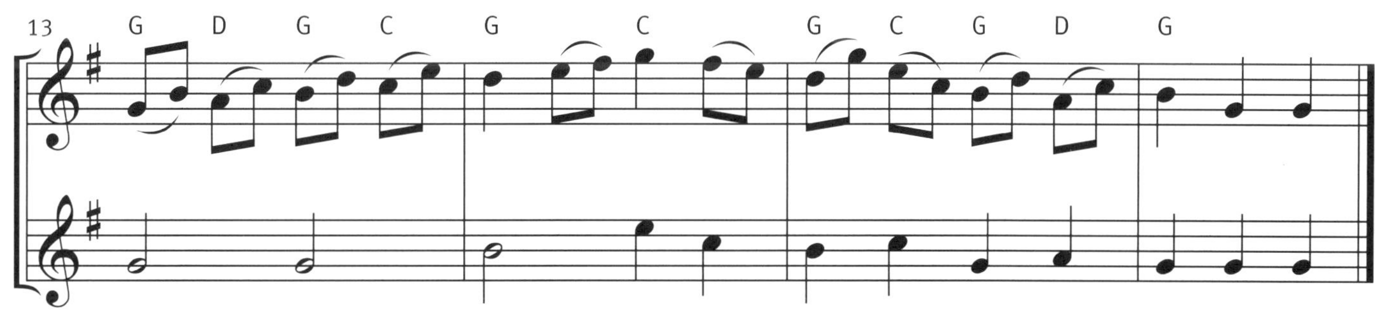

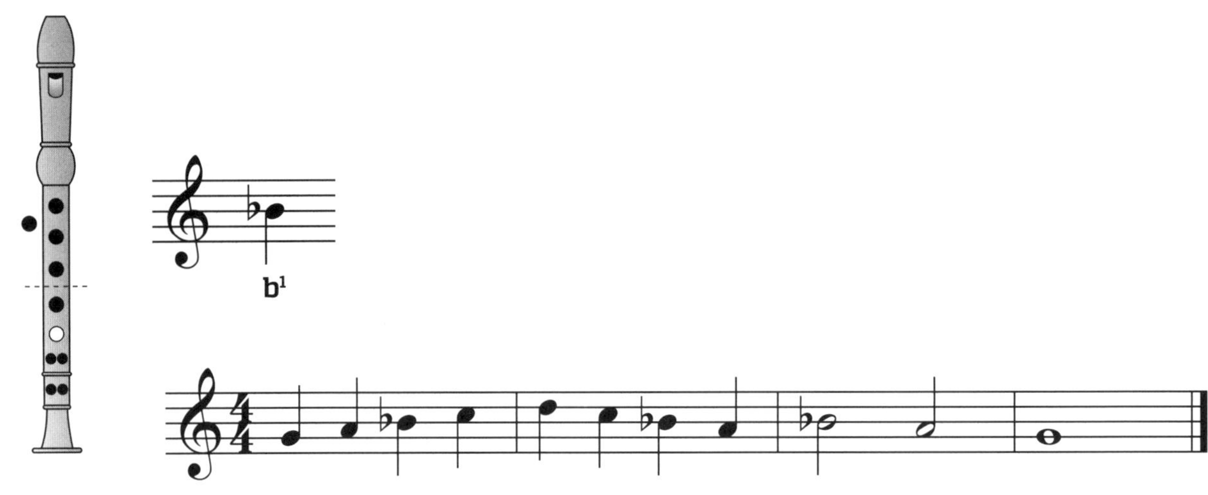

Evening Rise

trad. indianisch

74

Gm D B♭ C E♭ F Gm D

Eve - ning rise, spi - rit come, sun goes down, when the day is done:

5 Gm Gsus4/A Gm/B♭ C E♭ F Gm

Moth - er earth a - wak - ens me with the heart - beat of the sea.

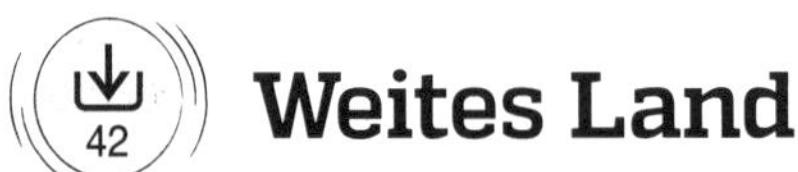

Weites Land

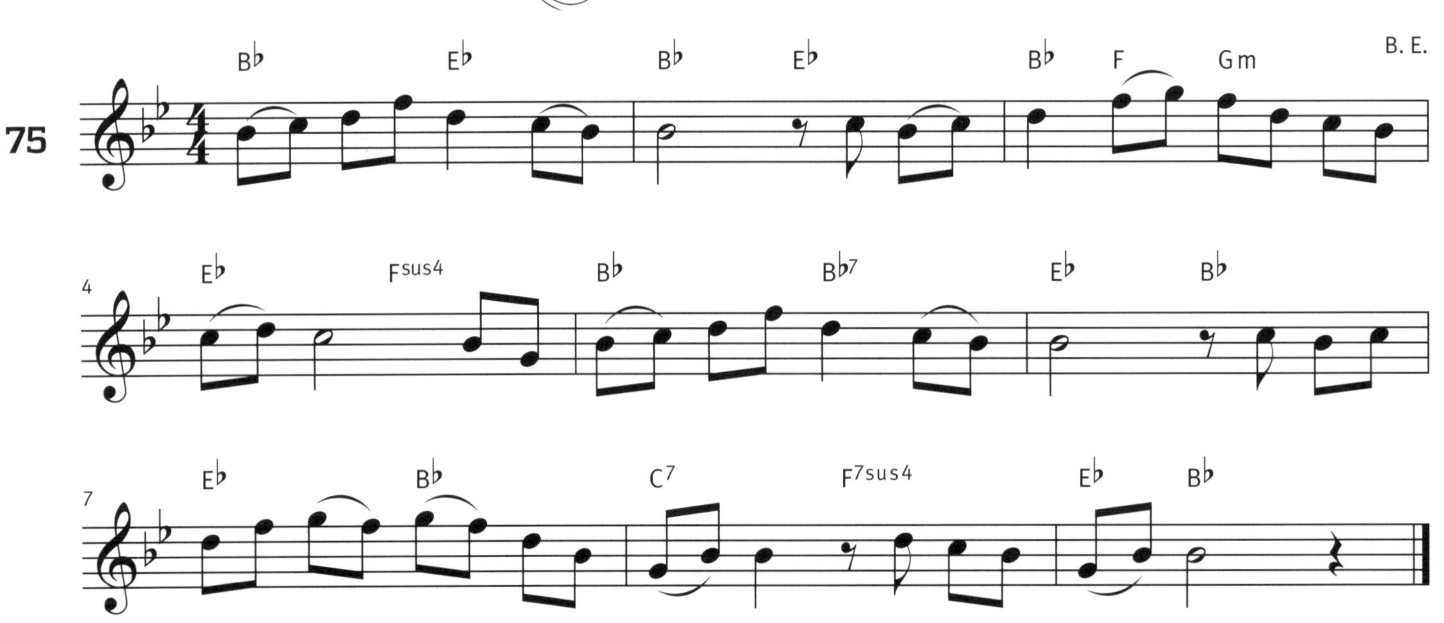

In Scotland

Isle of Man
Bearb.: B. E.

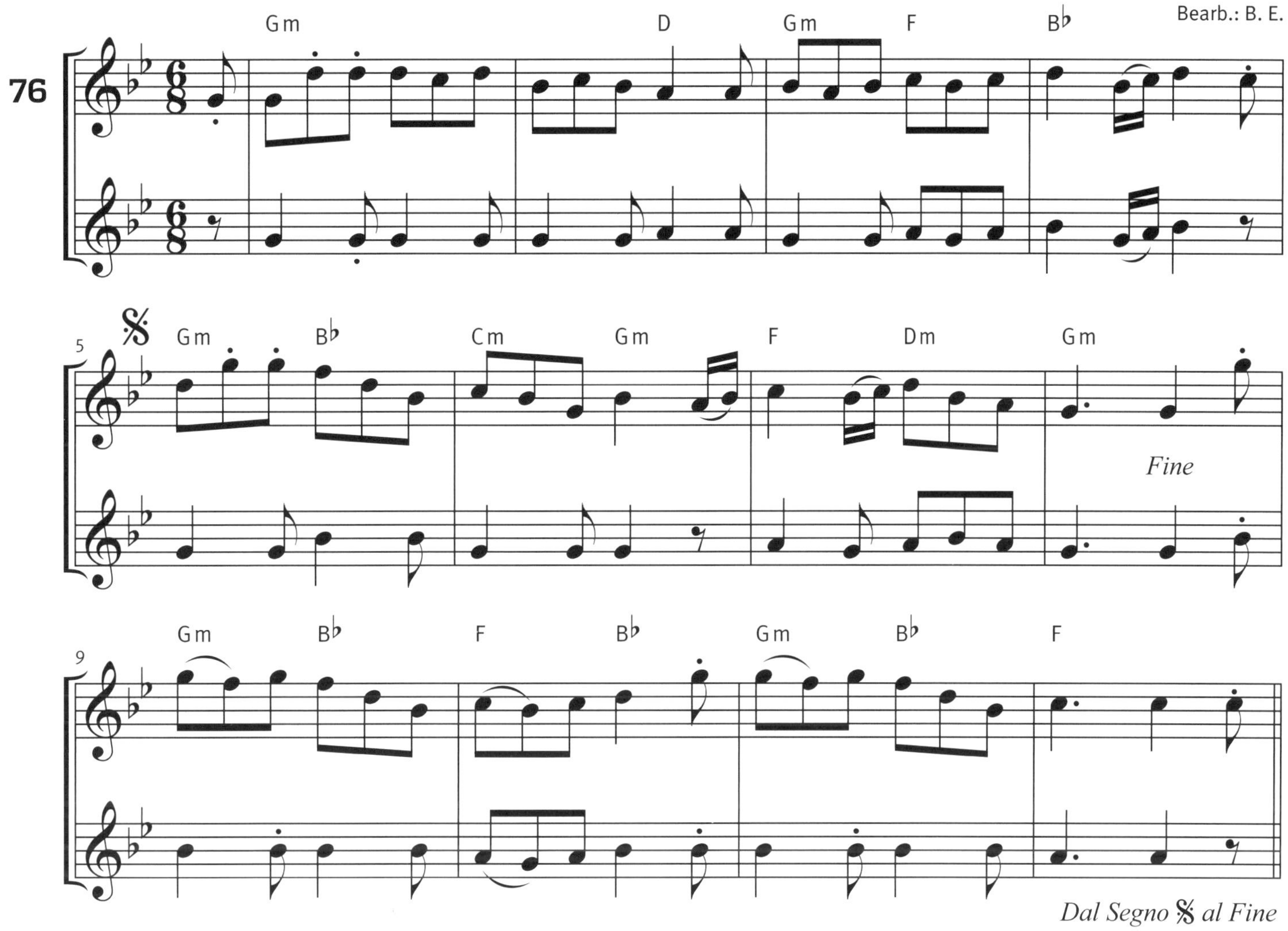

76

Gm D Gm F B♭

5 Gm B♭ Cm Gm F Dm Gm

Fine

9 Gm B♭ F B♭ Gm B♭ F

Dal Segno 𝄋 al Fine

Ukrainisches Volkslied

77

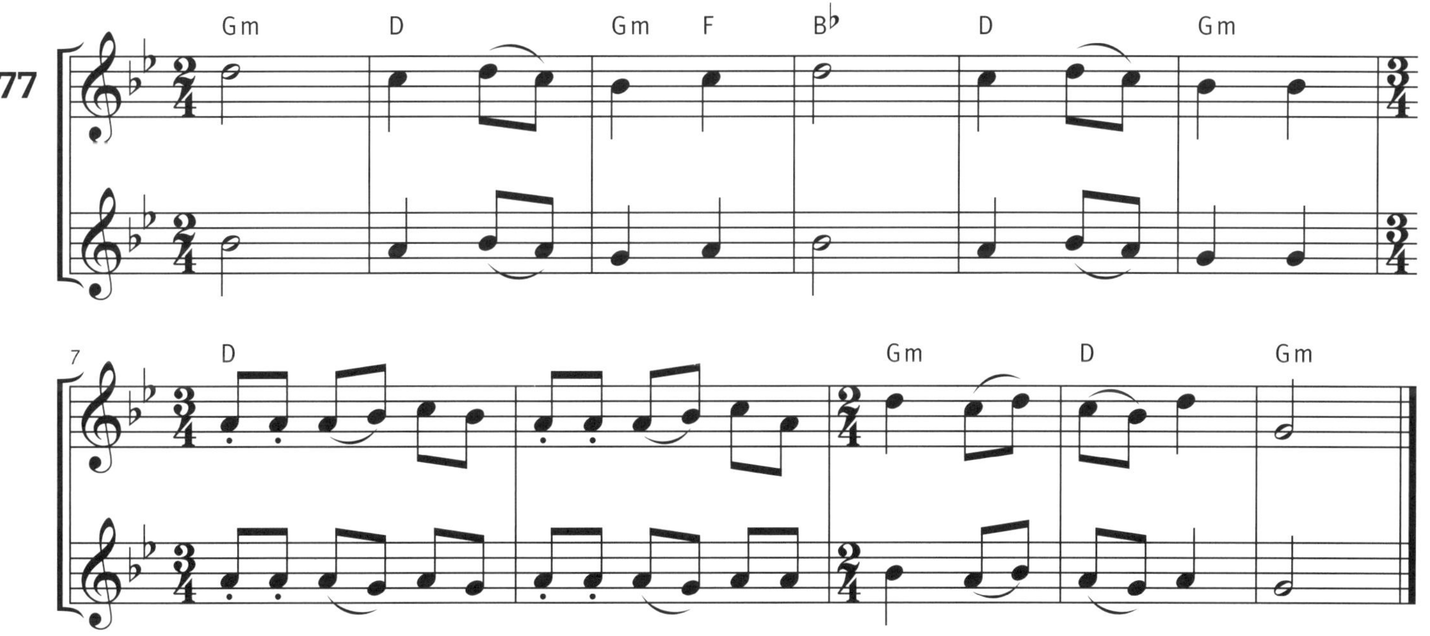

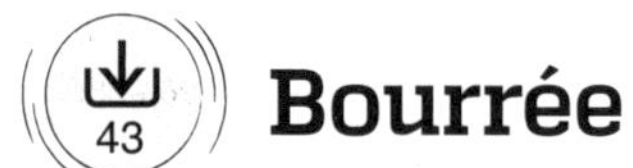

Bourrée

B. E.

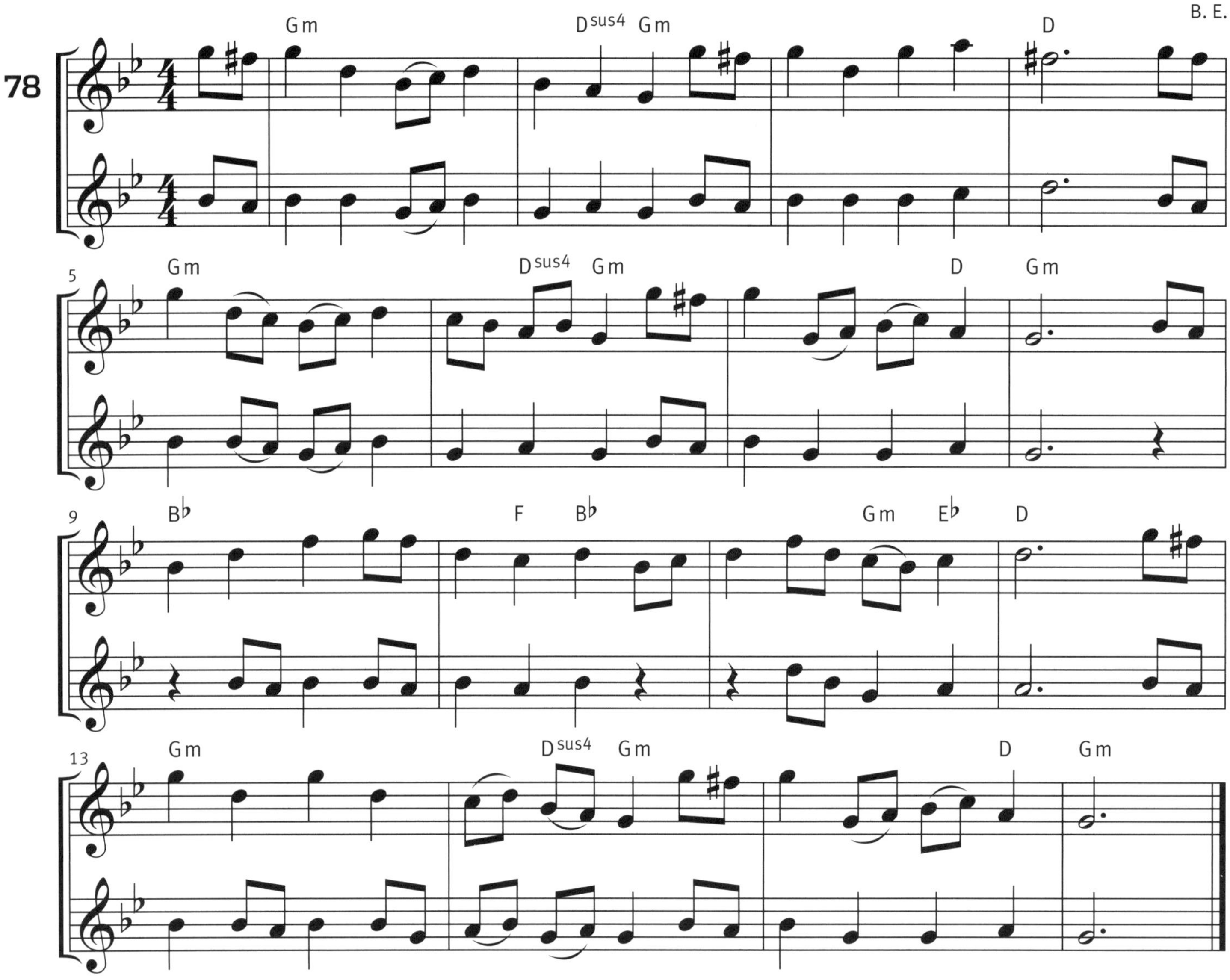

78

Gm Dsus4 Gm D

5 Gm Dsus4 Gm D Gm

9 B♭ F B♭ Gm E♭ D

13 Gm Dsus4 Gm D Gm

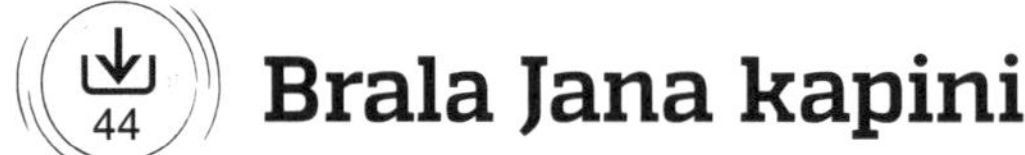

Brala Jana kapini

aus Mazedonien

79

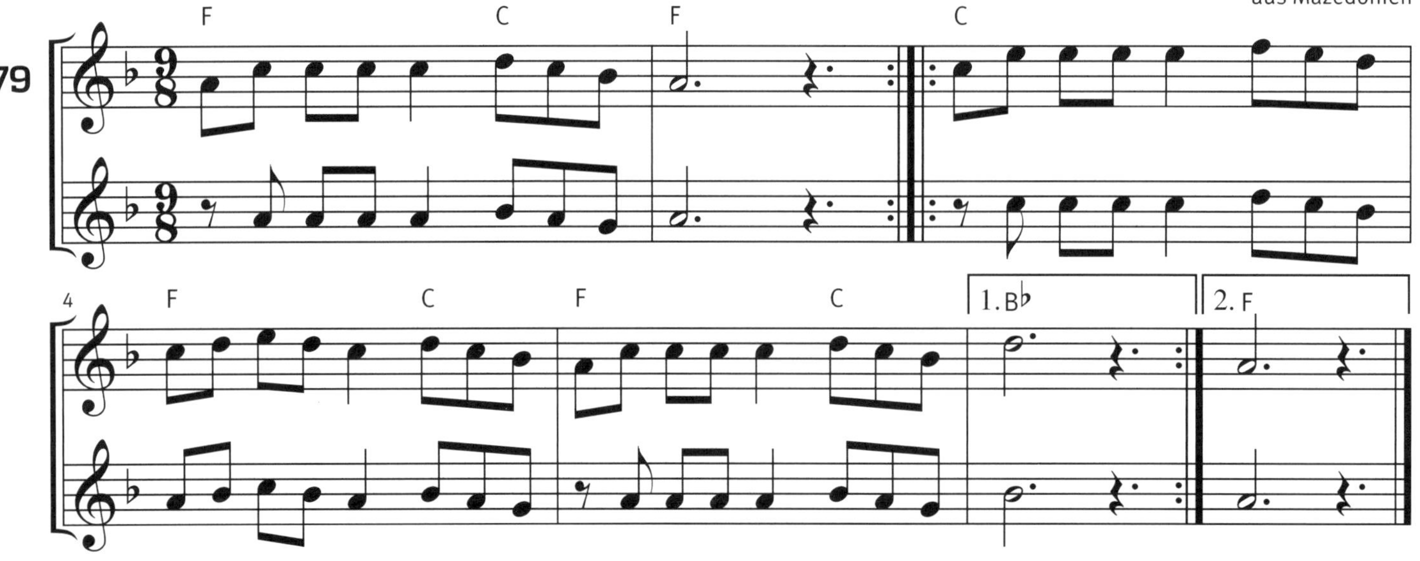

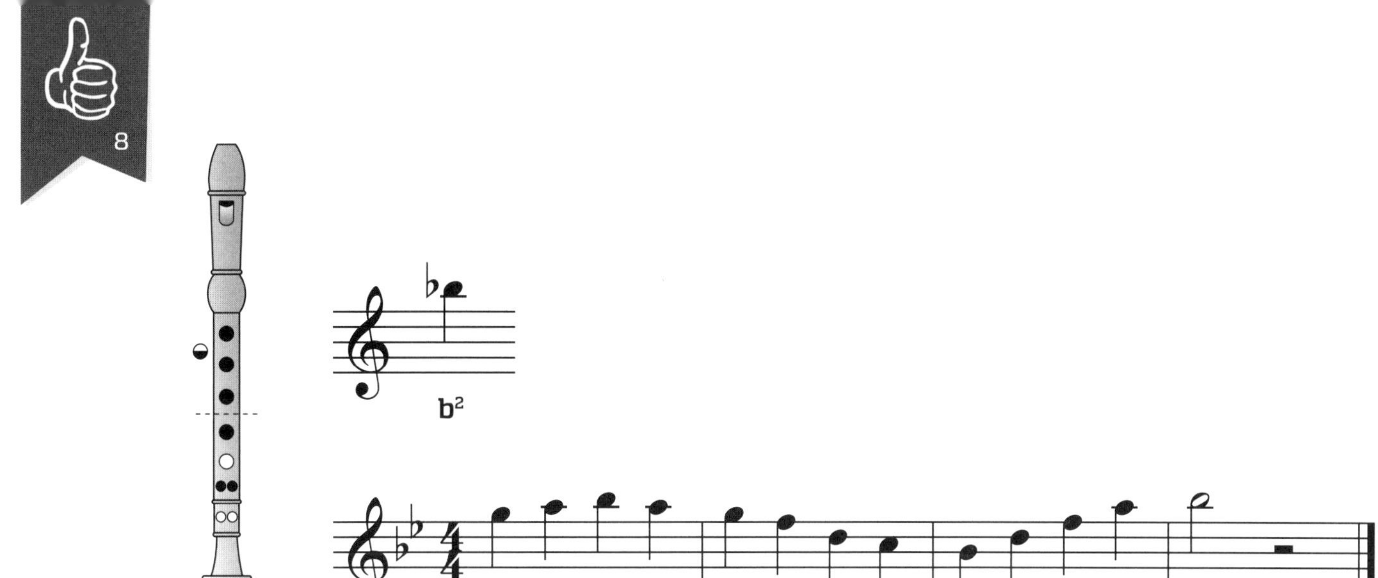

Der Winter ist vergangen

Altniederländisch, 16. Jh.

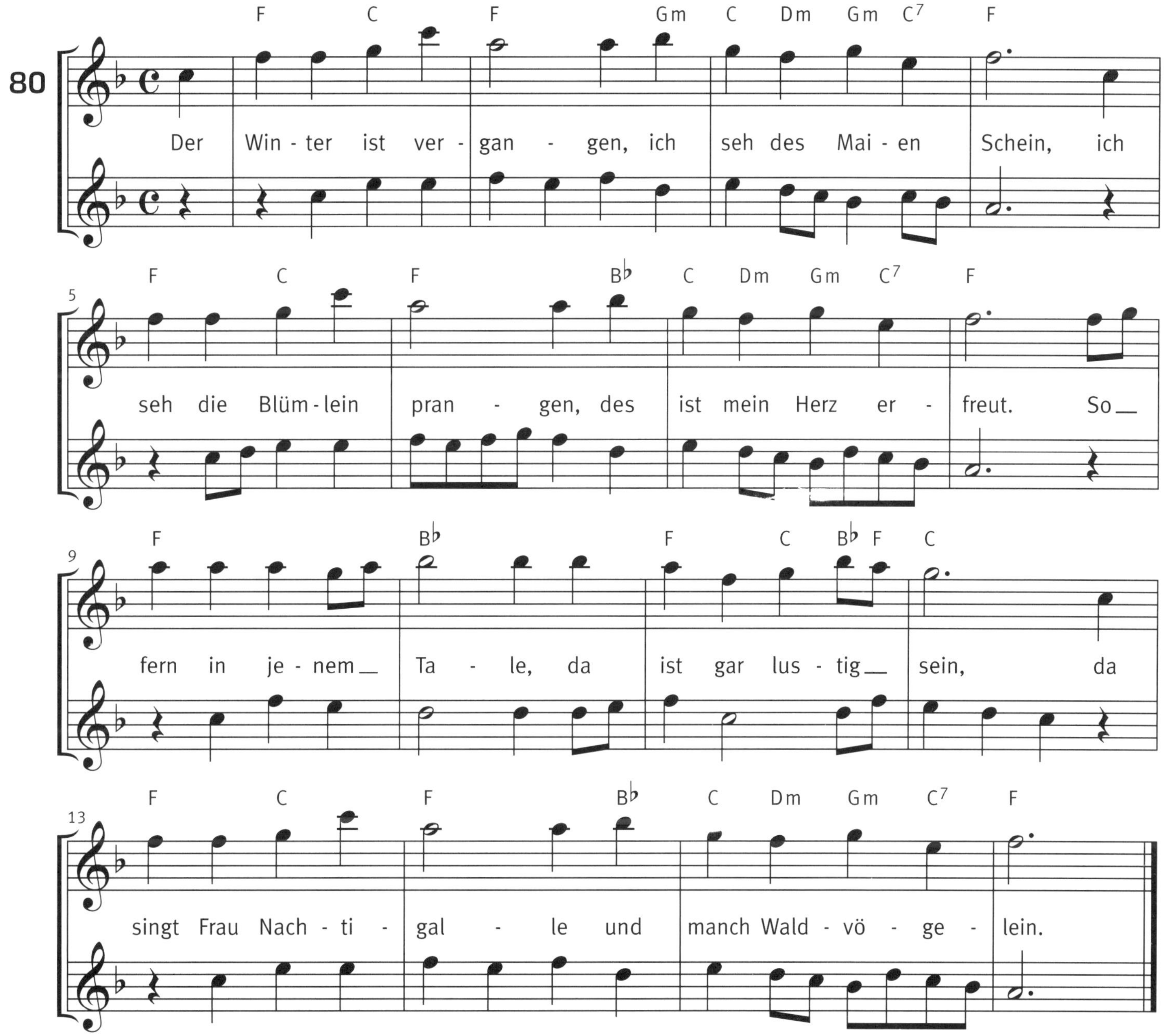

80

F C F Gm C Dm Gm C^7 F

Der Win - ter ist ver - gan - gen, ich seh des Mai - en Schein, ich

F C F B♭ C Dm Gm C^7 F

seh die Blüm - lein pran - gen, des ist mein Herz er - freut. So_

F B♭ F C B♭ F C

fern in je - nem_ Ta - le, da ist gar lus - tig_ sein, da

F C F B♭ C Dm Gm C^7 F

singt Frau Nach - ti - gal - le und manch Wald - vö - ge - lein.

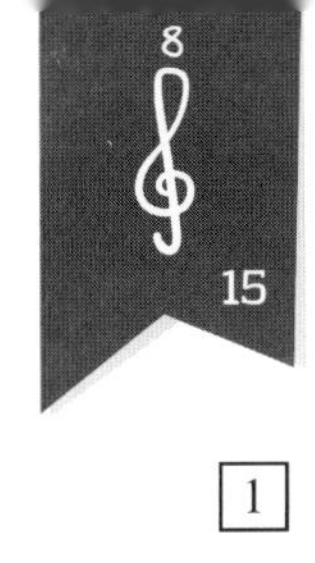

Viva la musica

M. Praetorius
(1571–1621)

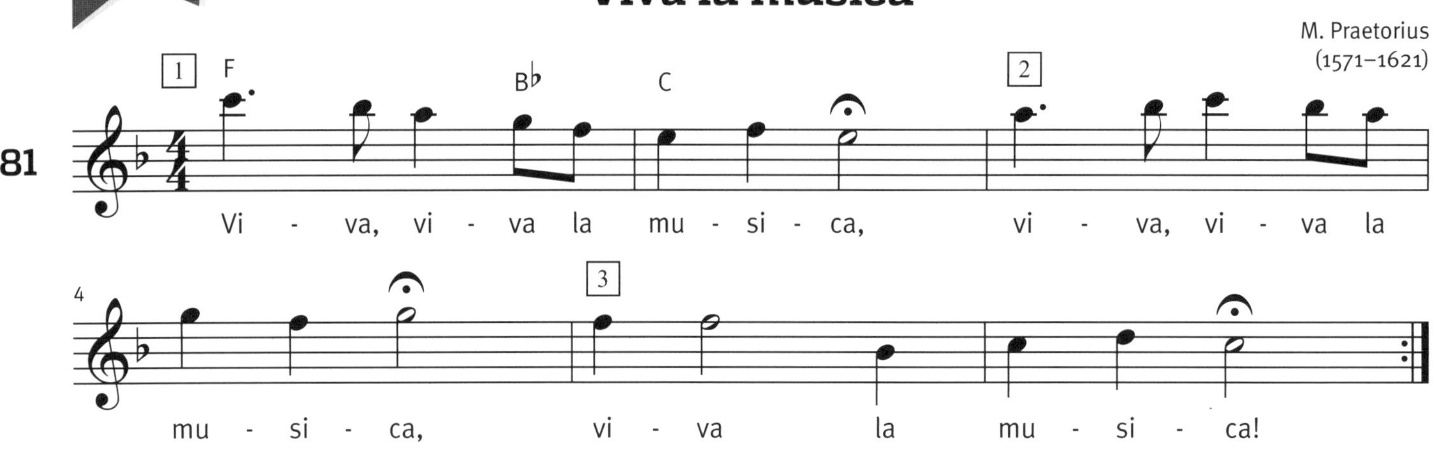

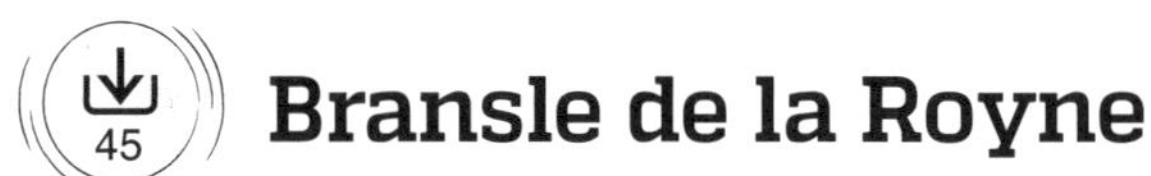

Bransle de la Royne

M. Praetorius
(1571–1621)

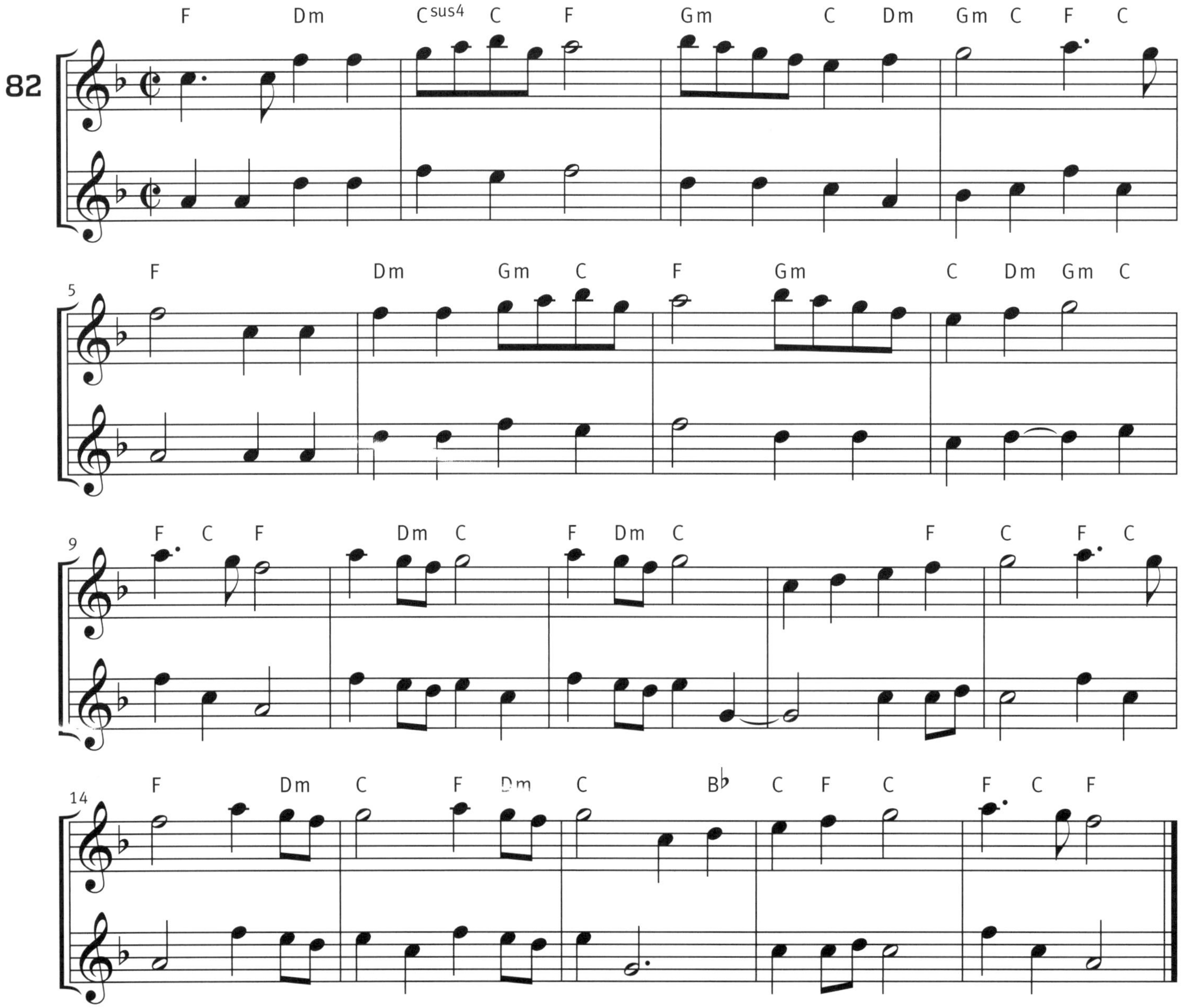

82

F Dm Csus4 C F Gm C Dm Gm C F C

5 F Dm Gm C F Gm C Dm Gm C

9 F C F Dm C F Dm C F C F C

14 F Dm C F Dm C B♭ C F C F C F

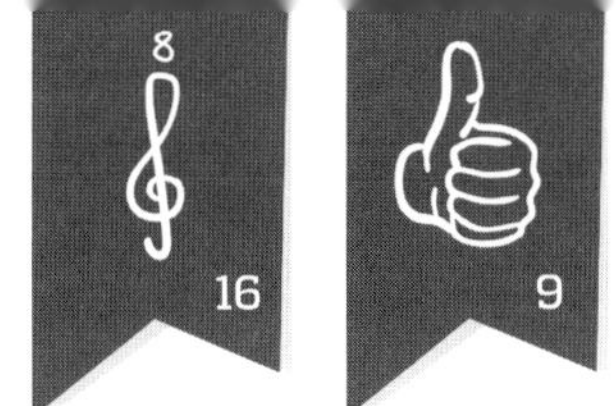

83 Le départ pour Terre-Neuve

aus Frankreich

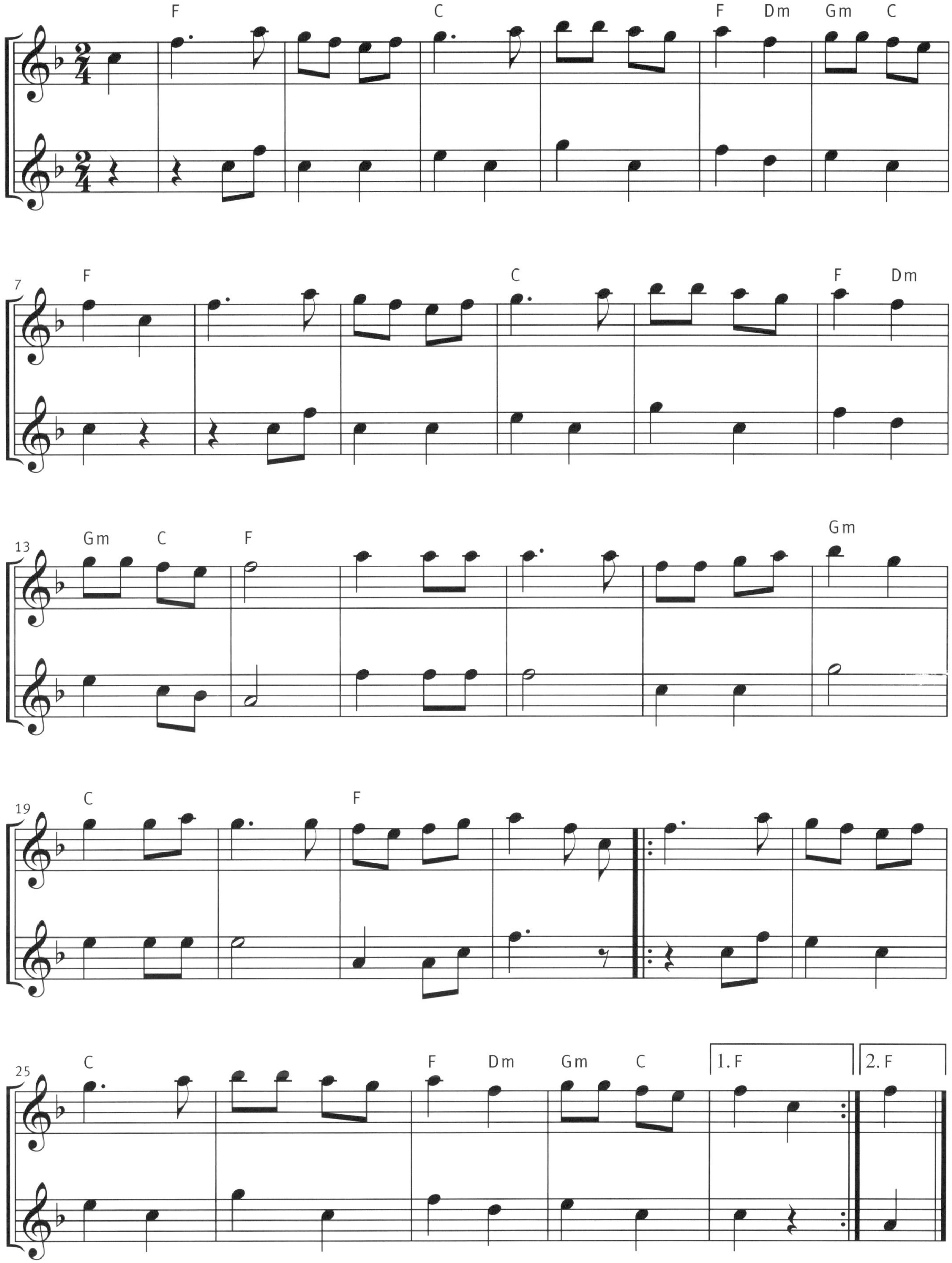

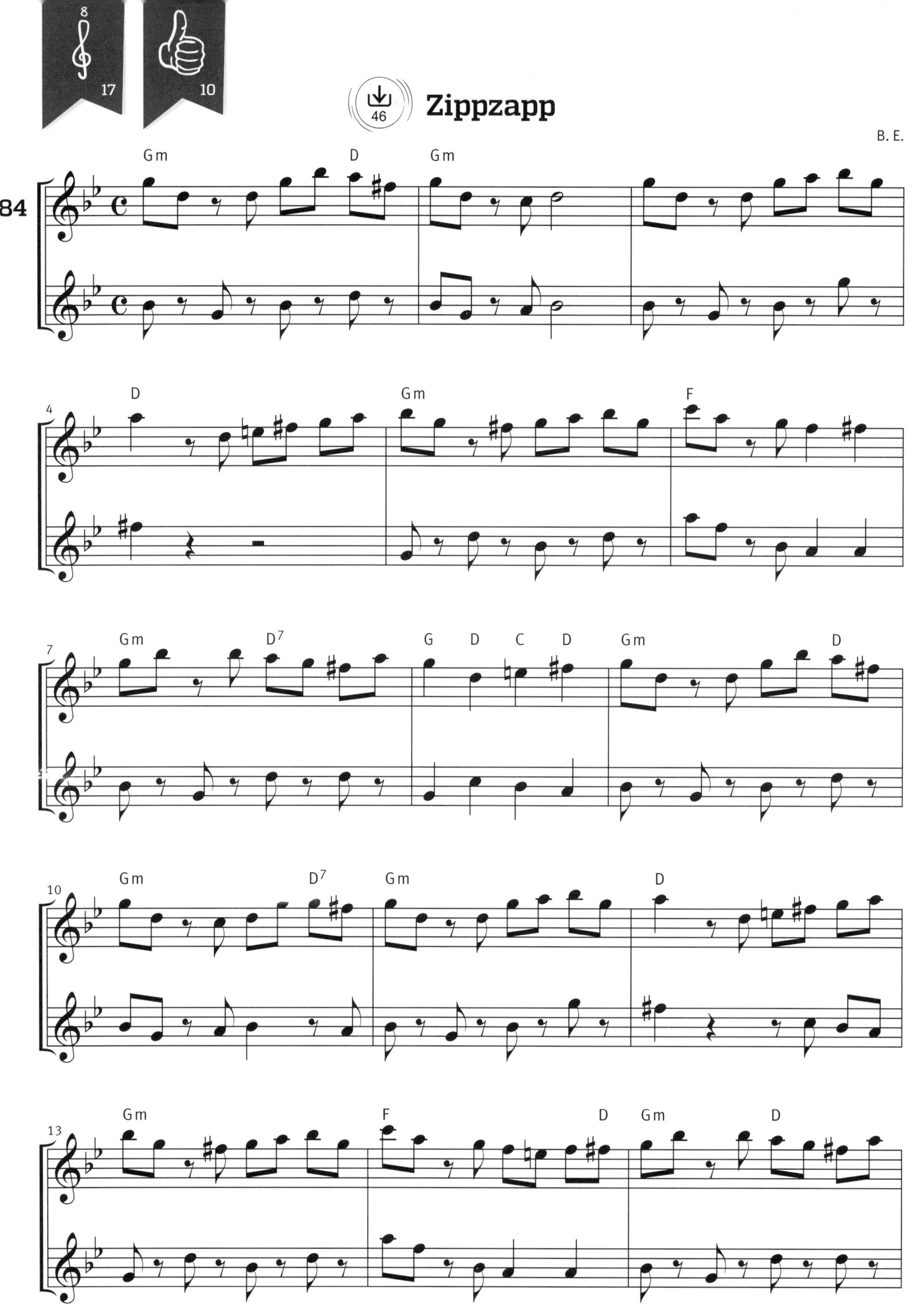
8
17
10
46
Zippzapp
B. E.
84
Gm D Gm
4
D Gm F
7
Gm D7 G D C D Gm D
10
Gm D7 Gm D
13
Gm F D Gm D

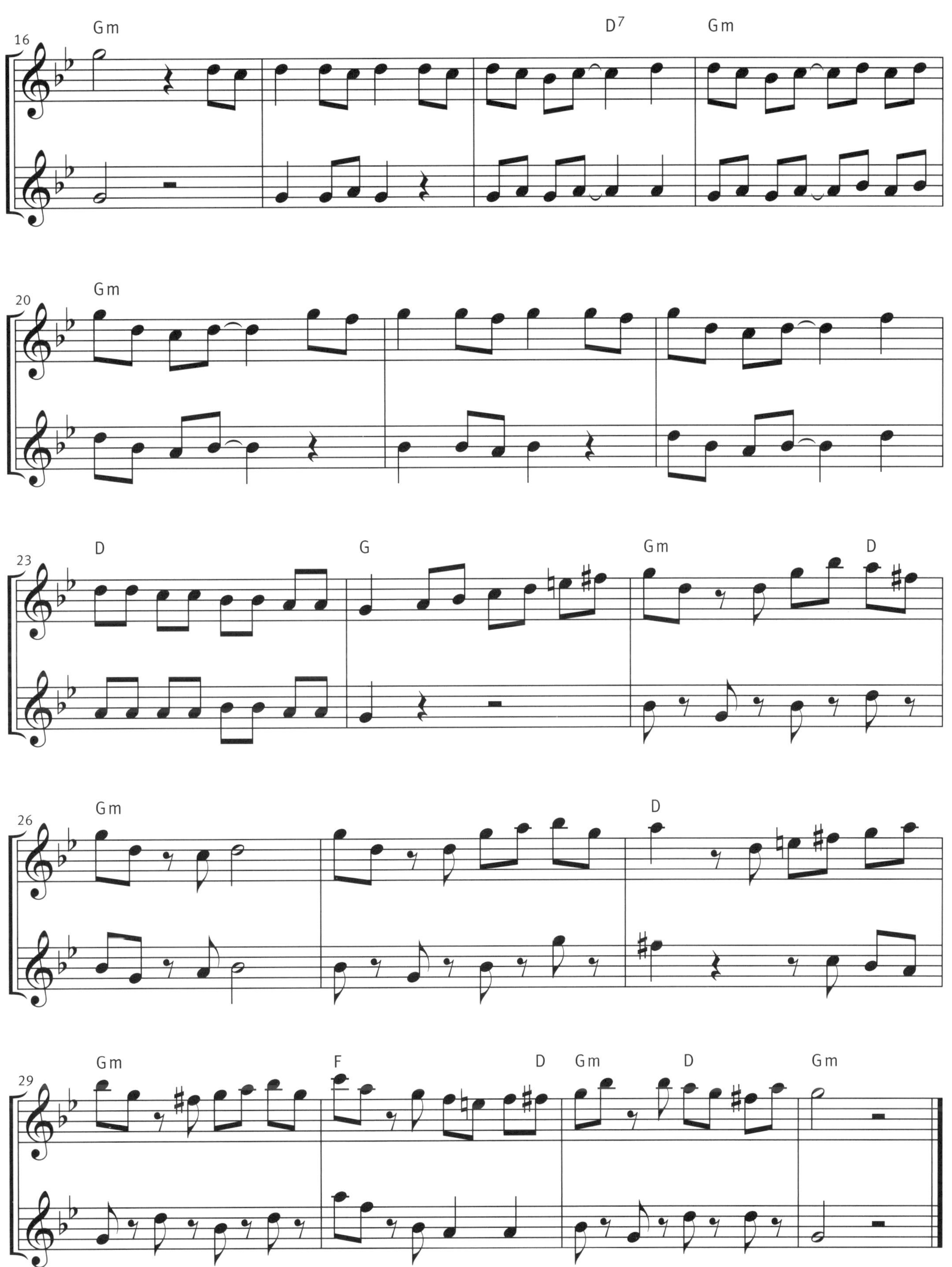
Gm
D7
Gm
Gm
D
G
Gm
D
Gm
D
Gm
F
D
Gm
D
Gm

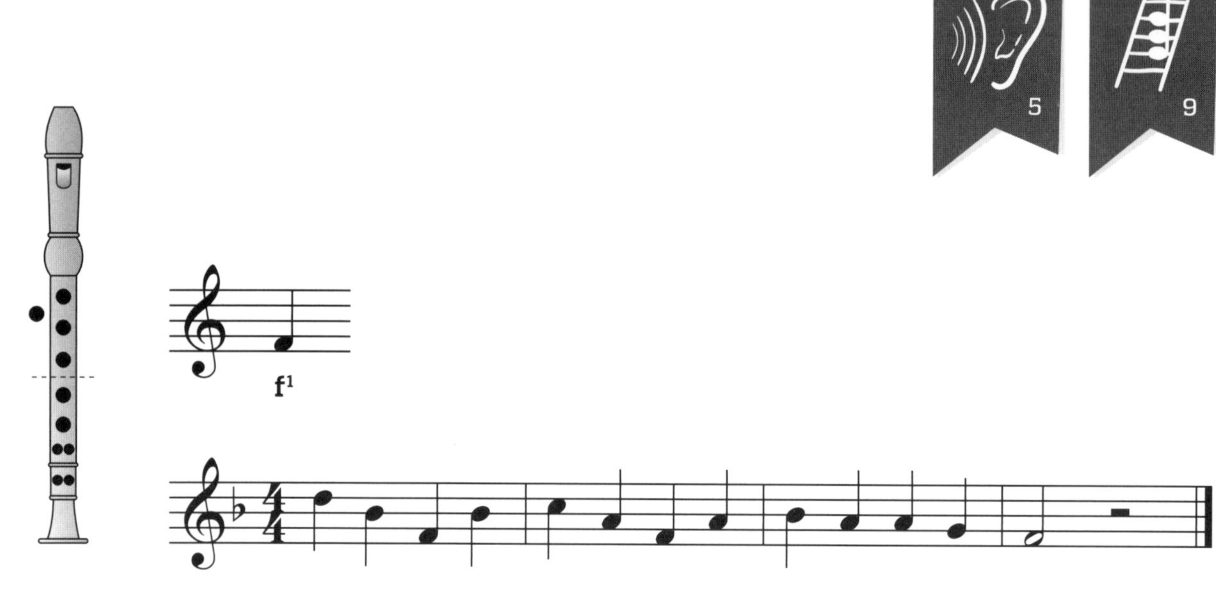

47 Heute hier, morgen dort

Hannes Wader

85

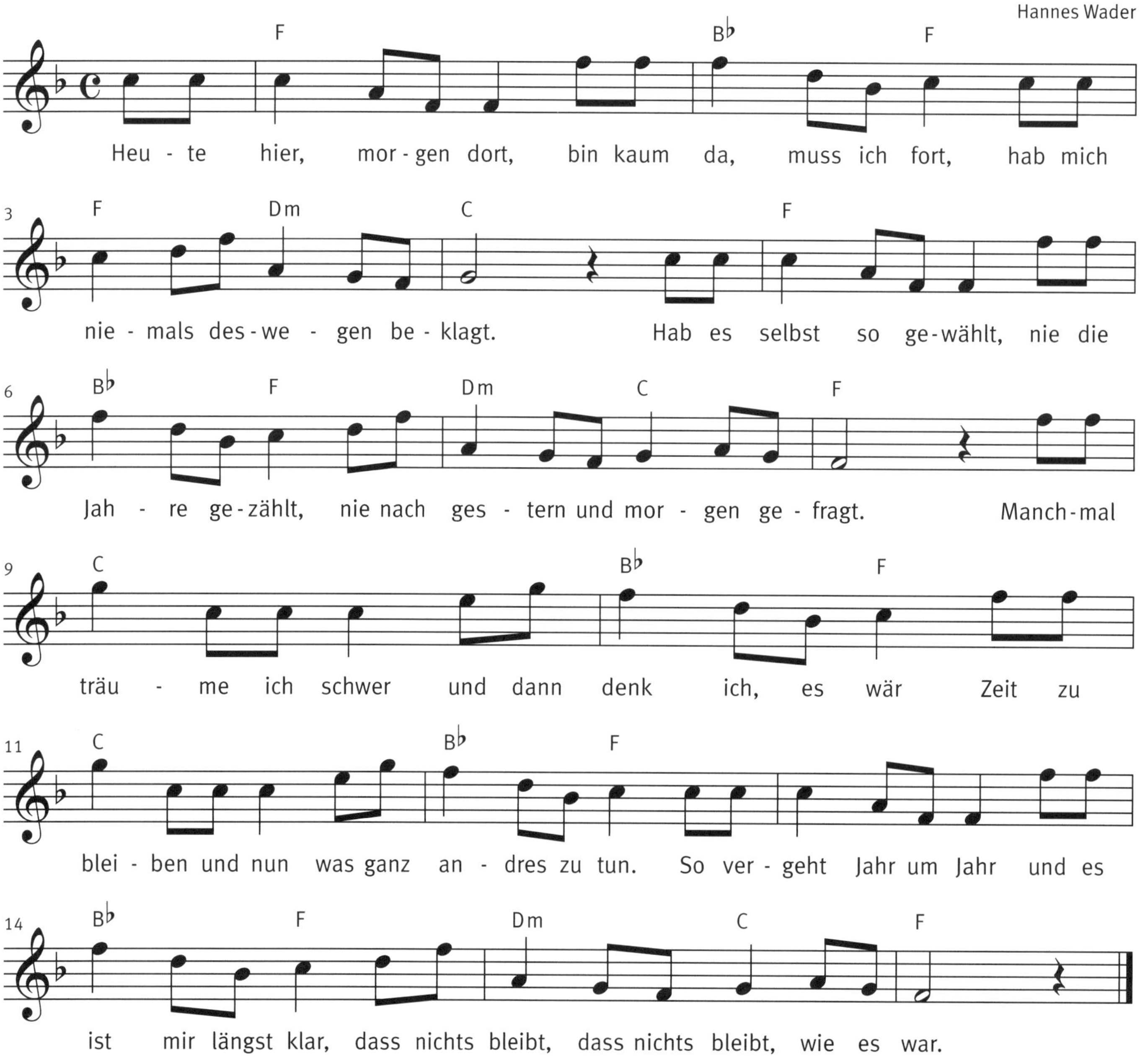

F Bb F Dm C F Bb F Dm C F C Bb F C Bb F Bb F Dm C F

Heu - te hier, mor - gen dort, bin kaum da, muss ich fort, hab mich
nie - mals des - we - gen be - klagt. Hab es selbst so ge - wählt, nie die
Jah - re ge - zählt, nie nach ges - tern und mor - gen ge - fragt. Manch - mal
träu - me ich schwer und dann denk ich, es wär Zeit zu
blei - ben und nun was ganz an - dres zu tun. So ver - geht Jahr um Jahr und es
ist mir längst klar, dass nichts bleibt, dass nichts bleibt, wie es war.

Abendstille überall

T.: Fritz Jöde (1887–1970)
M.: Otto Laub (1852–1927)

86

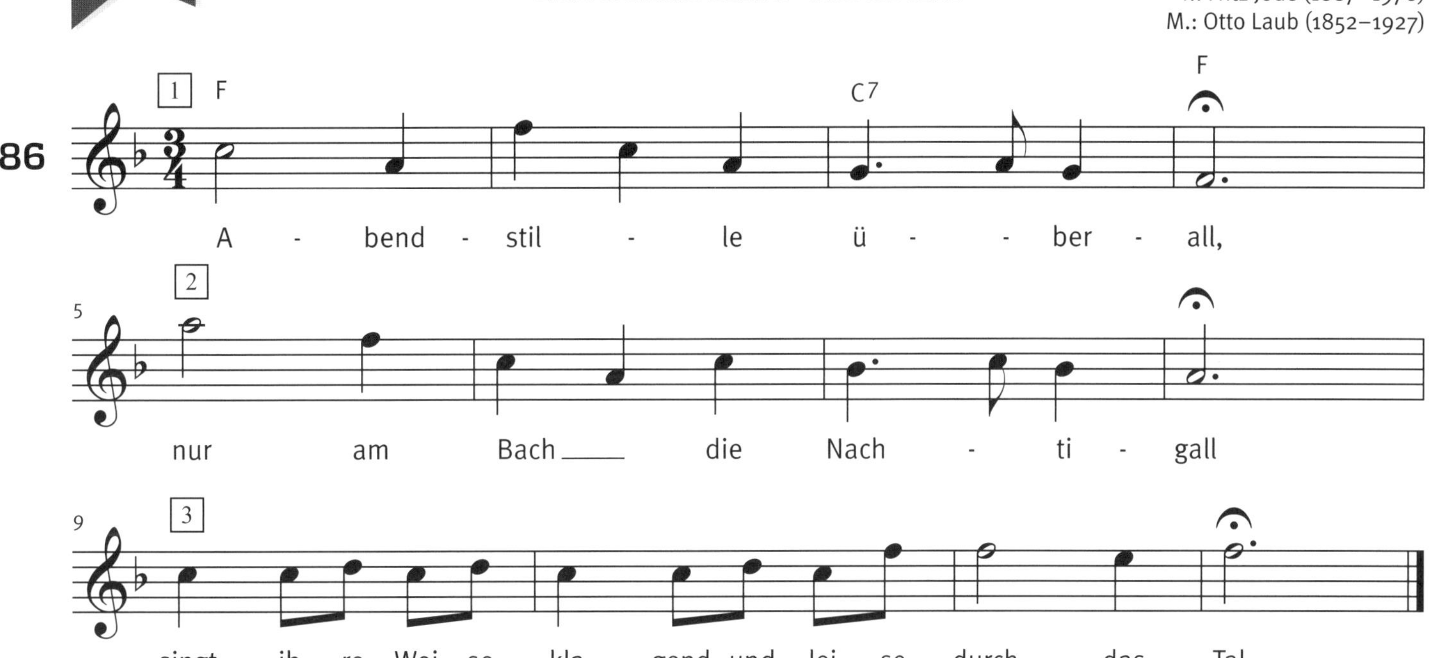

Dazu als Ostinato:

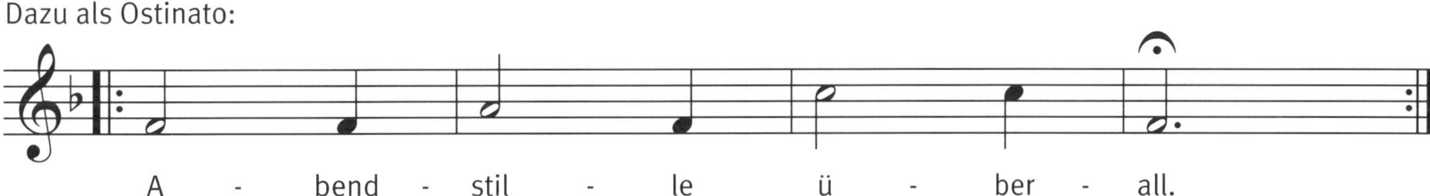

Alles schweiget

48

angeblich von W.A. Mozart (1756–1791)

87

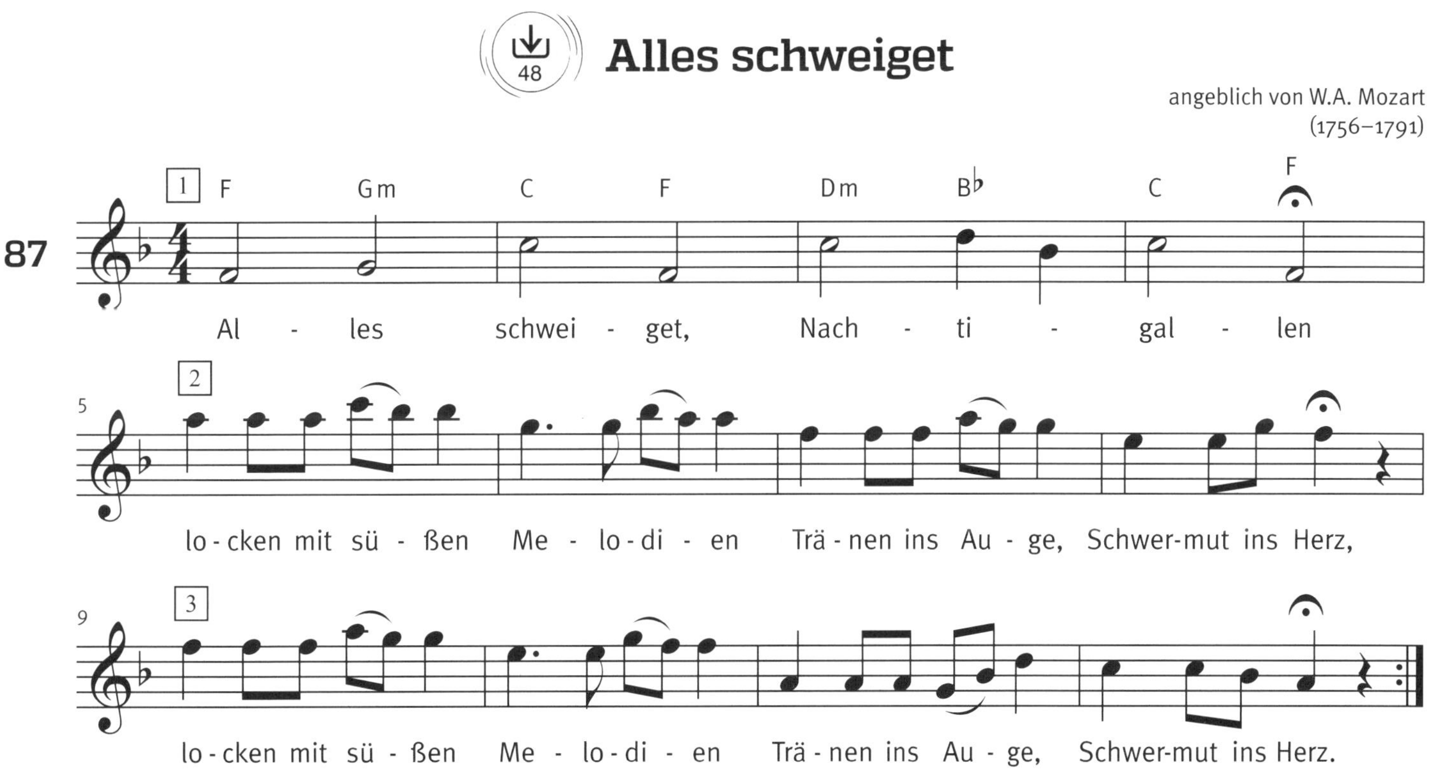

Come, follow me!

nach John Hilton
(1599–1657)

88

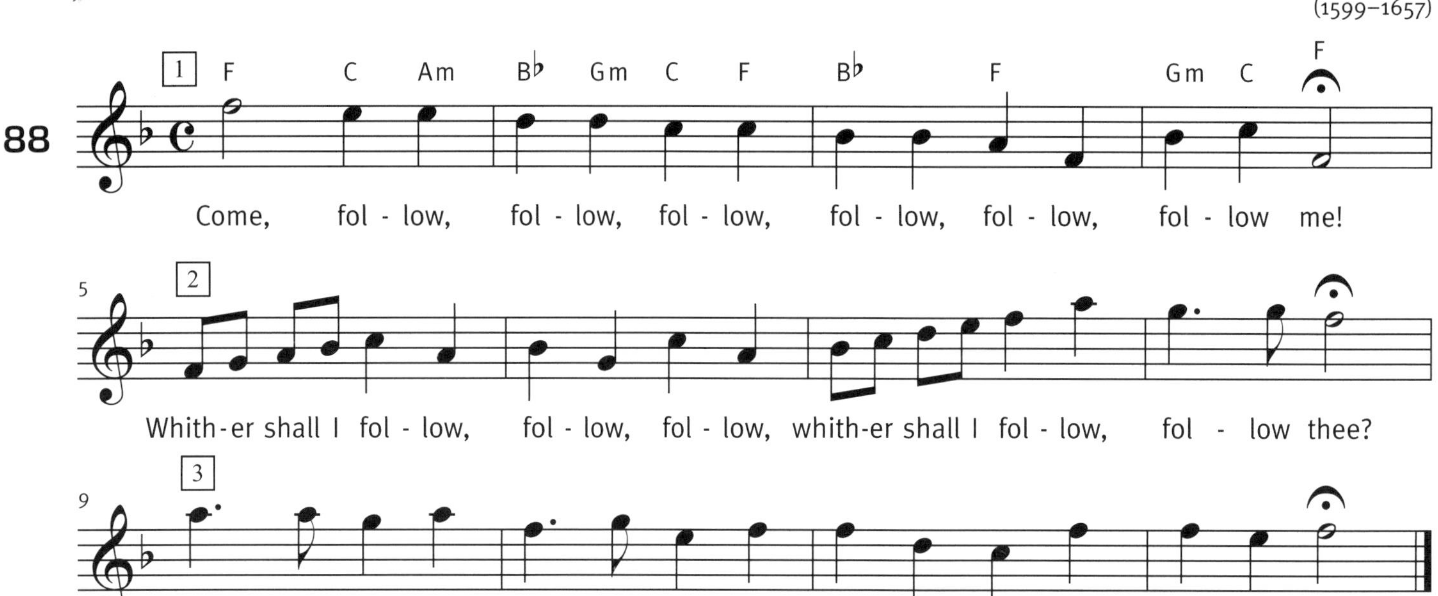

Swanee River

49

Stephen Foster
(1828–1864)

89

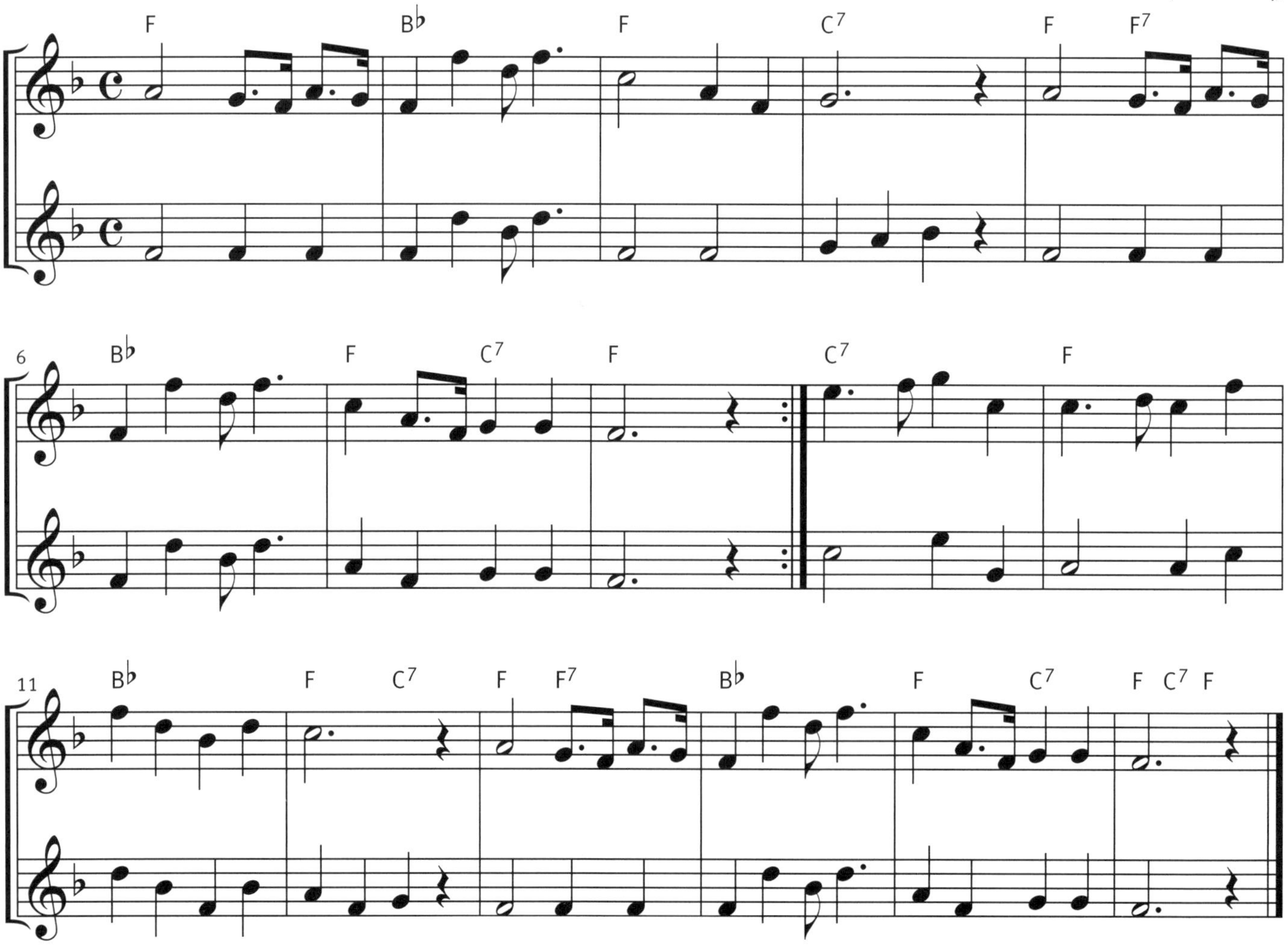

F B♭ F C7 F F7

B♭ F C7 F C7 F

B♭ F C7 F F7 B♭ F C7 F C7 F

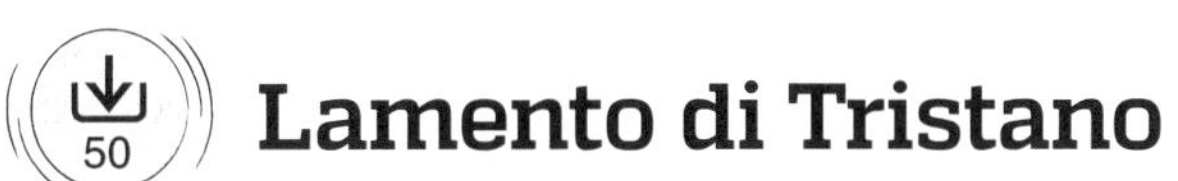

90 Lamento di Tristano

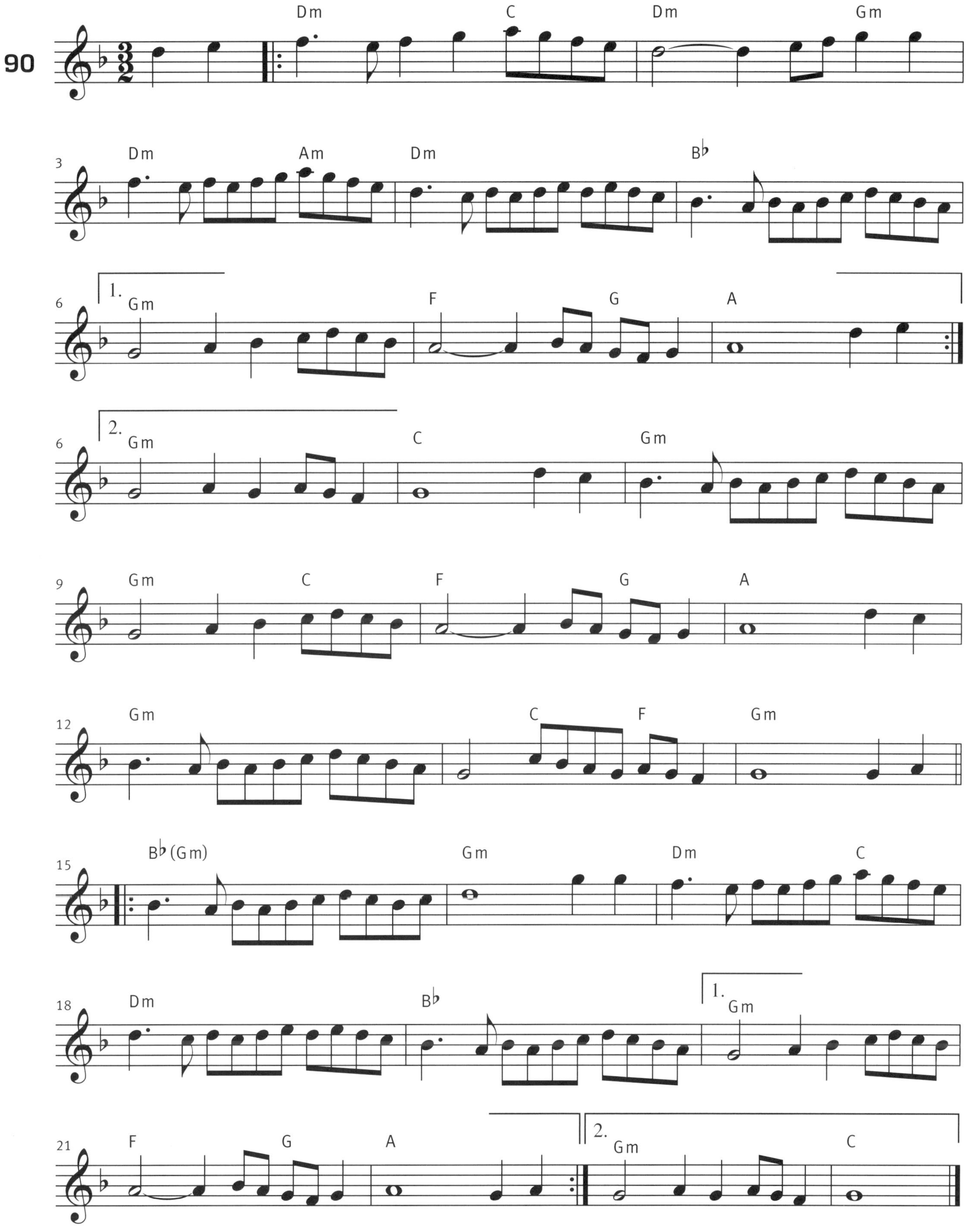

Italien, 13. Jh.

La Rotta

Italien, 13. Jh.

91

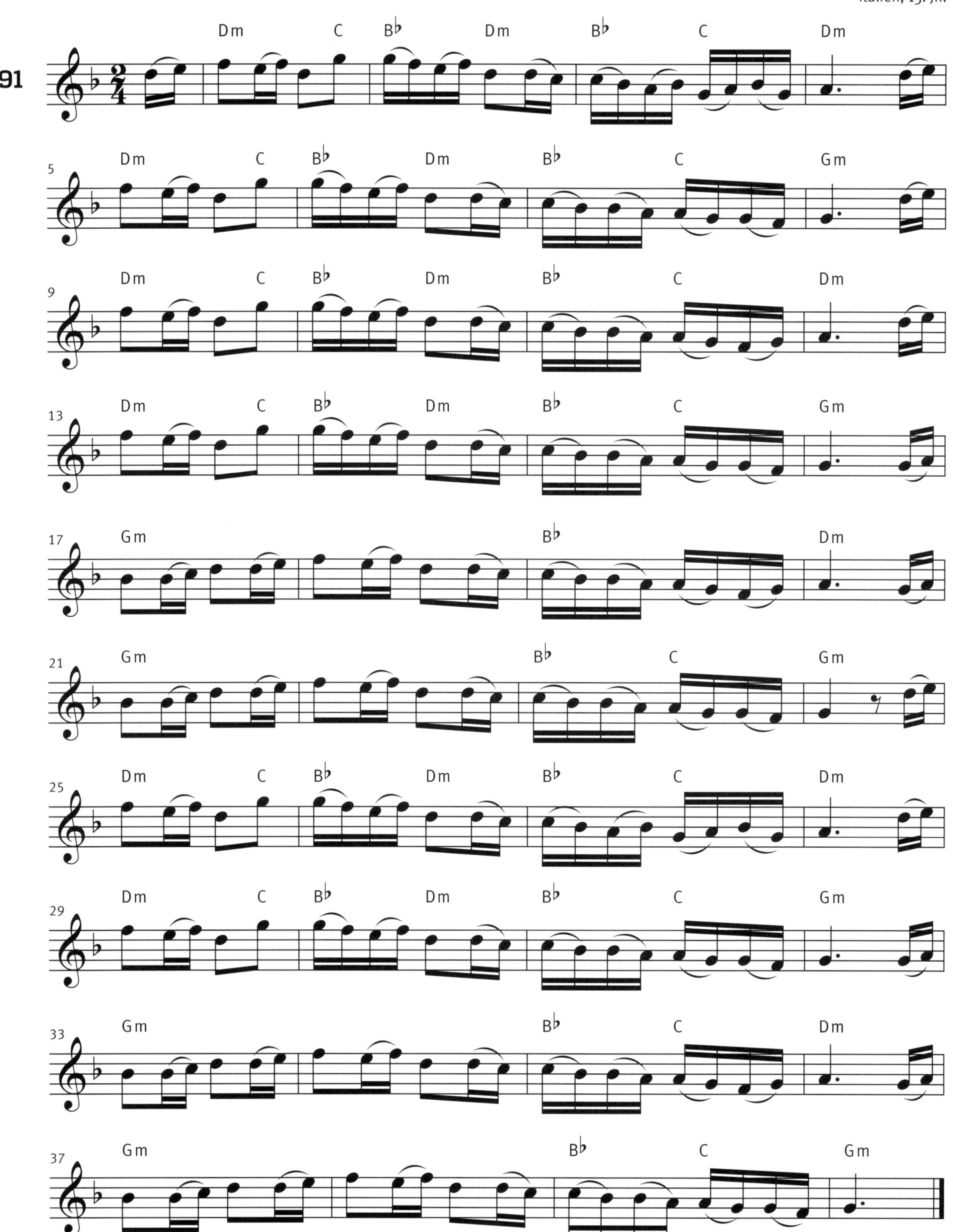

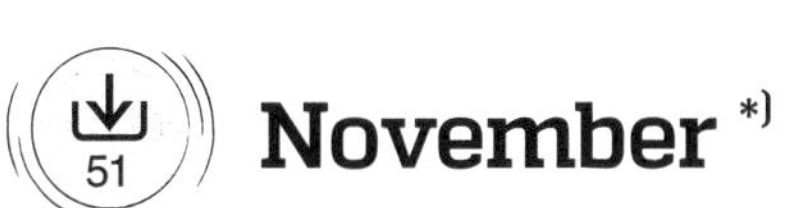

November *)

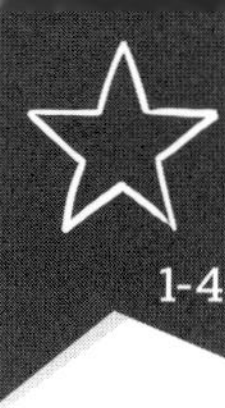

B. E.

92

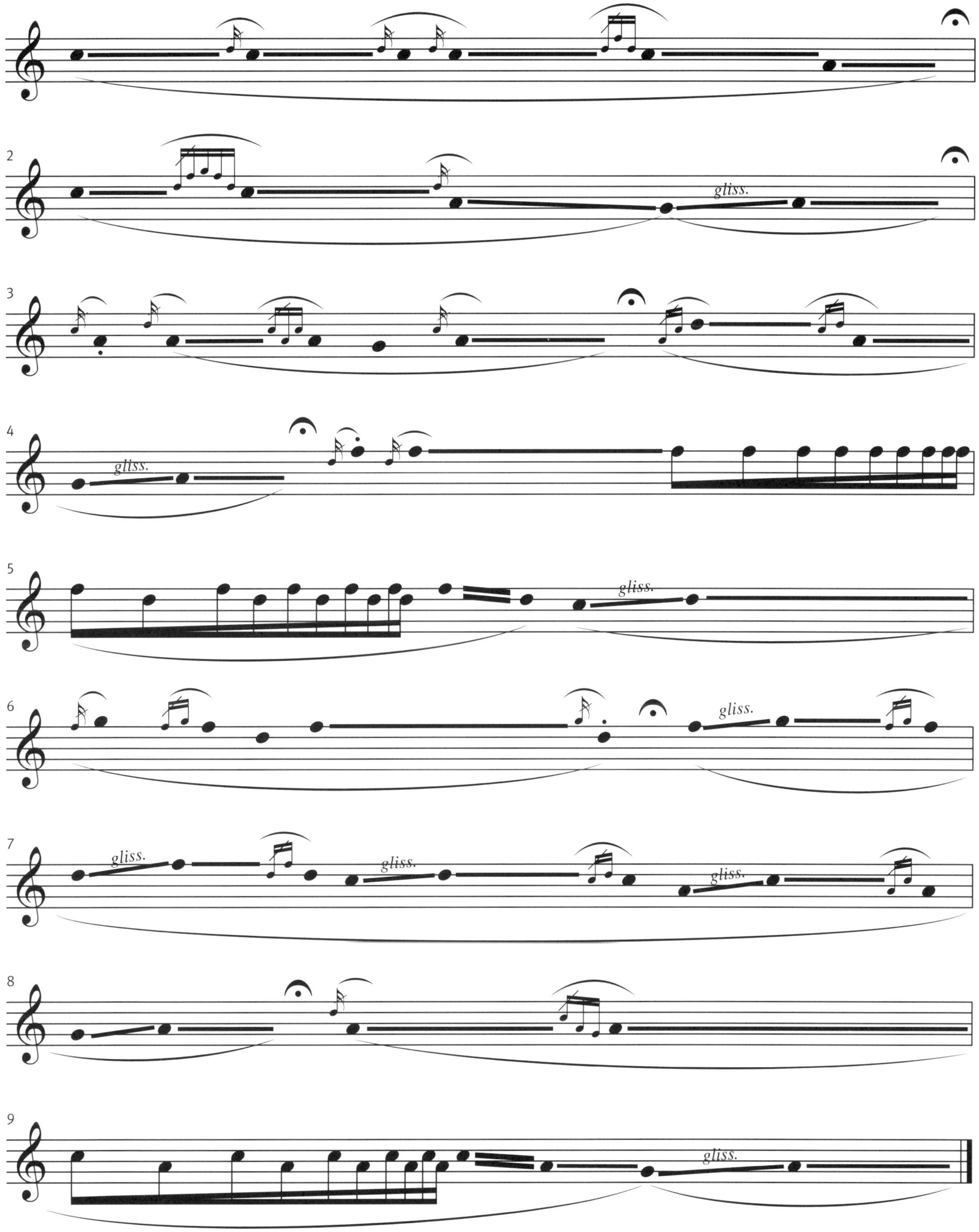

gliss.

*) siehe „Legende“ (S. 93)

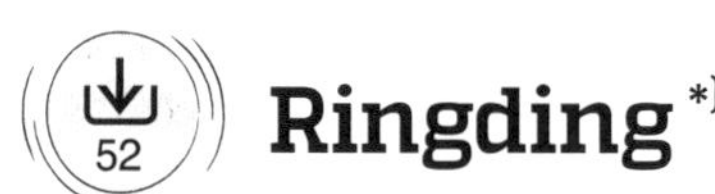

Ringding *)

B. E.

93

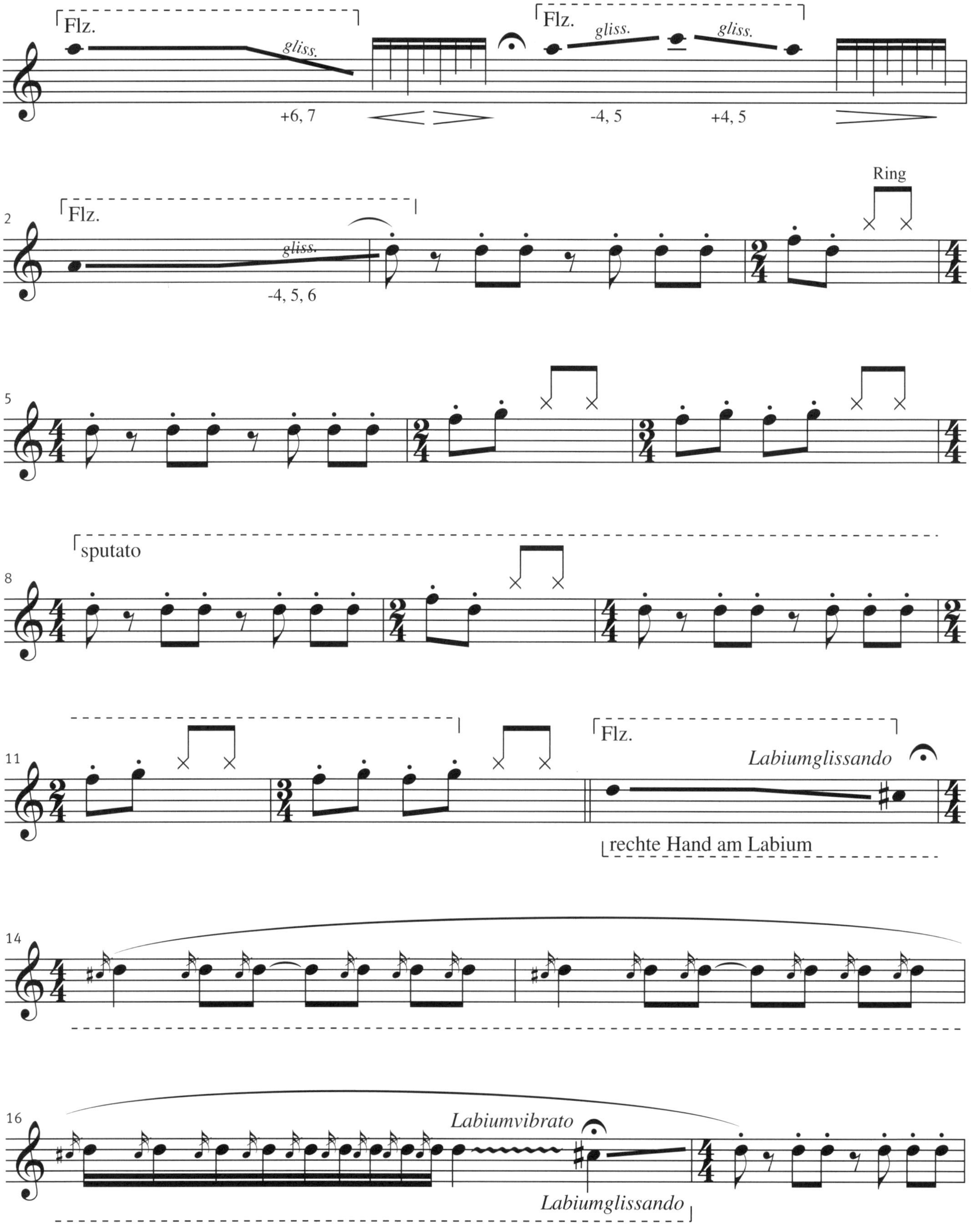

Flz. gliss. +6, 7 — Flz. gliss. gliss. -4, 5 +4, 5

2 Flz. gliss. -4, 5, 6 — Ring

5

8 sputato

11 Flz. Labiumglissando — rechte Hand am Labium

14

16 Labiumvibrato — Labiumglissando

*) siehe „Legende" (S. 94)

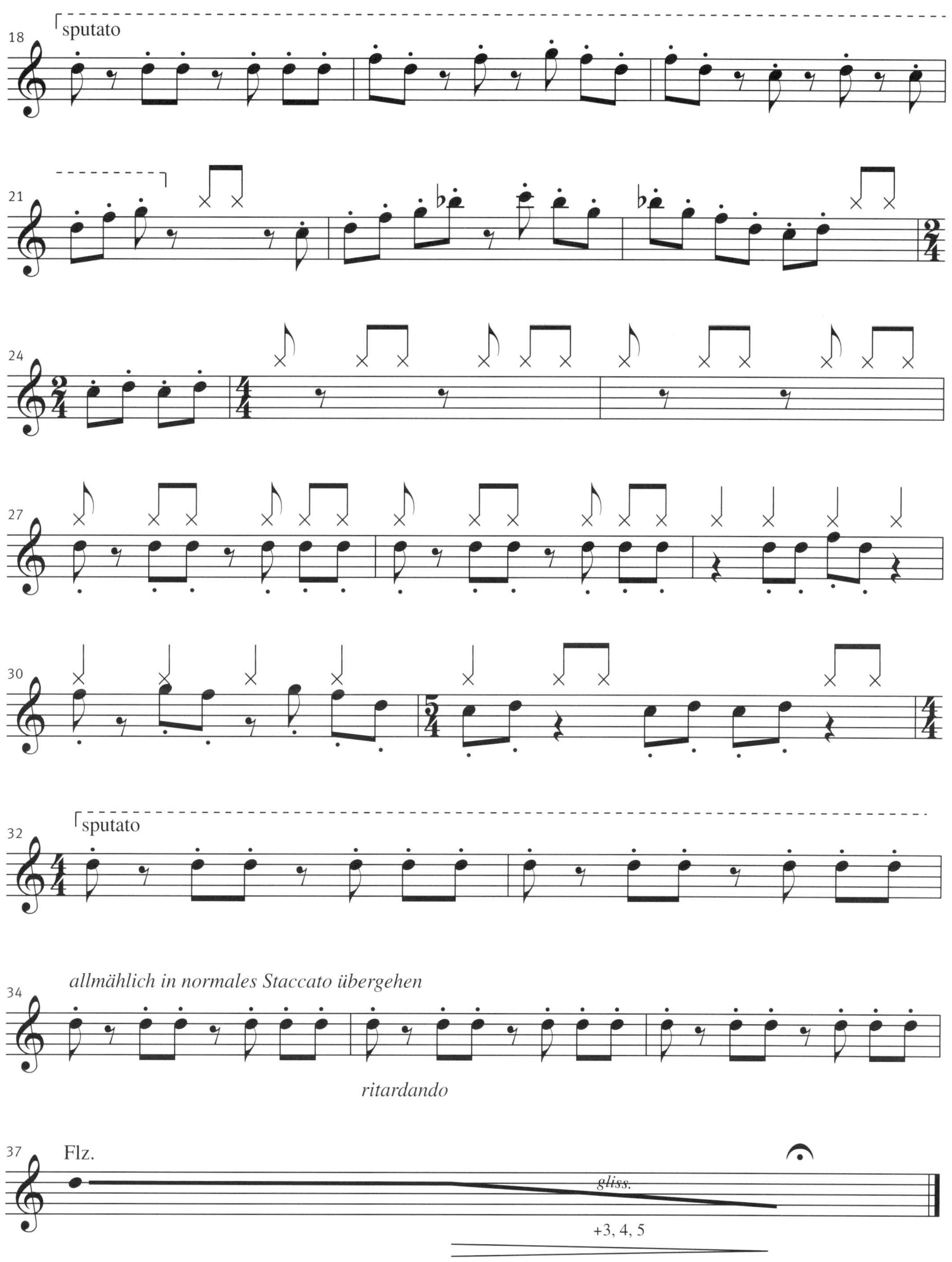

18
sputato
21
24
27
30
32
sputato
34
allmählich in normales Staccato übergehen
ritardando
37
Flz.
gliss.
+3, 4, 5

Übungsteil

Der folgende Teil der Schule widmet sich grundlegenden spieltechnischen und musikalischen Themen. Jedes der sieben Kapitel bietet nach einer kurzen Einführung eine kleine, im Schwierigkeitsgrad ansteigende Auswahl an Übungen zu dem Aspekt, auf den sich die Aufmerksamkeit richten soll.

Die Fähnchen mit den jeweiligen Symbolen im vorderen Teil des Bandes (z. B. ☆) geben eine Orientierung, ab welchem Spielniveau Übung gespielt werden kann. Direkt bei den Übungen ist der Seitenverweis zum vorderen Teil (z. B. S. 9) angegeben.

Grundsätzlich kann mit den Übungen sehr frei und flexibel verfahren werden, je nach Bedarf und Schwerpunktsetzung können sie weggelassen, ergänzt, wiederholt oder erst zu einem späteren Zeitpunkt ausgeführt werden.

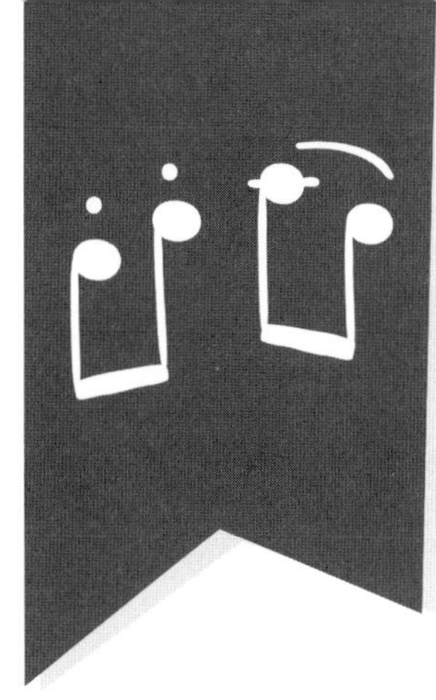

Artikulation

... auf der Blockflöte beschreibt alles, was die Zunge beim Spielen macht, z. B. ob ein Ton weich oder hart beginnt und wie dicht oder getrennt er zu seinem Nachbarton erklingt. Die Variationsmöglichkeiten sind vielfältig, sie beinhalten, je nach Stilistik, verschiedenste Artikulationssilben (dü, tü, rü, dege, tecke, lele ...) in Kombination mit den Artikulationsarten von Staccato bis Legato.

In den Urtextausgaben von Renaissance- und Barockmusik sind oft – wenn überhaupt – nur einzelne Legatobögen vermerkt. Diese können nach den stilistischen Regeln, dem musikalischen Zusammenhang und dem Geschmack des Interpreten mit einer vielfältigen Artikulation ergänzt werden. In neuerer Musik bezeichnen die Komponisten ihre Artikulationswünsche meistens wesentlich genauer.

Die folgenden Übungen beschränken sich auf die Grundartikulationsarten Staccato (kurz), Portato (breit mit Zungenstoß) und Legato (gebunden ohne Zungenstoß). Das Staccato kann wahlweise weich oder hart ausgeführt werden, das Portato soll möglichst dicht und weich gespielt werden und ist hier bei allen Noten ohne Kennzeichnung anzuwenden.

Im vorderen Teil der Schule sind in manchen Stücken Staccato- und Legatozeichen als Beispiel einer möglichen Interpretation eingetragen. Ansonsten möchte der weitgehende Verzicht auf Artikulationszeichen dazu animieren, sich selbst Gedanken über die Artikulationsgestaltung zu machen.

S. 9

1

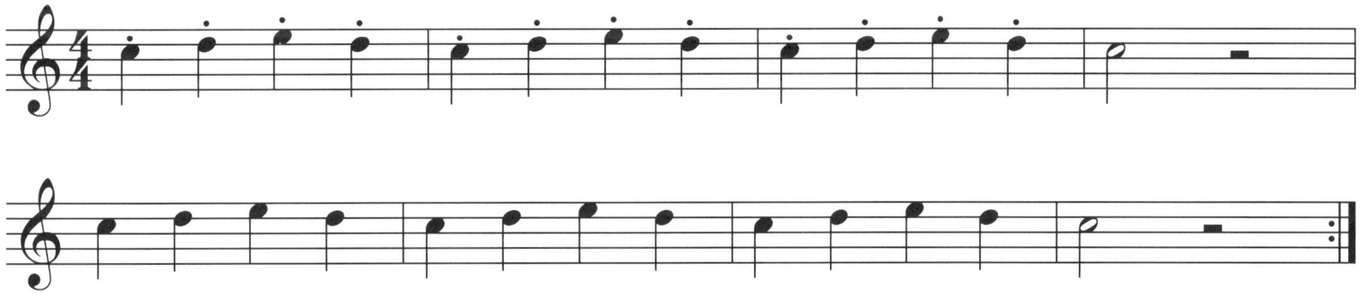

S. 10

2

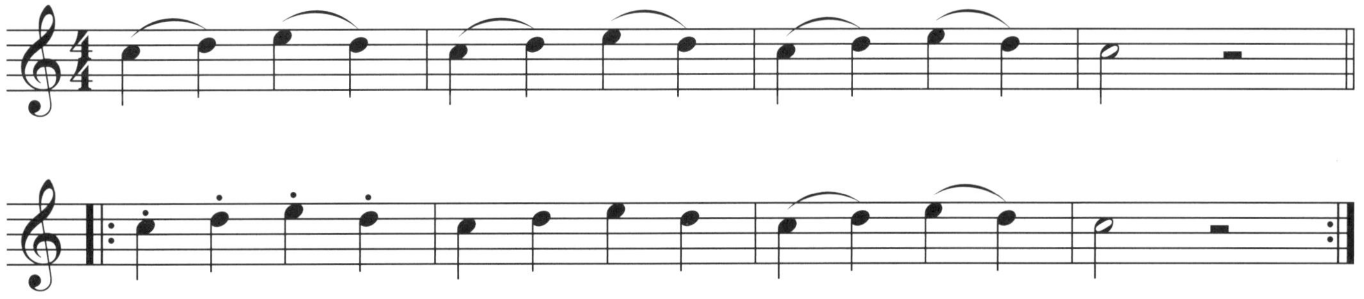

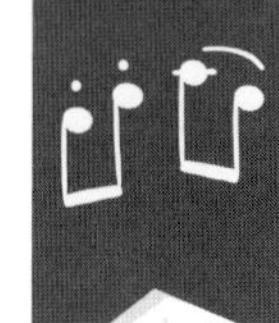

S. 17

3

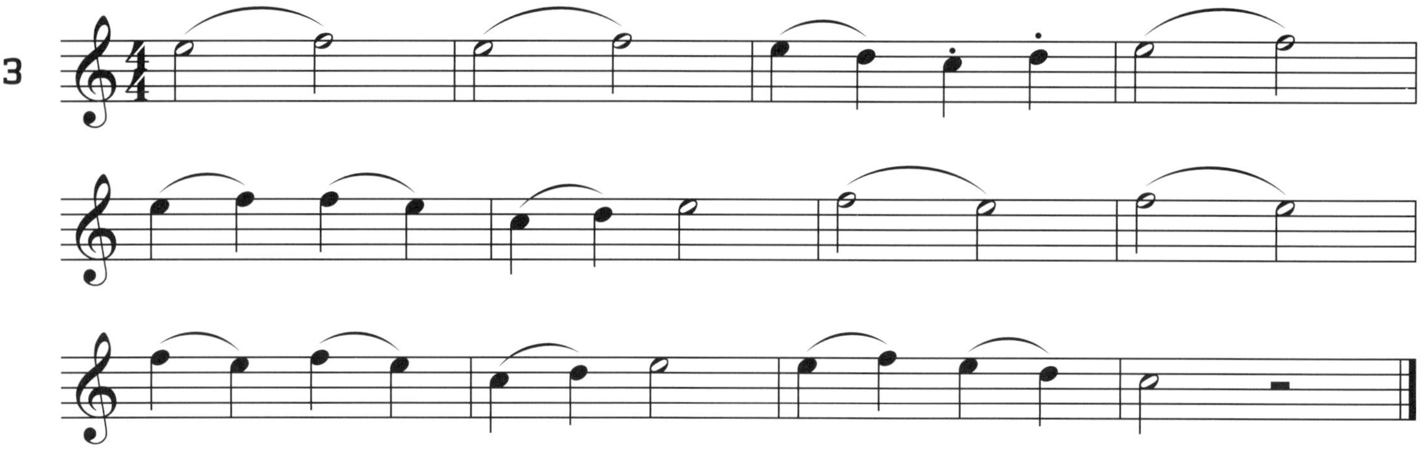

S. 23

4

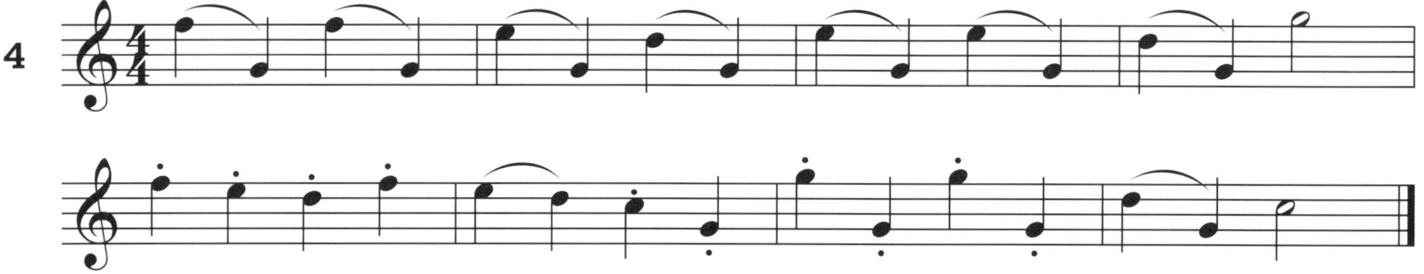

S. 30

5

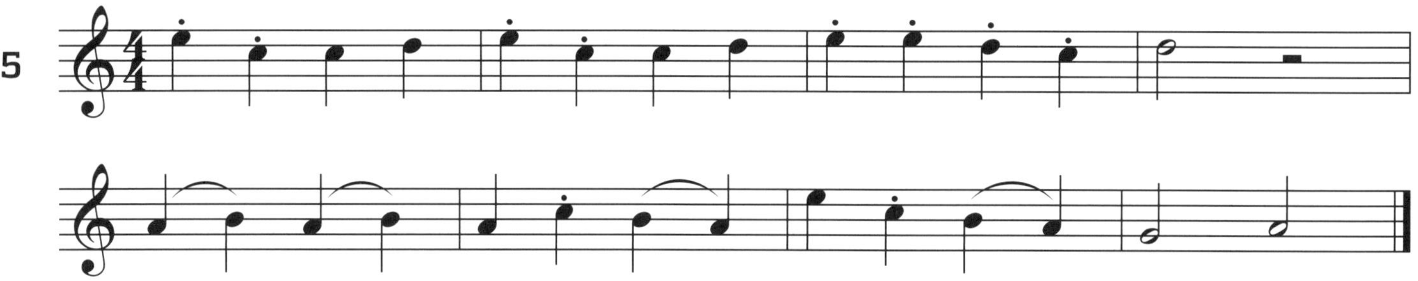

S. 44

6

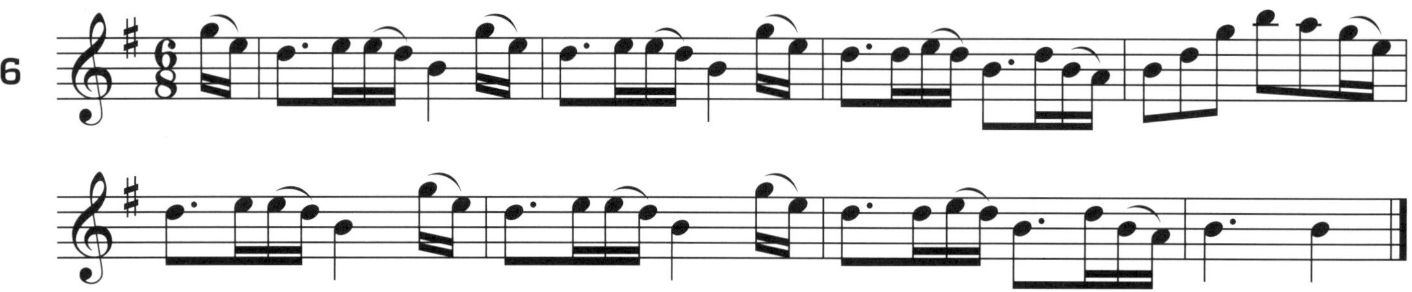

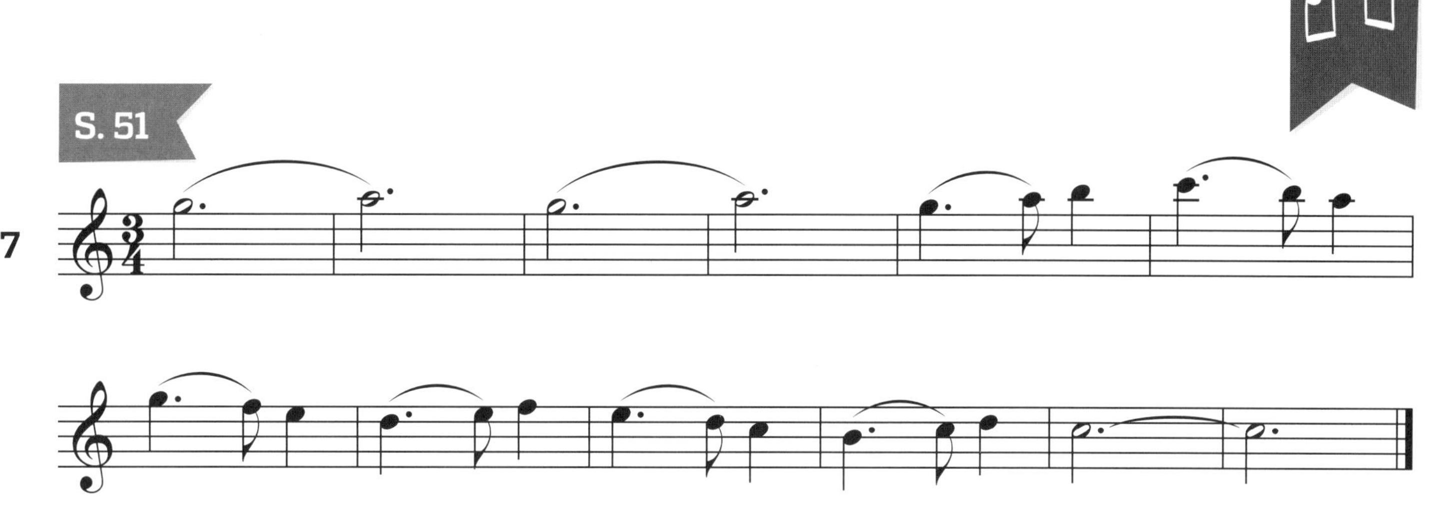
S. 51
7

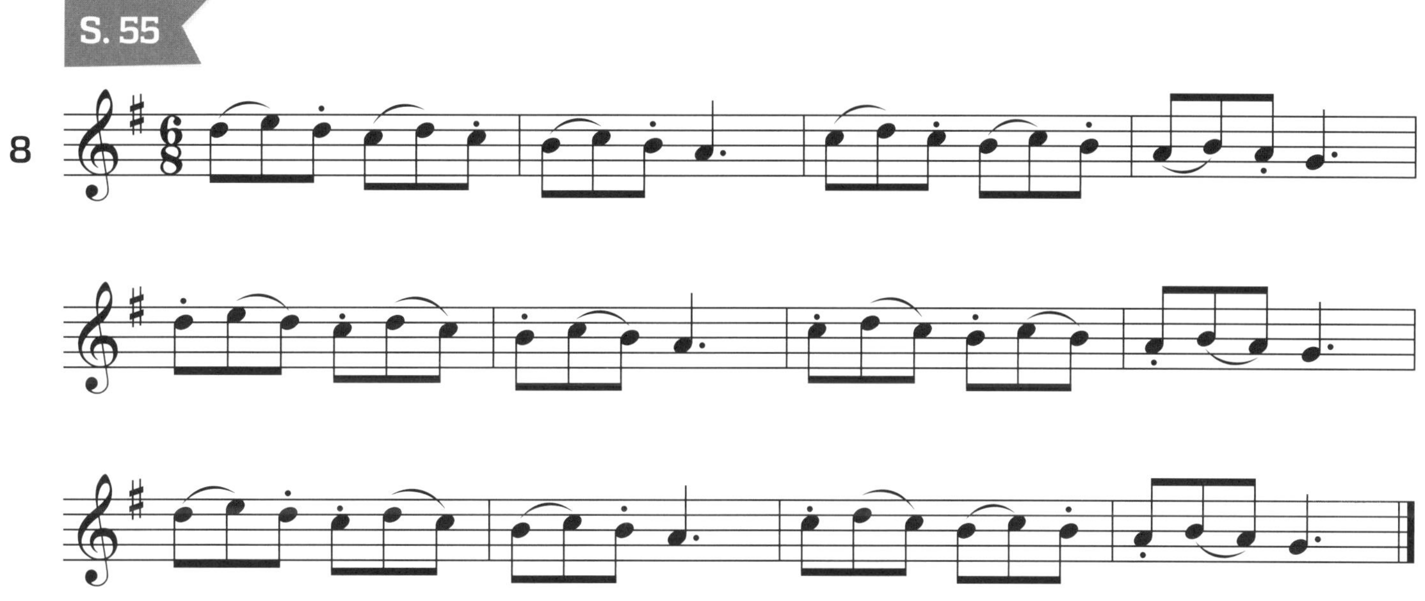
S. 55
8

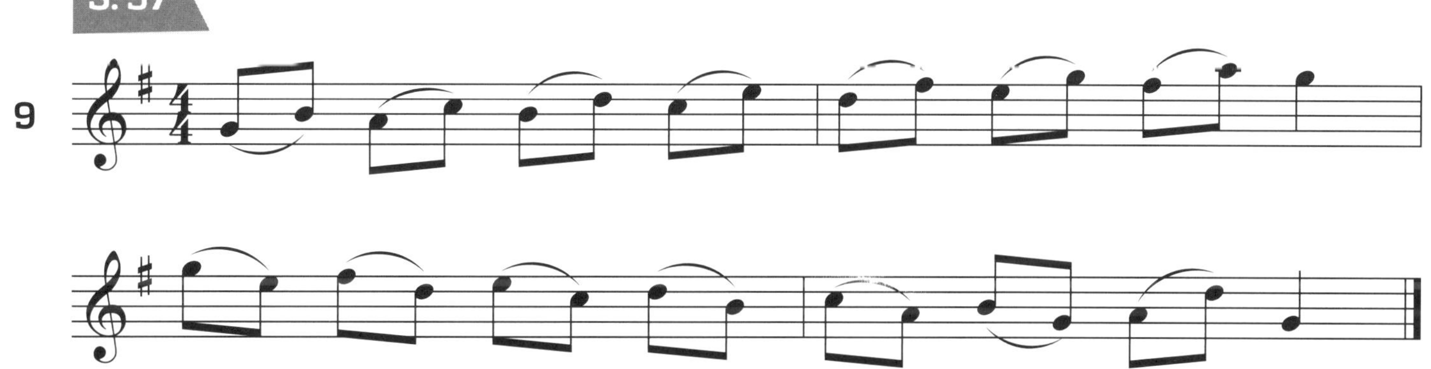
S. 57
9

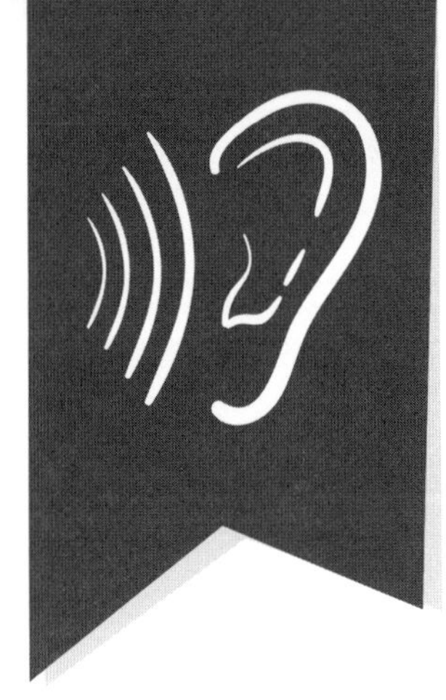

Atem und Klang

Unser Atem beeinflusst das Musizieren auf der Blockflöte maßgeblich und in unterschiedlicher Weise:

– Das Einatmen gliedert Melodieverläufe in musikalisch sinnvolle Phrasen, zwingt uns aber auch manchmal, einen Spannungsbogen zu durchbrechen, wo ein Geiger oder Pianist die Melodie weiterführen könnte. In den Liedern und Stücken im vorderen Teil sollen die Atemzeichen individuell eingezeichnet werden. Das fördert die analytische Auseinandersetzung mit der Musik (Erkennen von Phrasen, Spannungsverläufen, Zäsuren) und sensibilisiert für die eigene Atemkapazität.

– Die Ausatmung beeinflusst den Instrumentenklang durch Blasgeschwindigkeit, Blasdruck und Kontrolle in der Luftführung.

Die folgenden Übungen legen die Aufmerksamkeit auf einen vollen, geraden Ton, der durch eine kontrollierte Atemführung eine Richtung bekommt und am Schluss eines Bogens jeweils mit einem weichen Zungenabschluss endet. Auch ein Tonende ohne Zungenabschluss ist möglich: Dabei muss die Spannung gut gehalten werden, um ein Absinken der Intonation zu vermeiden. Alle Übungen sind, wie angegeben, im Legato zu spielen. Um sich auf die Ausatmung und den Klang zu konzentrieren, ist Auswendigspielen von Vorteil.

Zum Bewusstmachen der Atemvorgänge, für ein lockeres, effektives Einatmen in Brust, Bauch und Flanken und eine Aktivierung des Zwerchfells sind ergänzend auch Atemübungen ohne das Instrument sinnvoll.

S. 11

1

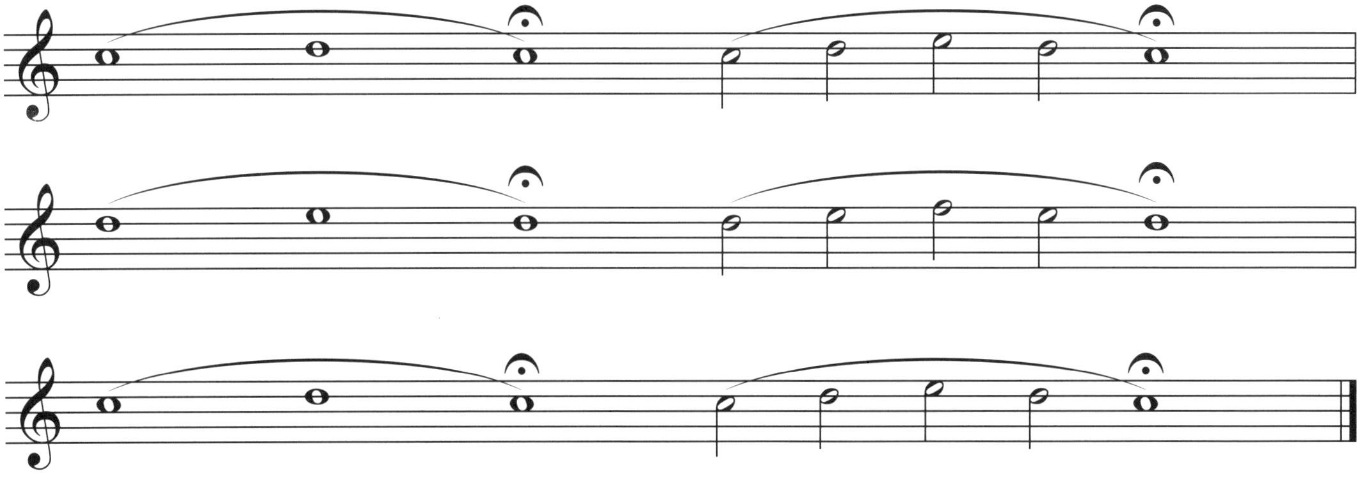

S. 23

2

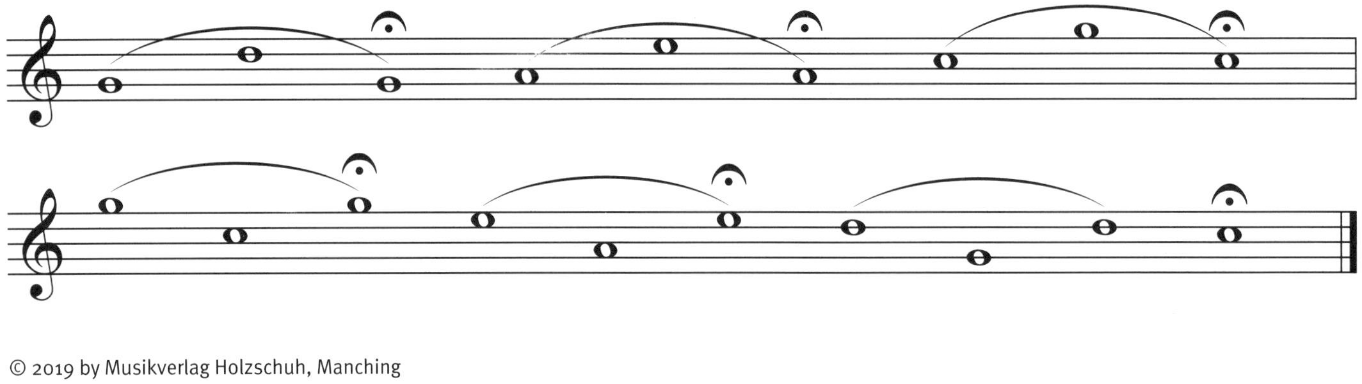

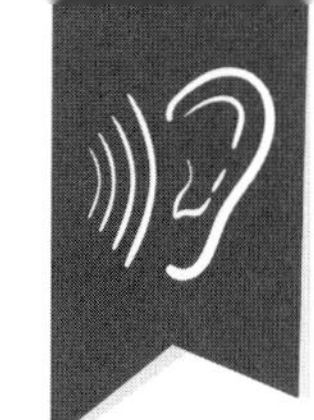

S. 40

3

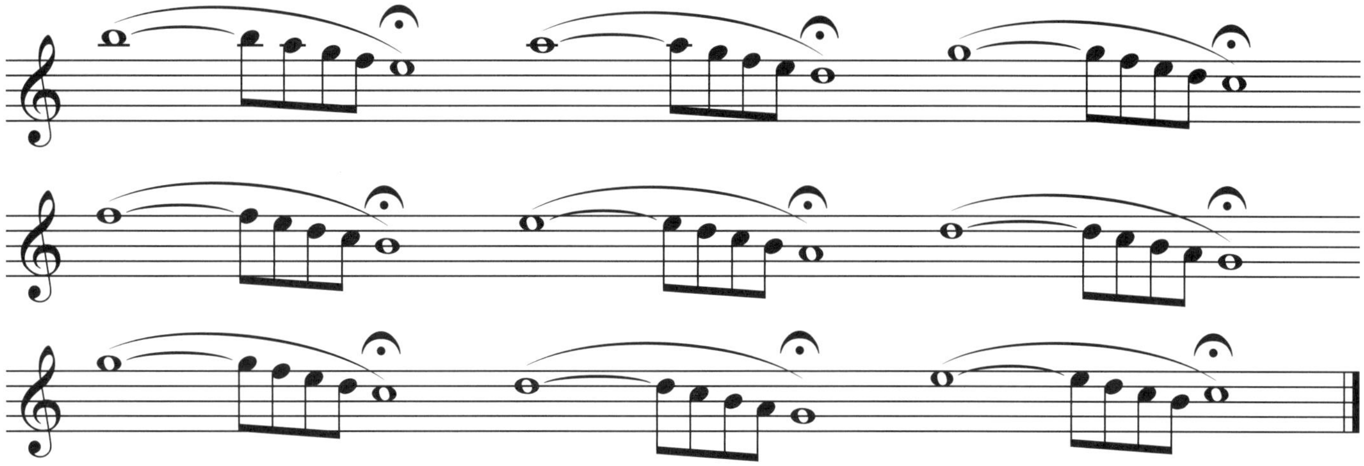

S. 46

4

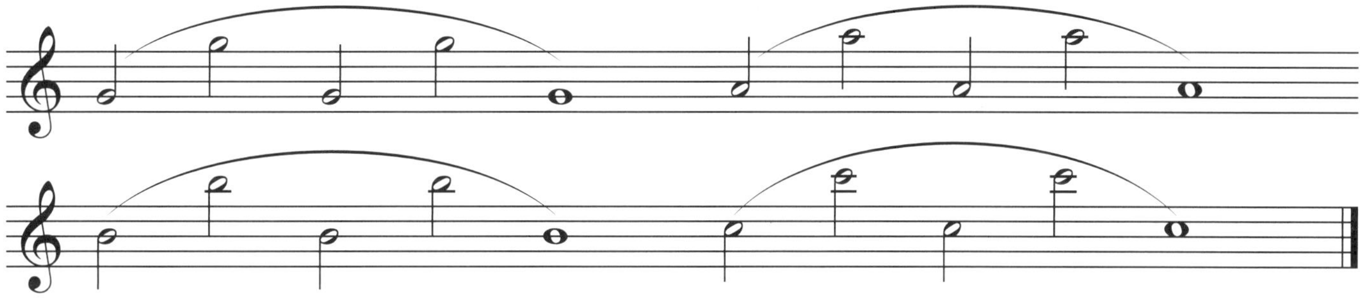

S. 66

5

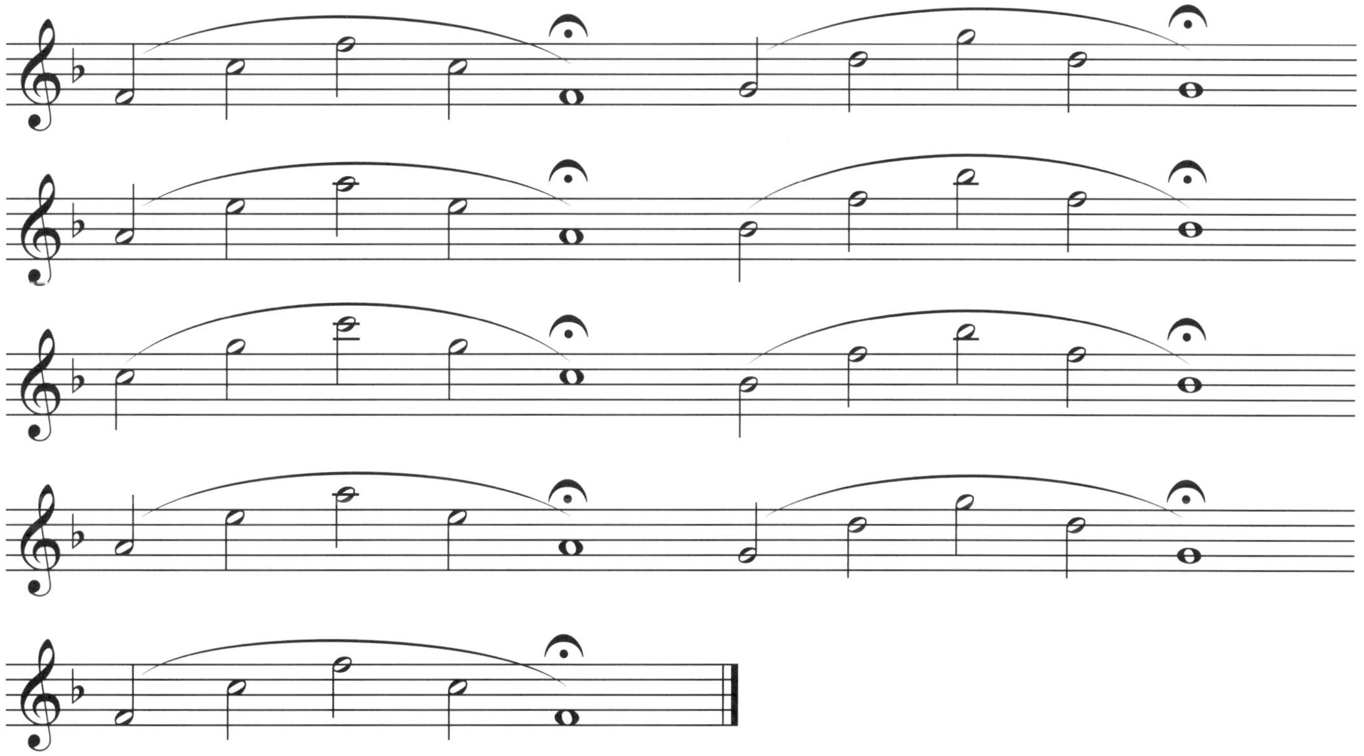

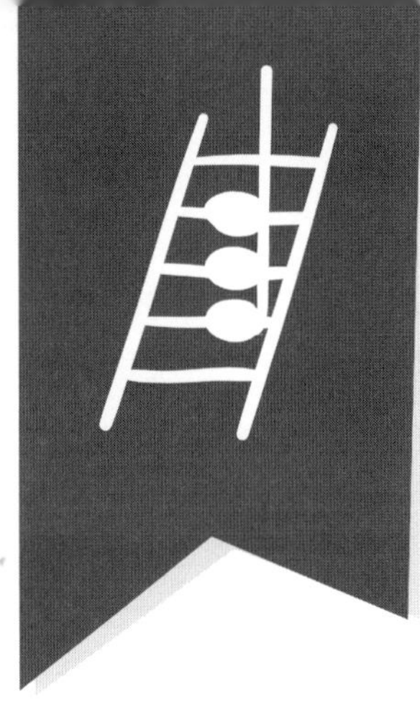

Tonleitern und Dreiklänge

... sind wesentliche Bestandteile unserer Musik. Sie zu verstehen und selbstverständlich damit umzugehen, gehört zu den elementaren Fähigkeiten beim Beherrschen eines Instrumentes. So geht es einerseits um die Entwicklung eines musiktheoretischen Verständnisses, andererseits um Fingertraining und das Verinnerlichen von Bewegungsabläufen.

Die Übungen sollten nach Möglichkeit auswendig gespielt werden und können nach Belieben ergänzt und in Tempo und Artikulation variiert werden.

S. 14

C-Dur

1

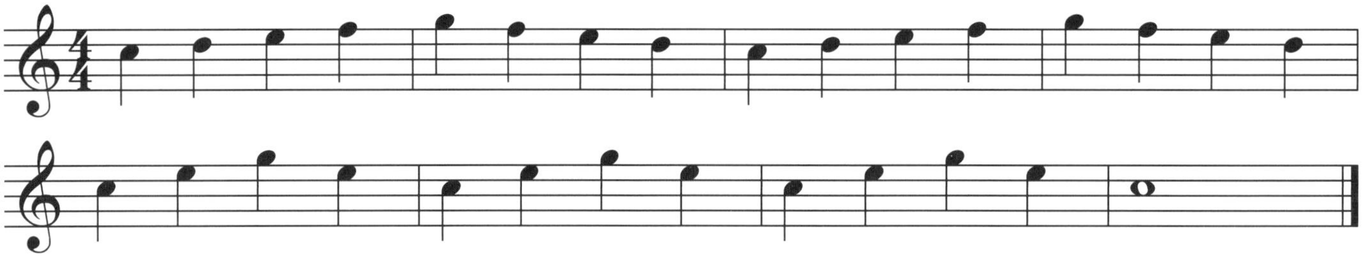

S. 27

G-Dur

2

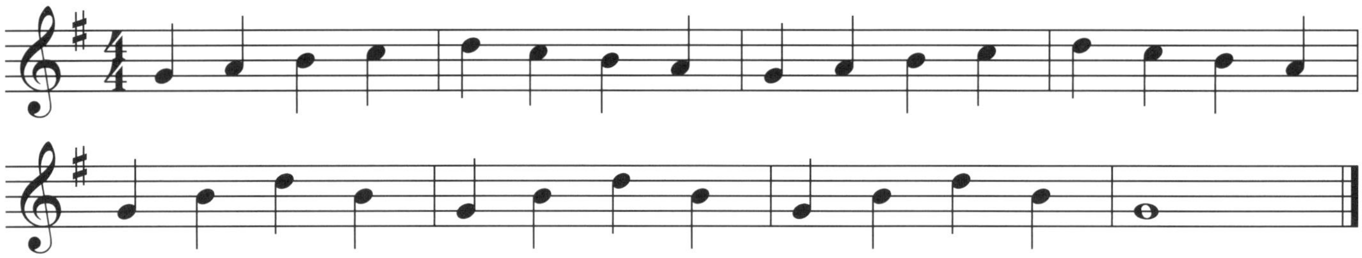

S. 30

a-Moll

3

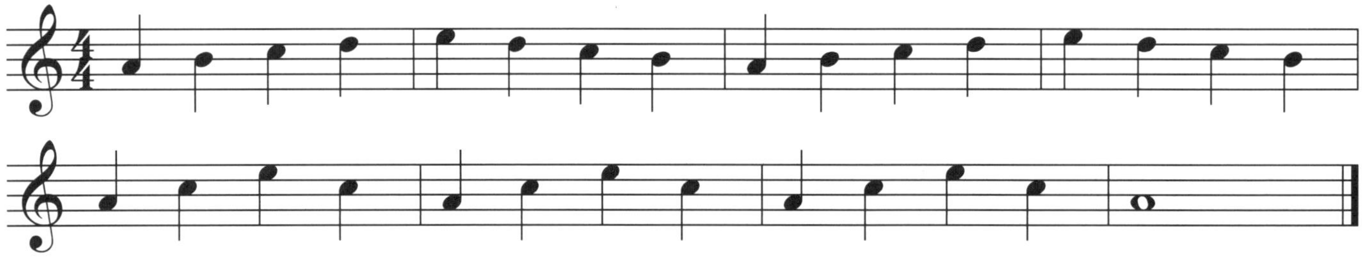

S. 33

a-Moll

4

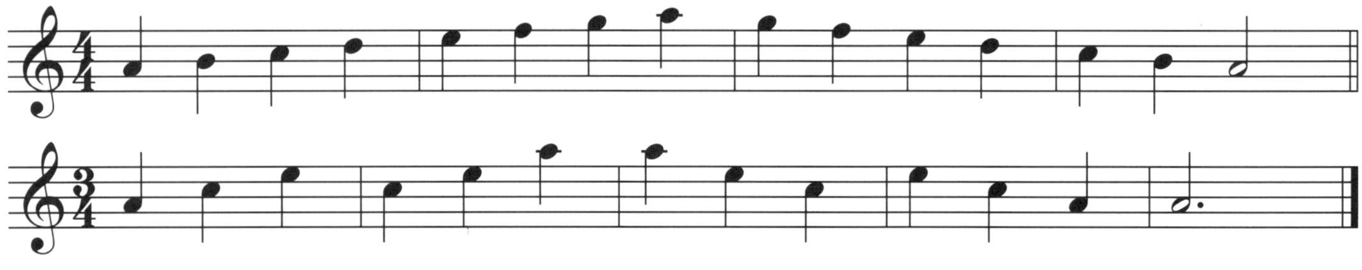

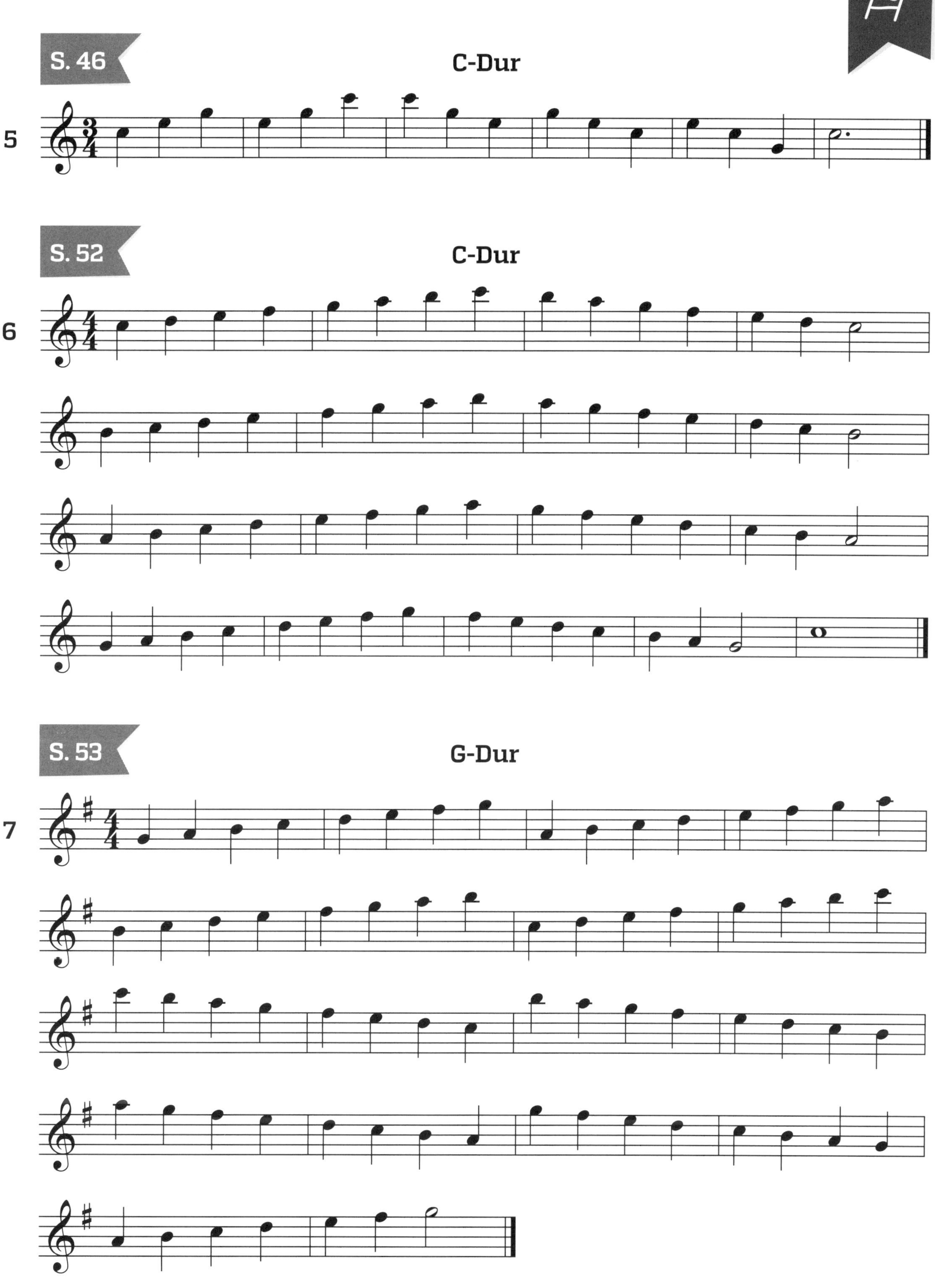
S. 46
C-Dur
5
S. 52
C-Dur
6
S. 53
G-Dur
7

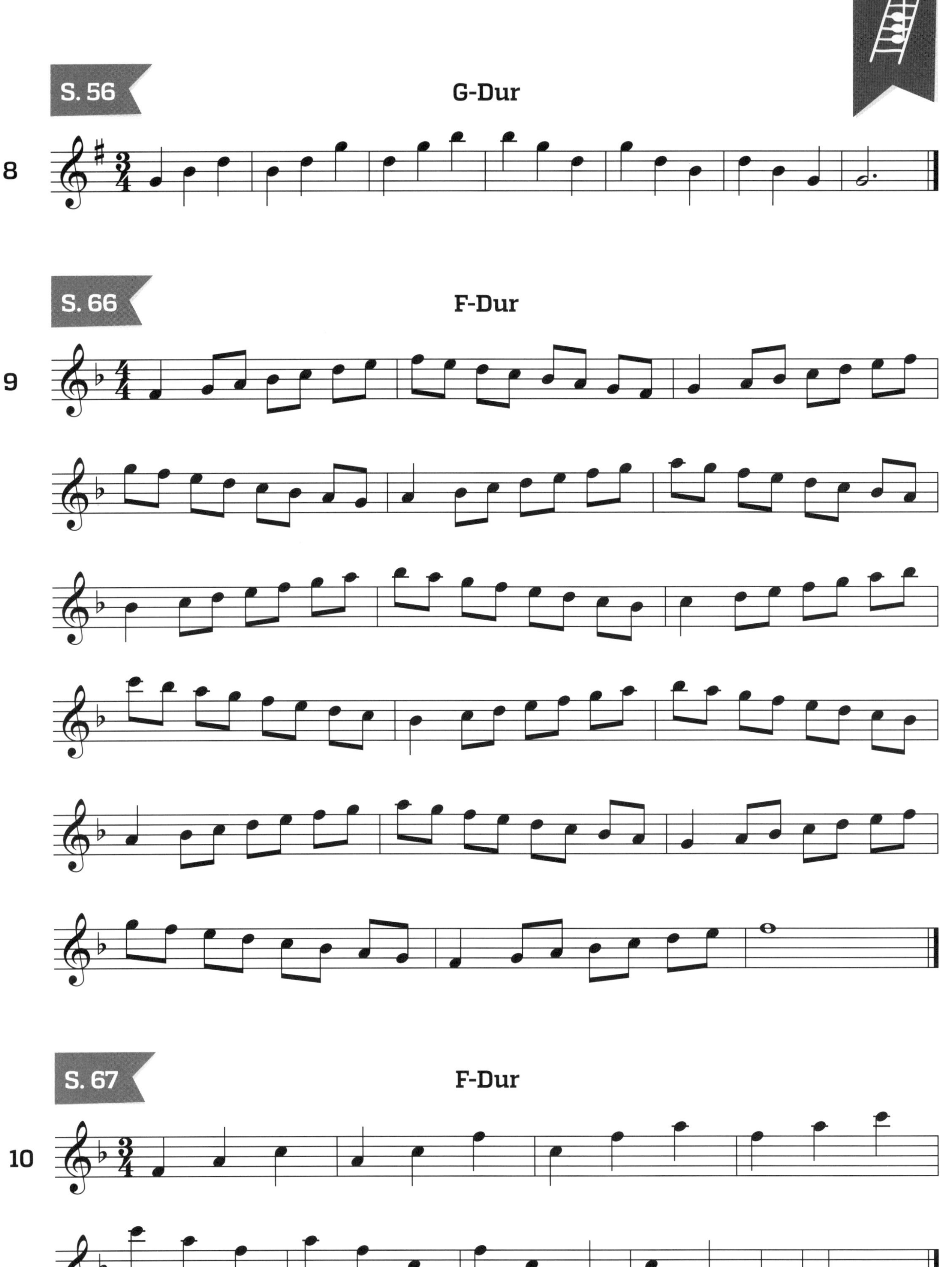
S. 56
G-Dur
8
S. 66
F-Dur
9
S. 67
F-Dur
10

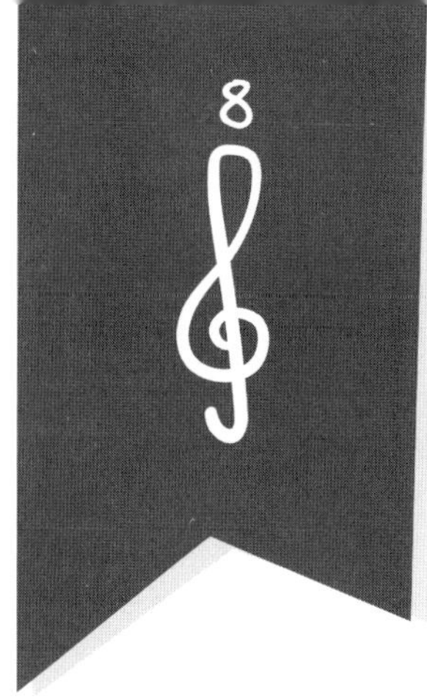

Oktavieren

... bedeutet, eine Melodie eine Oktave, also acht Töne, höher (bzw. tiefer) zu spielen als sie notiert ist. Eine kleine Acht über dem Violinschlüssel (bzw. darunter) zeigt dies an. Auf der Altflöte braucht man die Technik des Oktavierens nach oben, um einen Notentext zu spielen, dessen Tonvorrat unter das f' reicht. In der Praxis findet sie z. B. Anwendung beim Spielen von Liedern für die Sopranflöte oder in der Ensembleliteratur.

Viele der unten stehenden Übungen sind bekannte Lieder, so dass das Gehör das Erlernen des Oktavierens unterstützen kann. Die Liedtitel findet man auf Seite 95.

S. 19

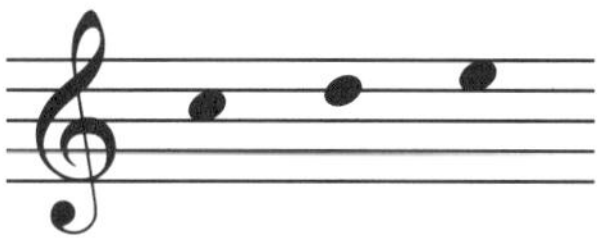

1

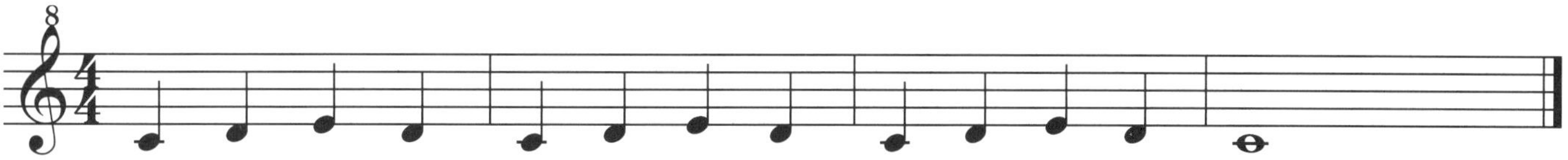

2

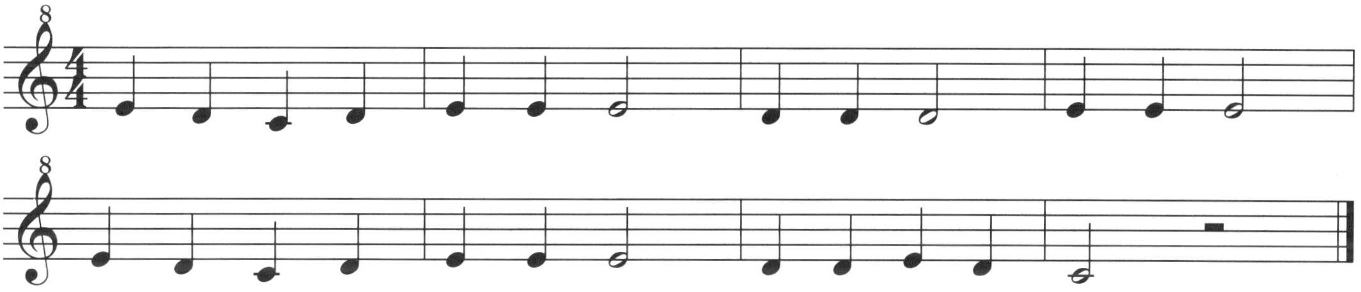

S. 20

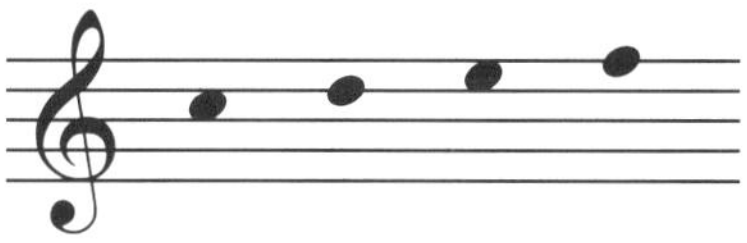

3

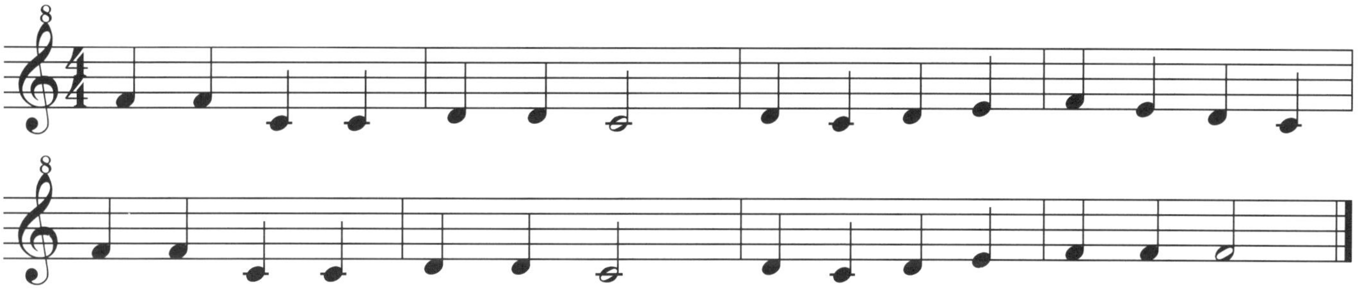

S. 21

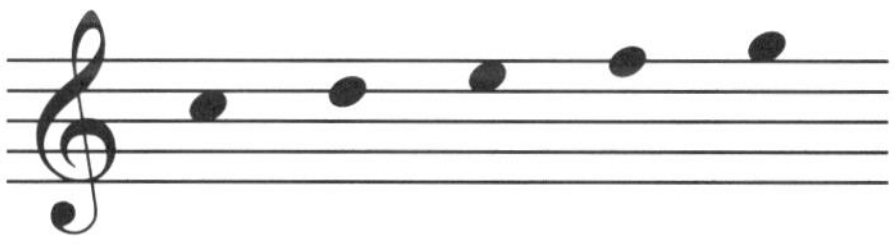

4

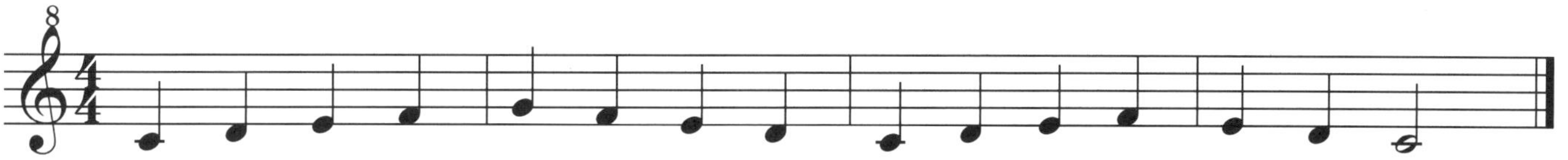

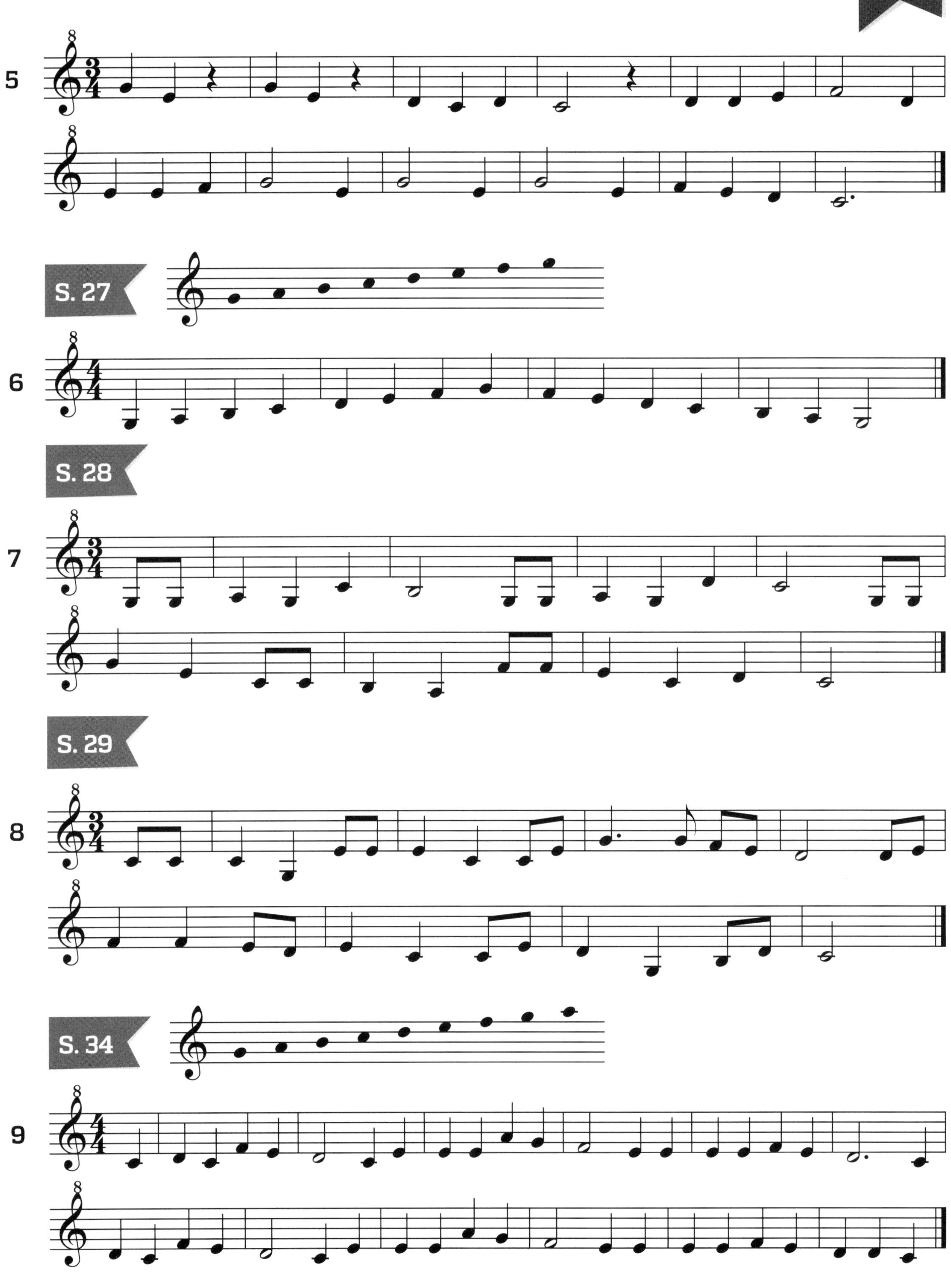
5
S. 27
6
S. 28
7
S. 29
8
S. 34
9

S. 35

10

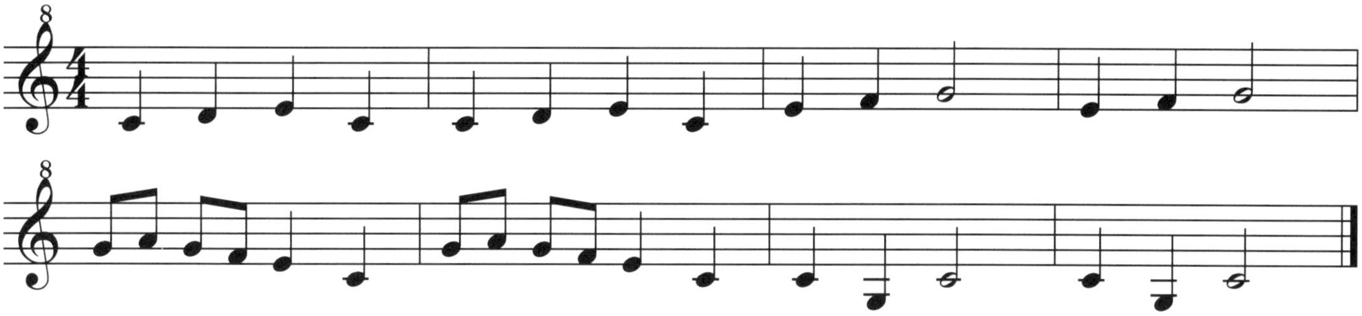

S. 37

11

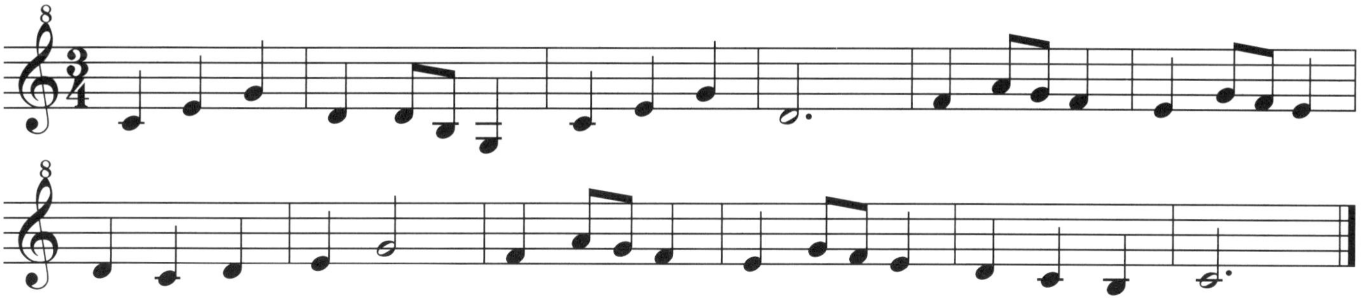

S. 48

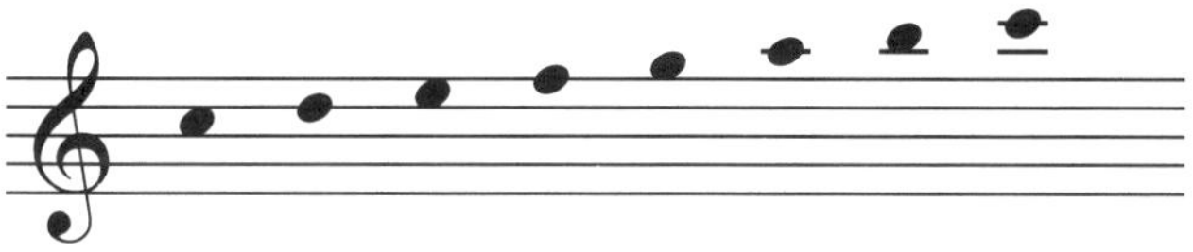

12

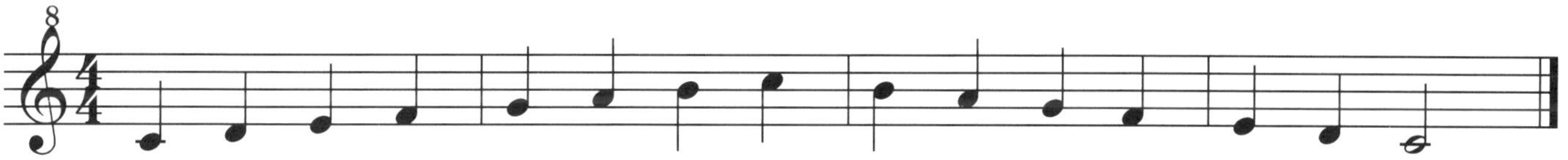

S. 49

13

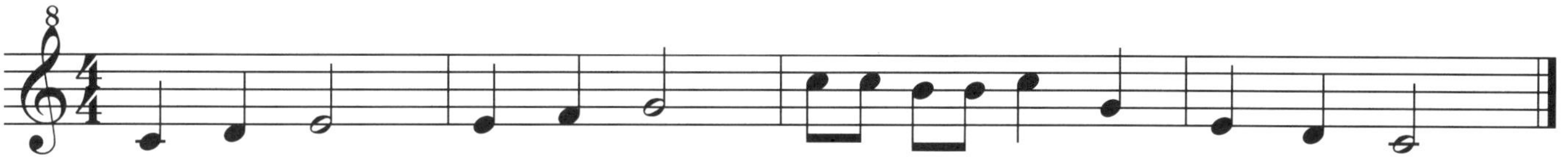

S. 50

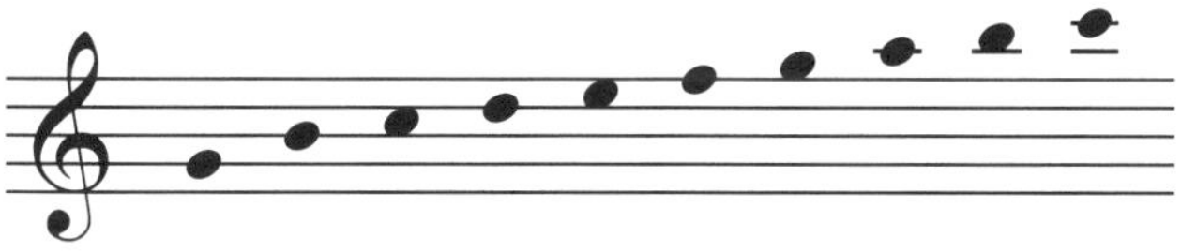

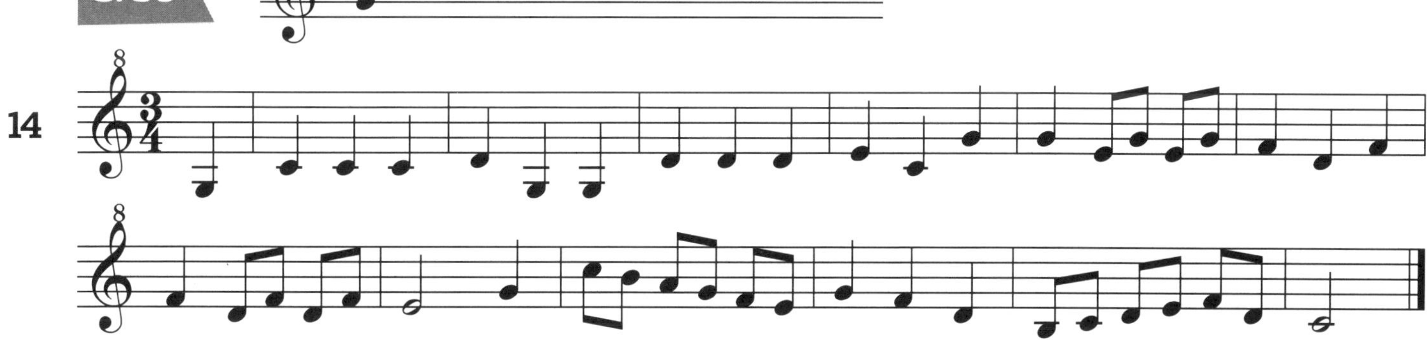

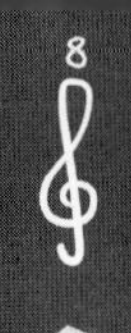

S. 62

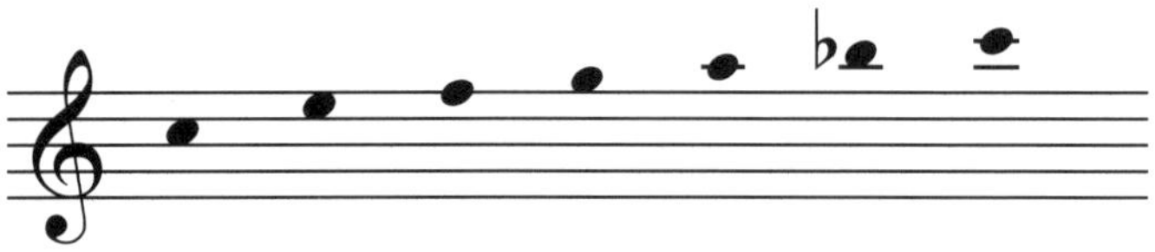

15

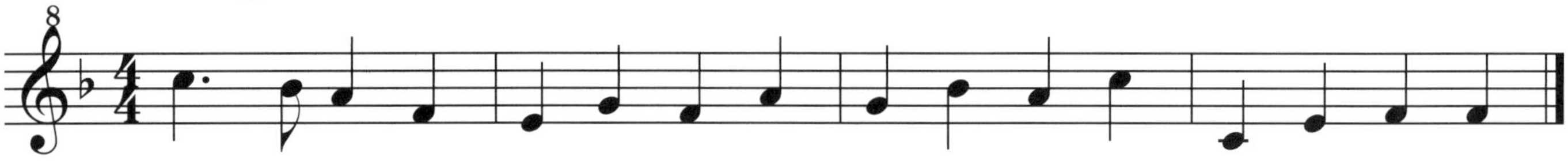

S. 63

16

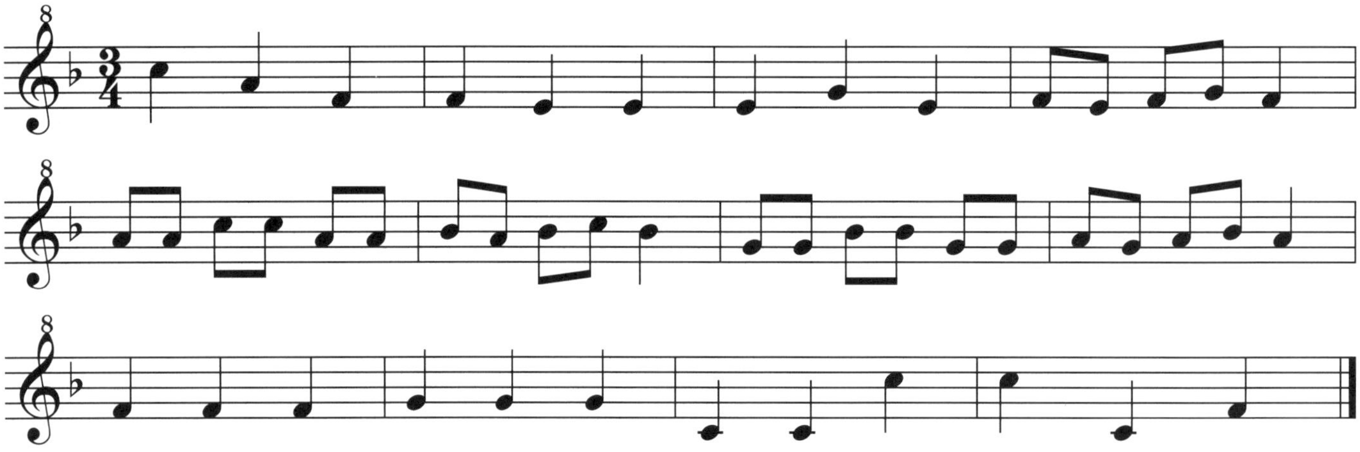

S. 64

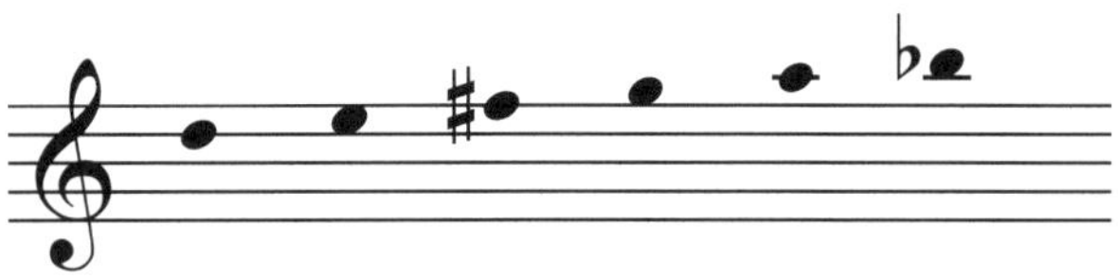

17

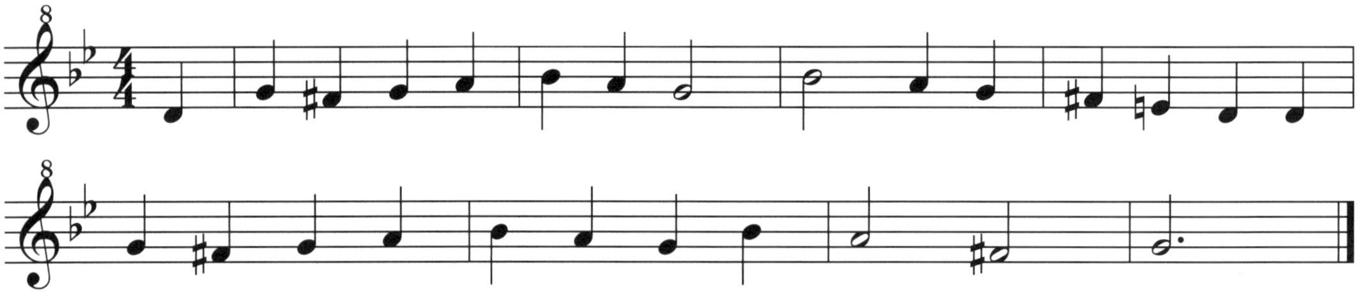

S. 68

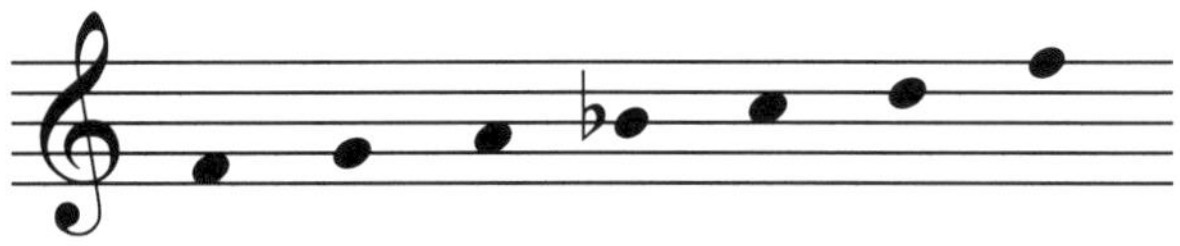

18

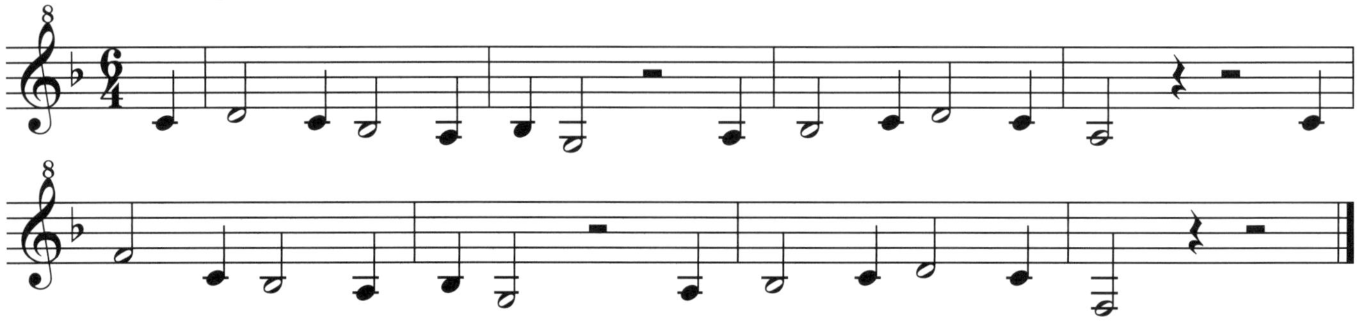

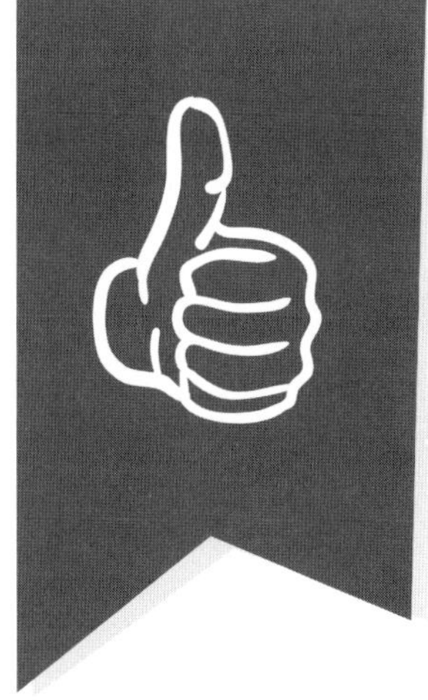

Der linke Daumen

... hat in der Spieltechnik der Blockflöte eine besondere Rolle. Er ist zuständig für die hohen Töne, die durch Überblasen entstehen. Dabei öffnet er einen kleinen Teil (Halbmond) des Daumenlochs durch leichtes Beugen des Gelenks.

Durch diese „Sonderrolle" ergeben sich drei verschiedene Bewegungsabläufe für den Daumen: ○ offen ⟷ ● geschlossen, ◒ wenig offen ⟷ ● geschlossen, ○ offen ⟷ ◒ wenig offen

Die folgenden Übungen dienen dem Bewusstmachen der drei Bewegungsmuster. Wichtig dabei ist, dass die Haltefunktion beim rechten Daumen liegt, und sich der linke frei, locker und ohne Druck bewegen kann.

S. 33 ○⟷●

1

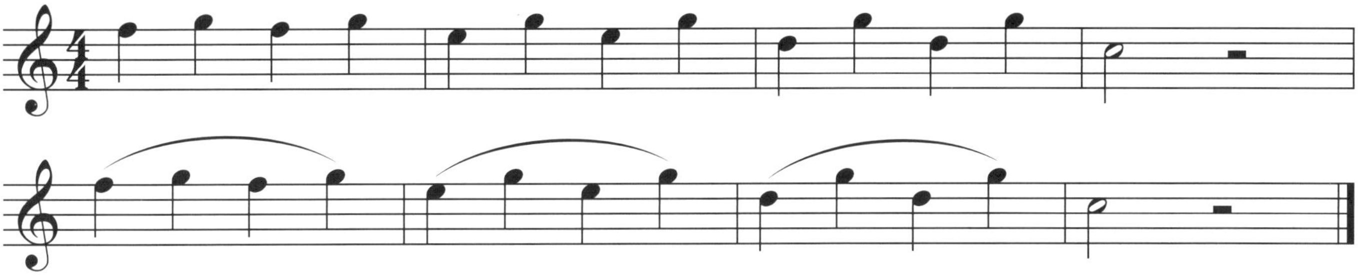

◒⟷●

2

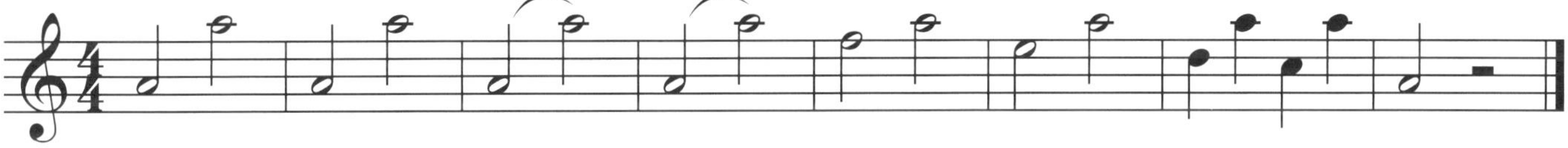

S. 34 ○⟷◒

3

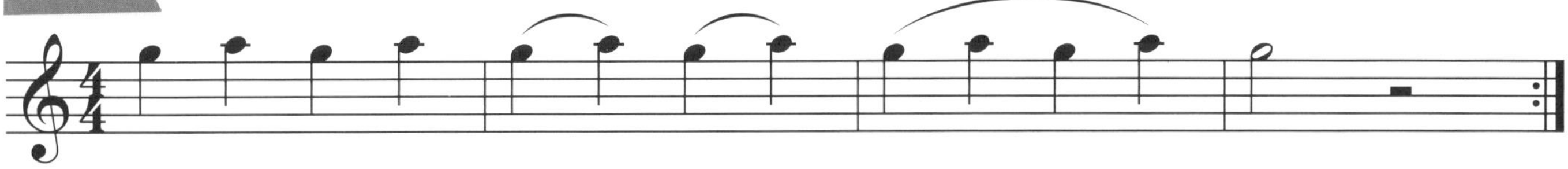

S. 42 ◒⟷●

4 1. 2.

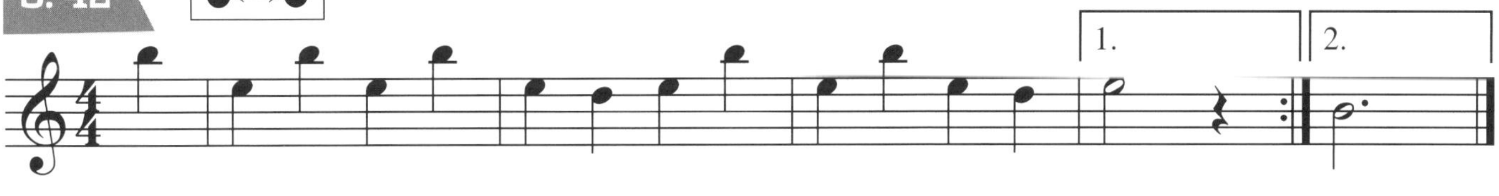

S. 43 ○⟷◒

5

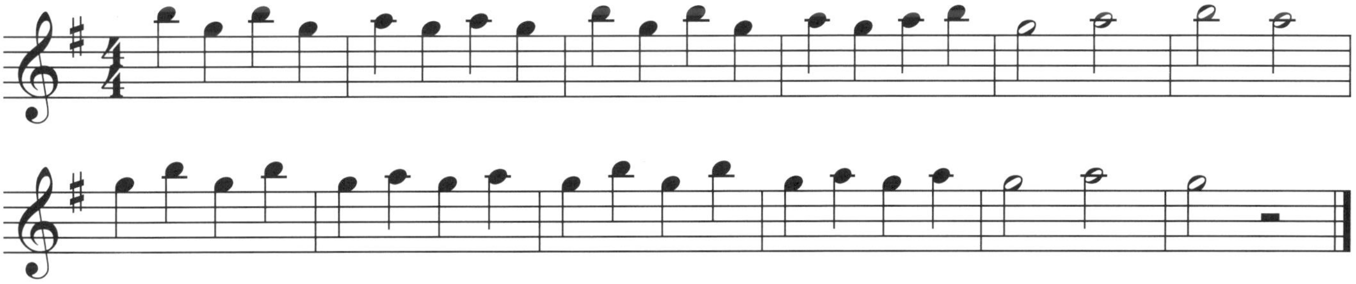

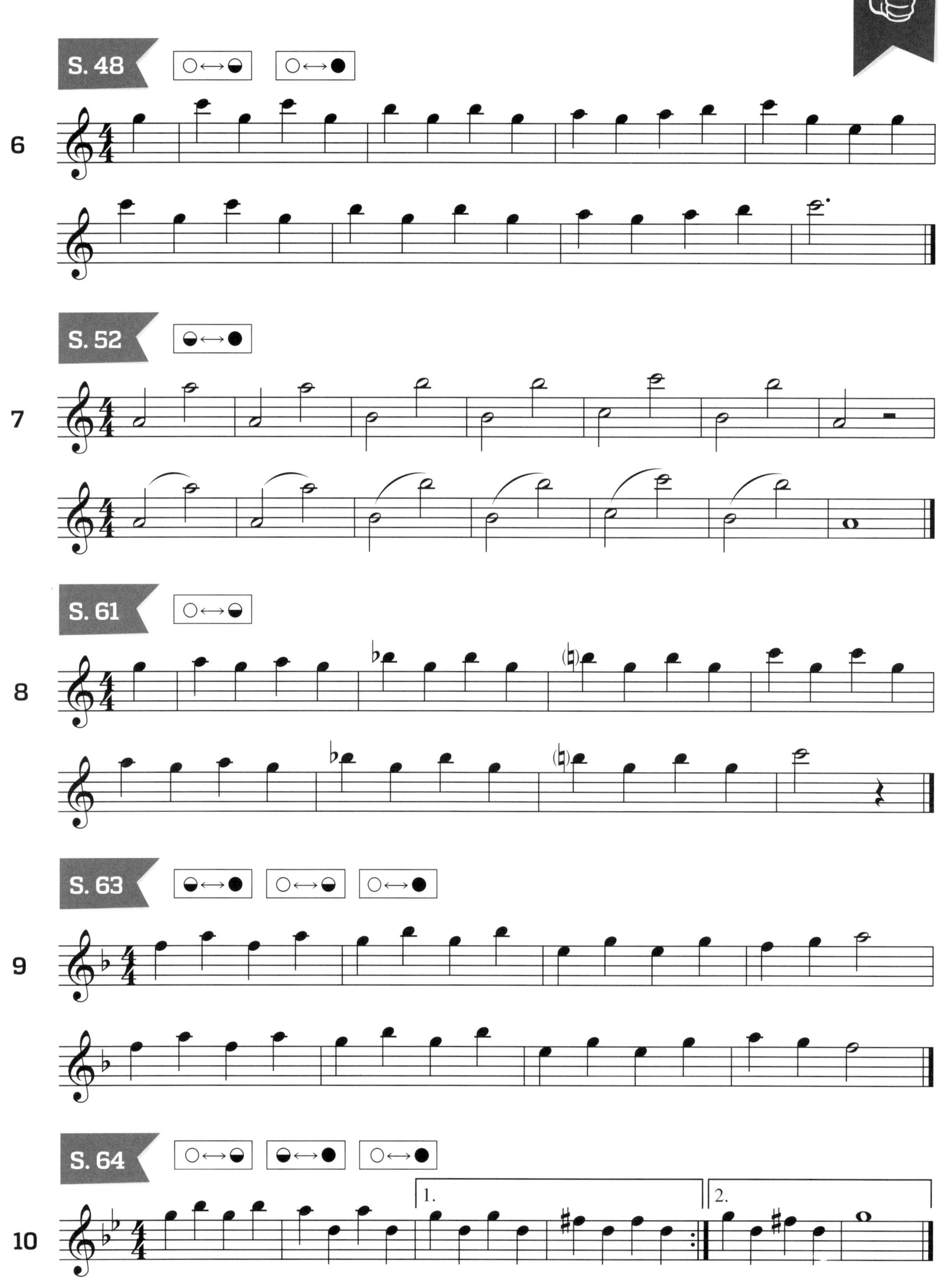
S. 48
6
S. 52
7
S. 61
8
S. 63
9
S. 64
10
1.
2.

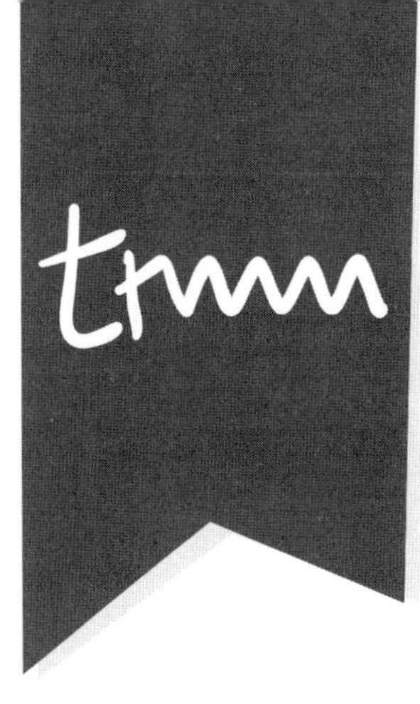

Triller

Verzierungen sind ein wichtiges Gestaltungselement in allen musikalischen Epochen und Stilrichtungen. Unter den zahlreichen Möglichkeiten, Melodien auszuzieren und damit abwechslungsreicher und interessanter zu gestalten, gehört der Triller zu den am häufigsten verwendeten. Er kann einzelne Töne hervorheben, langen Tönen Lebendigkeit verleihen, auf eine Kadenz oder einen Phrasenschluss hinweisen oder eine Melodie mit „Farbtupfern" versehen. Im Notentext wird er durch Zeichen wie *tr*, + oder ~ angezeigt, die Schreibweise variiert je nach Quelle, Notenausgabe oder Stilistik. Oft liegt es aber auch in der interpretatorischen Freiheit des Spielers, Triller einzufügen bzw. zu ergänzen. Als Triller bezeichnet man den schnellen Wechsel im Legato zwischen zwei Tönen im Sekundabstand, d. h. zwischen dem (notierten) Melodieton und seinem in der Regel nächsthöheren Nachbarton. Er wird je nach musikalischem Zusammenhang unterschiedlich ausgeführt: mit oder ohne Vorhalt, im Tempo variierend, mit oder ohne Nachschlag ...

Im Folgenden wird nur zwischen zwei Ausführungsvarianten unterschieden: Dem Triller, der die ganze Länge eines Tones einnimmt (hier bezeichnet mit *tr*) und dem Praller ~, bei dem nur ein einziger Wechsel zwischen den beiden Tönen stattfindet. ( )

Da es in der Musik des Hochbarock üblich war, die Triller mit der oberen Nebennote zu beginnen (und die Barockzeit auch eine Hochzeit für die Blockflöte war), werden beide Trillervarianten sowohl mit dem Hauptton als auch mit der oberen Nebennote beginnend geübt. Ziel dabei ist eine lockere und gleichmäßige Bewegung der Finger bei stabiler Atemführung. Der Triller wird in den entsprechenden Übungen jeweils auf einen ganzen Atem gespielt und endet immer mit dem Hauptton. In den Übungen ist die obere Nebennote mit einer Stichnote dargestellt, bei den Stücken im vorderen Teil muss sich der Schüler je nach stilistischem Zusammenhang selbst für eine Variante entscheiden.

Den Praller übt man am besten in häufiger Wiederholung mit Pausen dazwischen, zuerst mit dem Hauptton beginnend, in einer nächsten Übesequenz mit Beginn auf der oberen Nebennote. Außerdem gibt es für manche Stücke kleine Vorübungen zum Einpassen der Triller in den musikalischen Zusammenhang. Auf Triller, für die Hilfsgriffe nötig sind, wird in diesem Band bewusst verzichtet.

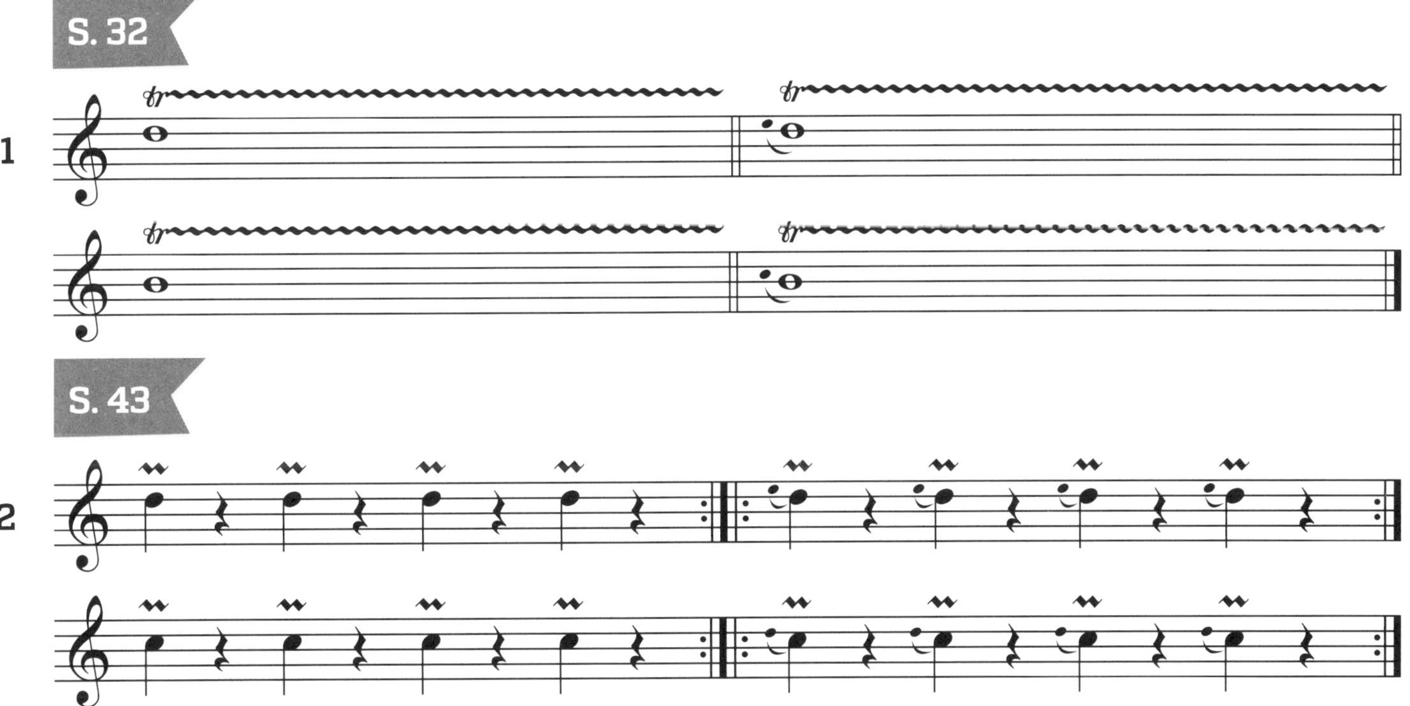

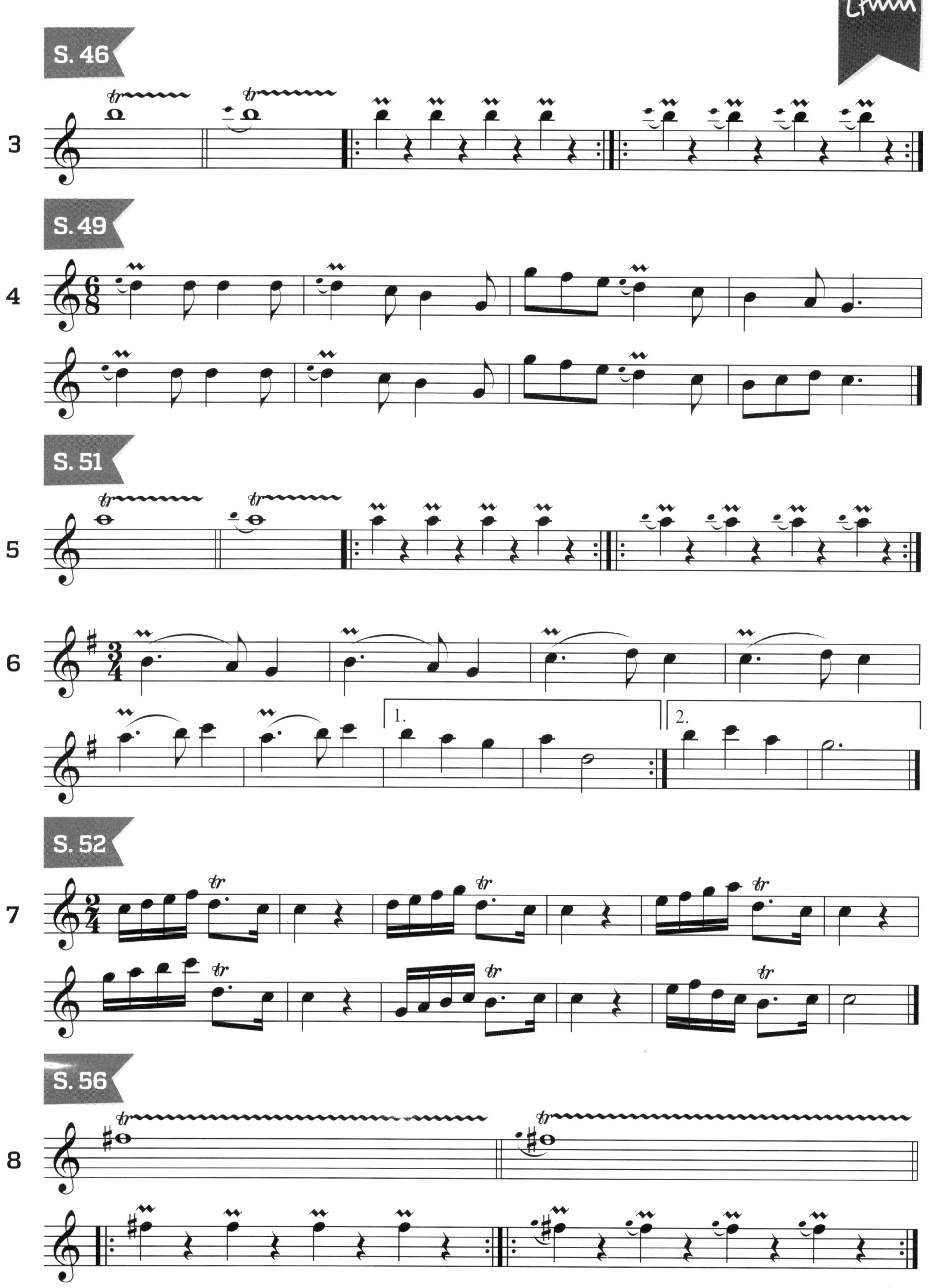

tr
S. 46
3
S. 49
4
S. 51
5
6
1.
2.
S. 52
7
S. 56
8

Erweiterte Spieltechniken

Neben der herkömmlichen Art, einen Ton auf der Blockflöte zu erzeugen, gibt es viele verschiedene andere Möglichkeiten, Klänge und Geräusche auf dem Instrument zu produzieren.

Diese Spieltechniken finden vor allem in zeitgenössischen und experimentellen Kompositionen Anwendung, aber auch in anderen stilistischen Zusammenhängen eignen sich manche der Spielarten zur musikalischen Gestaltung. So passen Glissandi beispielsweise oft gut in Folklore, mit Flatterzunge oder Sputato lassen sich unter anderem jazzige Stücke klanglich bereichern.

Einen ersten Zugang zu diesen ungewöhnlichen Spielarten auf der Blockflöte bekommt man am besten durch eigenes Erforschen der Klangmöglichkeiten des Instrumentes. Erlaubt ist alles, was dem Instrument nicht schadet. Die eigenen Klangentdeckungen können dann (evtl. zusammen mit bereits definierten und festgelegten Spieltechniken) als Grundlage und Fundus für Klangimprovisationen dienen.

Mögliche Aufgabenstellungen:

1. Die Improvisation hört so auf, wie sie begonnen hat.
2. Es gibt drei Teile: a) hektisch b) statisch c) im Nichts verschwindend
3. Ein mit geschlossenen Augen ertasteter „Parcours" aus möglichst unterschiedlichen Oberflächen (Glas, Kieselsteine, Watte, Schleifpapier ...) wird im Anschluss klanglich nachgezeichnet.
4. Drei Personen in unterschiedlichen Gemütsverfassungen (nervös, aggressiv, gelangweilt ...) treffen sich und kommunizieren miteinander.
5. Kunstwerke (Kunstkarten) dienen als visuelle Inspiration für ein Klangbild.

Die folgenden Übungen dienen zum Kennenlernen einiger häufig verwendeten erweiterten Spieltechniken sowie als Vorbereitung für die Stücke „November" und „Ringding". Die zusammenfassenden Legenden für die beiden Stücke findet man im Anschluss.

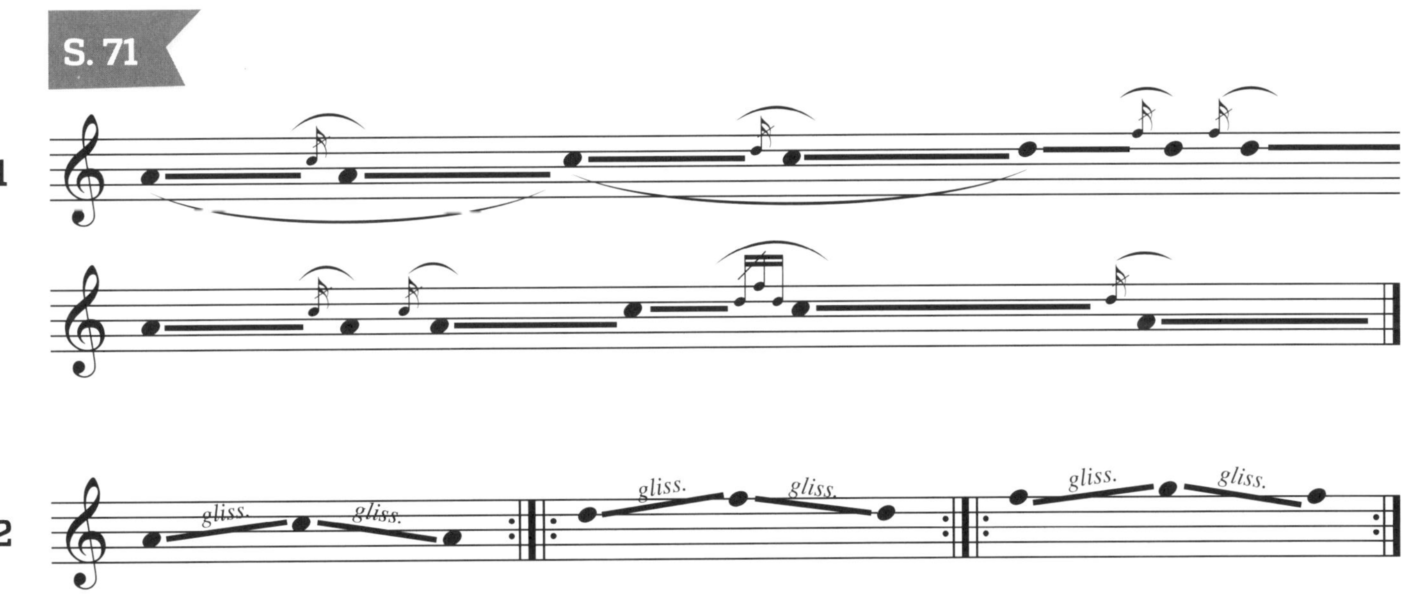

3

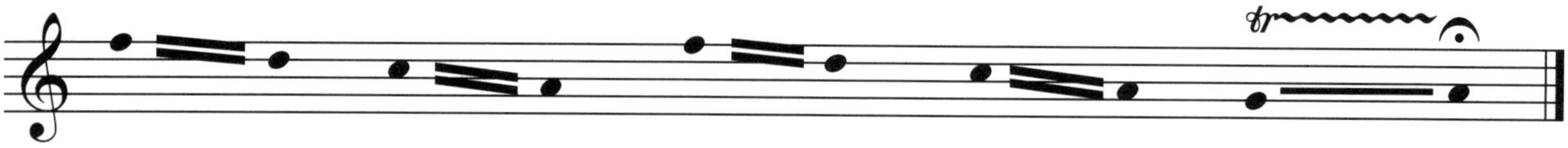

4

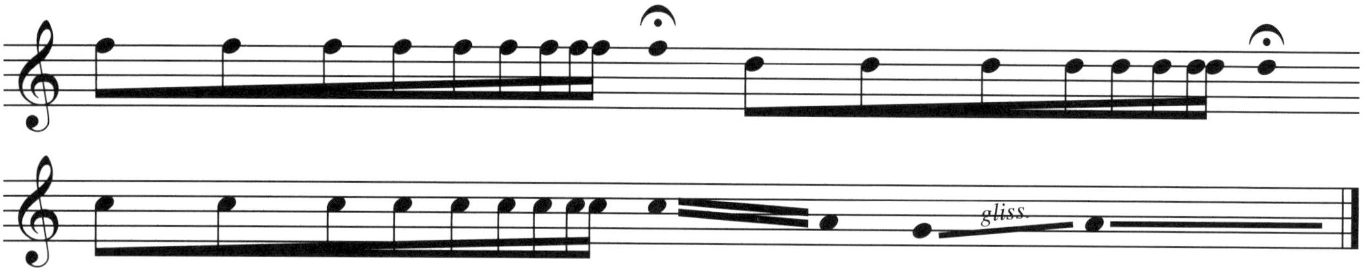

S. 72

Flz.

5

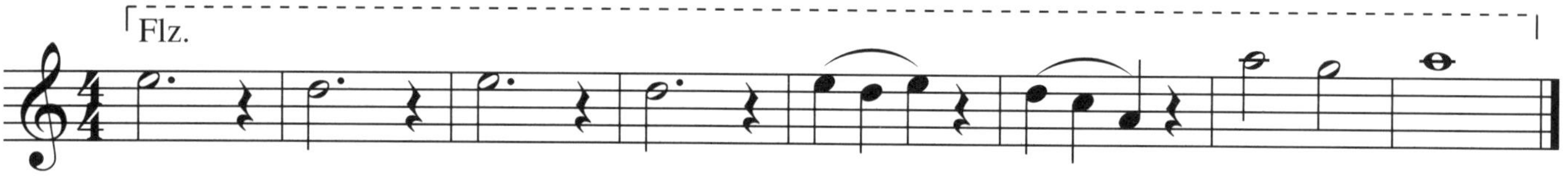

sputato

6

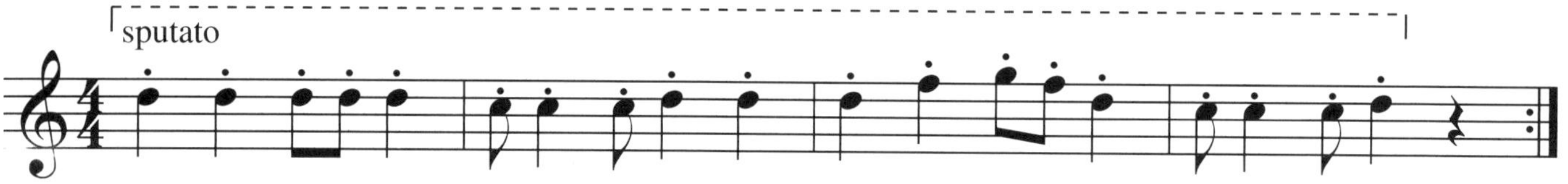

Labiumglissando *Labiumglissando* *Labiumvibrato* *Labiumglissando*

7

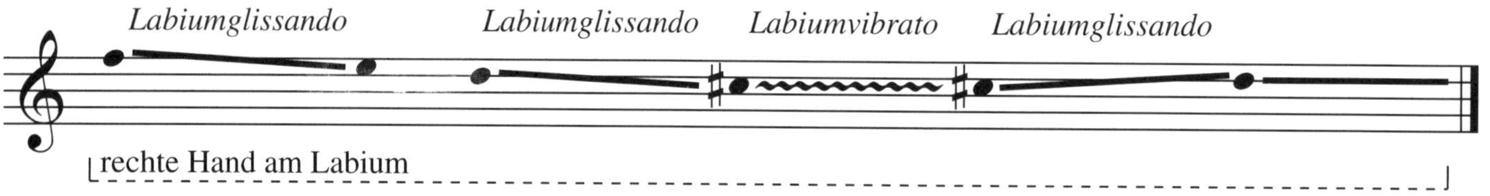

rechte Hand am Labium

Ring

8

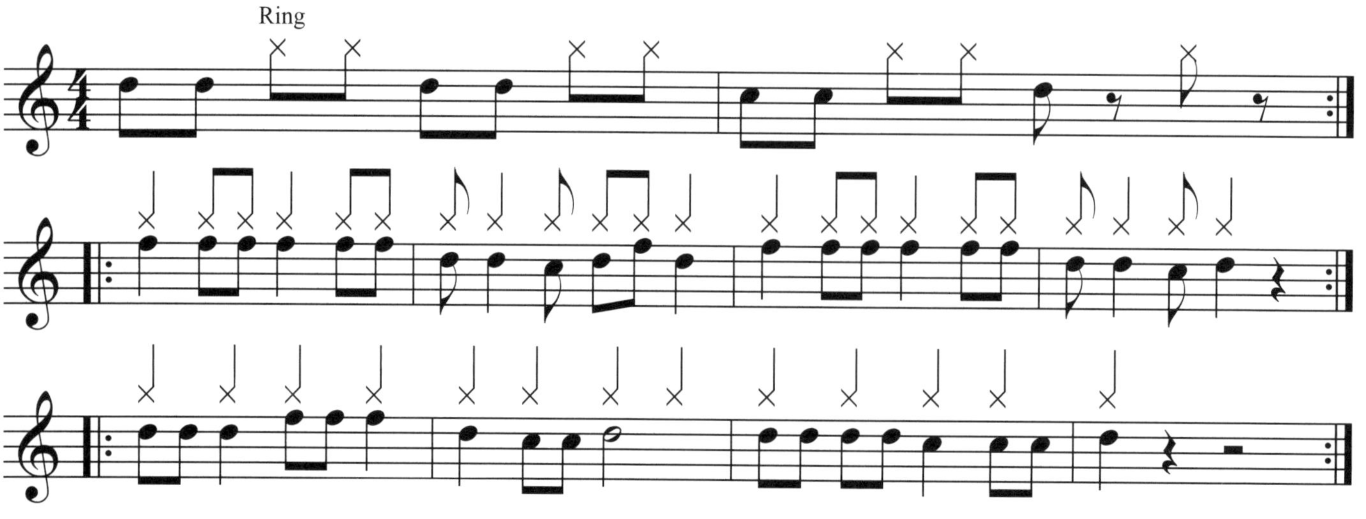

Legende zu „November"

Space Notation

Die ungefähre Dauer der einzelnen Töne wird durch ihren Abstand voneinander und die Länge der Balken zwischen ihnen sichtbar gemacht. Es gibt kein Metrum.

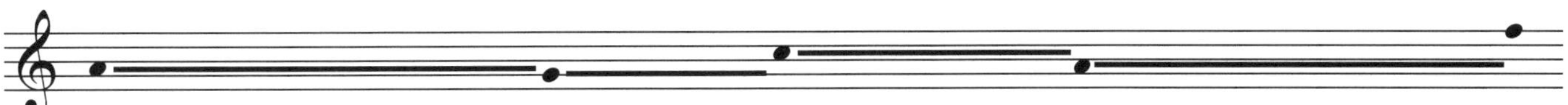

Glissando *(gliss.)*

Zwei Töne werden durch einen stufenlosen Übergang miteinander verbunden. Dabei gleiten die Finger seitlich von den Löchern oder auf die Löcher.

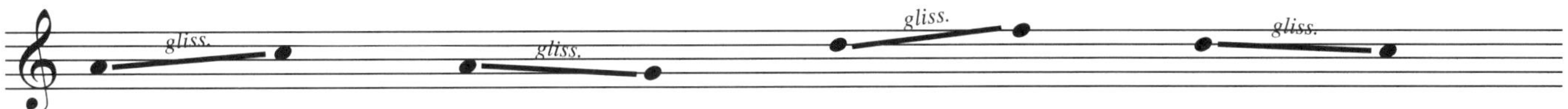

Schnelle Noten(gruppen)

Mit einem kleinen Schrägstrich gekennzeichnete Noten oder Notengruppen werden so schnell wie möglich (im Legato) gespielt. Der Liegeton wird dabei kurz unterbrochen.

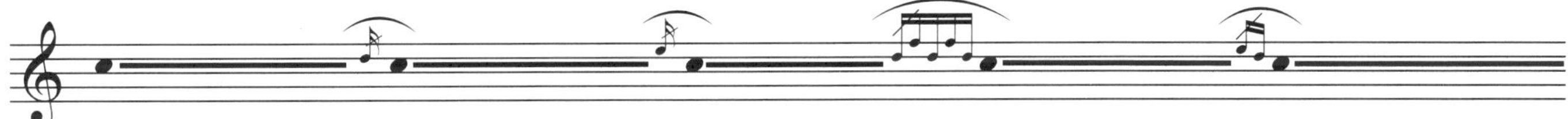

Fermate

Eine Fermate zwischen den Tönen bedeutet: Pause mit Spannung! Die Länge der Pause kann der Spieler selbst bestimmen.

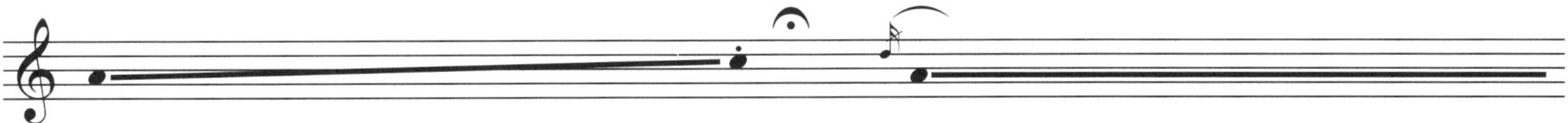

Accelerando

Allmählich schneller werden. (Die Anzahl der notierten Töne muss nicht eingehalten werden.)

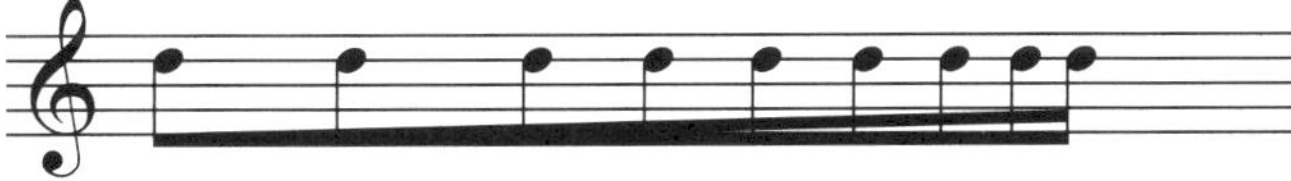

Tremolo

Schneller Wechsel zwischen zwei Tönen im Legato

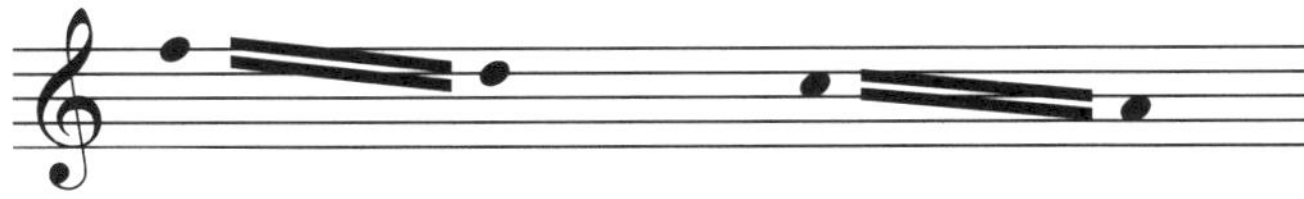

Legende zu „Ringding“

Flatterzunge (Flz.)

Stimmloses, rollendes Rrrrrrrrrrrrrrrrrrr in die Flöte sprechen. Gleichzeitig klingt der notierte Flötenton.

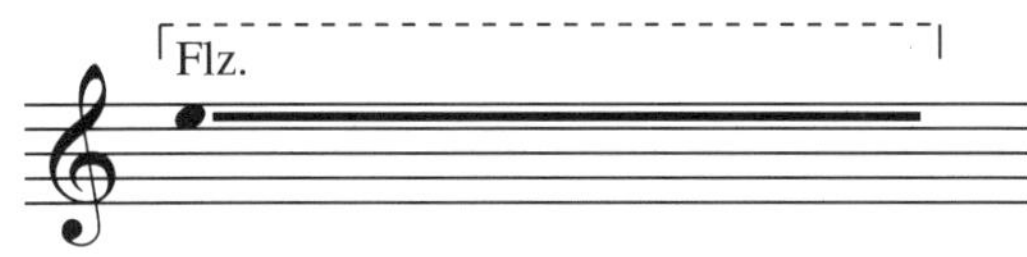

Die gestrichelten Linien zeigen die Dauer der Gültigkeit der jeweiligen Spieltechnik an.

Freies Fingerspiel

Die Finger bewegen sich schnell und unkoordiniert auf der Flöte, die Zunge artikuliert dazu schnell und kurz (z. B. te-cke-te-cke).

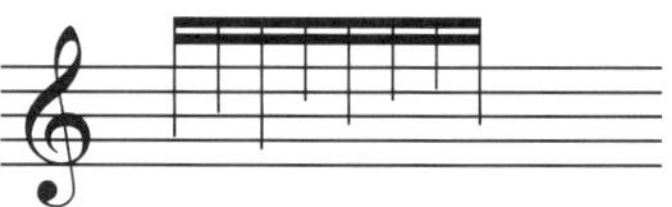

Nummerierung der Finger

Das Plus- bzw. Minuszeichen zeigt an, welche Finger beim Glissando auf die Löcher geschoben bzw. weggezogen werden sollen.

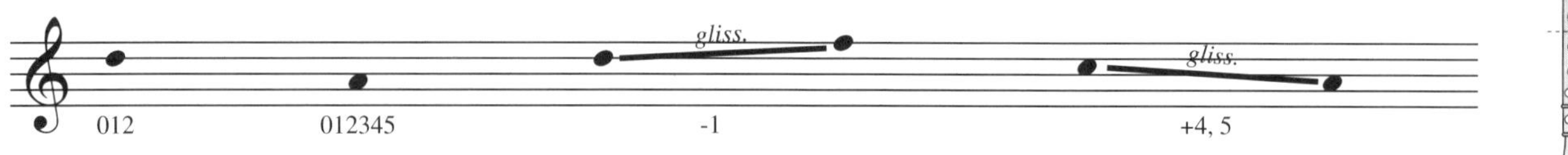

Ringgeräusch

Ein beringter Finger der rechten Hand klopft im angegebenen Rhythmus gegen die Flöte.

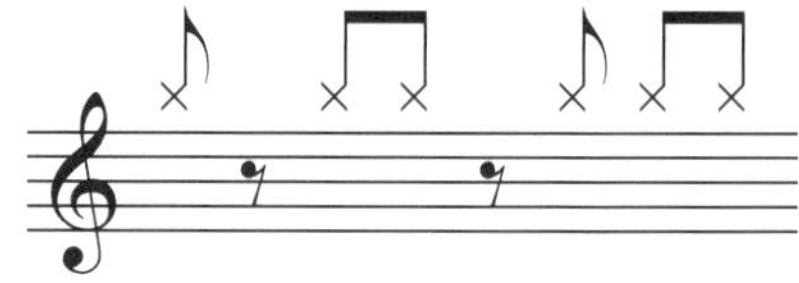

Sputato

„Gespuckte“ Töne: geräuschvolle, kurze Artikulation („th“), in diesem Fall mit leicht geöffnetem Mund.

Der Ton cis ...

... kommt als Griff in diesem Band nicht vor. Er entsteht hier durch das nicht vollständige Abdecken des Labiums mit der rechten Hand.

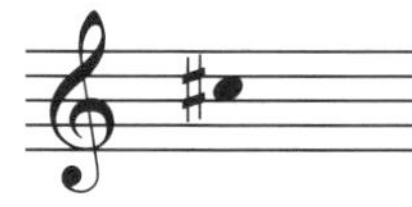

Labiumglissando

Umgreifen des Labiums mit der gewölbten rechten Hand. Verändern der Tonhöhe durch langsames, nicht vollständiges Ab- und Aufdecken (ohne Griffwechsel!).

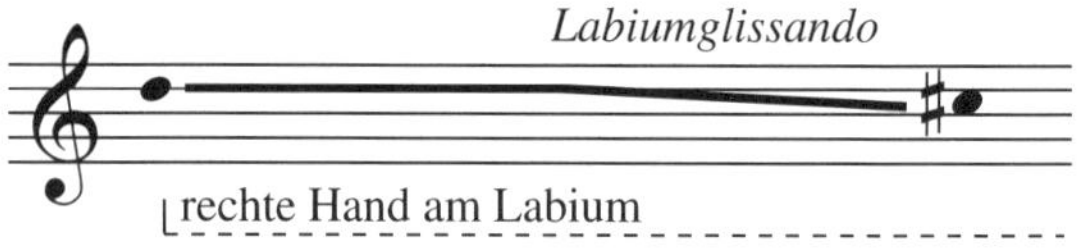

Labiumvibrato

Umgreifen des Labiums mit der gewölbten rechten Hand. Schnelles, nicht vollständiges Ab- und Aufdecken bei gleichbleibendem Atemfluss.

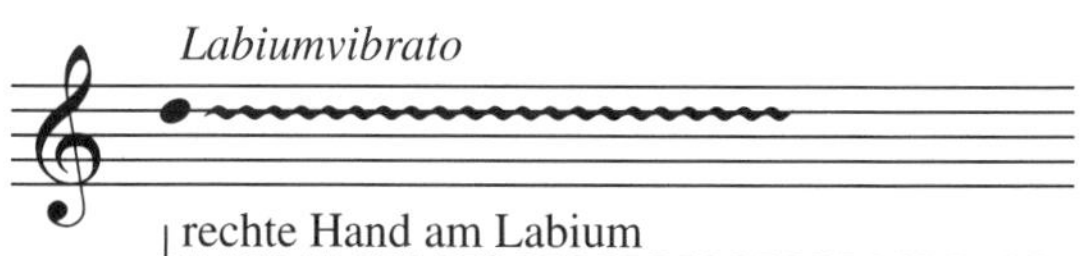

Musikalische Fachbegriffe

Andante, Andantino	Musikstück in einem mittleren Tempo: gehend, schreitend. Das Andantino ist etwas schneller.
Auftakt	Unvollständiger, in der Regel unbetonter Anfangstakt, der in Ergänzung mit dem Schlusstakt vollständig wird.
Bourrée	Munterer, mäßig schneller Tanz (Herkunft Frankreich, spätes 16. Jh.)
Da Capo al Fine	Spielanweisung: Von Anfang bis Fine (= Ende)
Dreiklang	Drei nacheinander oder gleichzeitig erklingende Töne, die in der Grundstellung zwei übereinander geschichtete Terzen ergeben.
Dur	Tongeschlecht, Halbtonschritte zwischen 3./4. und 7./8. Ton der Tonleiter
Gavotte	Heiterer Tanz in geradem Takt (Herkunft Frankreich, 16. Jh.)
Gigue (Giga, Jig)	Lebhafter Tanz im Dreier- bzw. Sechsertakt (Herkunft England, spätes 16. Jh.)
Intervall	Der Abstand von zwei Tönen in einer Tonleiter wird mit einer Zahl (und dem dazugehörigen lateinischen Zahlwort) benannt. Die häufigsten Intervalle sind: Prime (1), Sekunde (2), Terz (3), Quarte (4), Quinte (5), Sexte (6), Septime (7), Oktave (8)
Kanon	Lied oder Musikstück, das durch versetztes Beginnen mehrstimmig musiziert werden kann
Melodie	Musikalisch sinnvolle Folge von Tönen
Metrum	Grundschlag, Puls der Musik
Moll	Tongeschlecht, Halbtonschritte zwischen 2./3. und 5./6. Ton der Tonleiter
Rhythmus	Die zeitliche Gestaltung und Ordnung von Musik (die Abfolge von Noten- bzw. Pausenwerten)
Sarabande	Tanz im Dreiertakt, bis ca. 1650 lebhaft, später langsam und gravitätisch (Herkunft Spanien)
Synkope	Betonungsverschiebung auf eine unbetonte Zählzeit
Takt	Wechsel zwischen betonten und unbetonten Zählzeiten; im Notentext kenntlich gemacht durch Taktangabe am Anfang des Stückes und Taktstriche im Stück.
Taktwechsel	Wechsel zwischen verschiedenen Taktarten innerhalb eines Musikstückes
Tonart	Wird festgelegt durch den Grundton (meist auch der letzte Ton eines Stückes) und die Vorzeichen
Tonleiter	Aufeinanderfolge von Ganz- und Halbtonschritten, der Tonhöhe nach geordnet
Volte	Sinnenfroher, heiterer Tanz im Dreiertakt (Herkunft Frankreich, 16. Jh.)

Liedtitel S. 83-85 (Oktavieren)

2 Merrily we roll along
5 Kuckuck, Kuckuck
7 Happy Birthday To You
8 Clementine
9 Der Mond ist aufgegangen
10 Bruder Jakob
11 Dat du min Leevsten büst
13 Wann und wo
14 Es tönen die Lieder
15 Froh zu sein bedarf es wenig
16 C-A-F-F-E-E
18 Ein Mops kam in die Küche

Grifftabelle

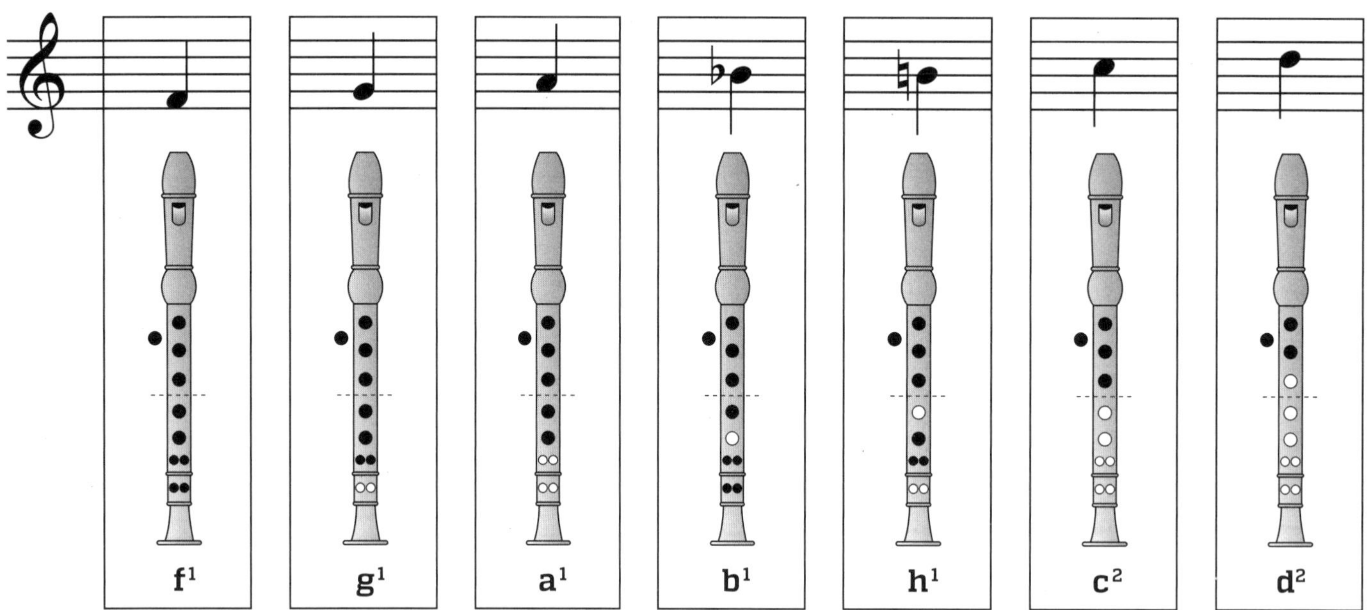

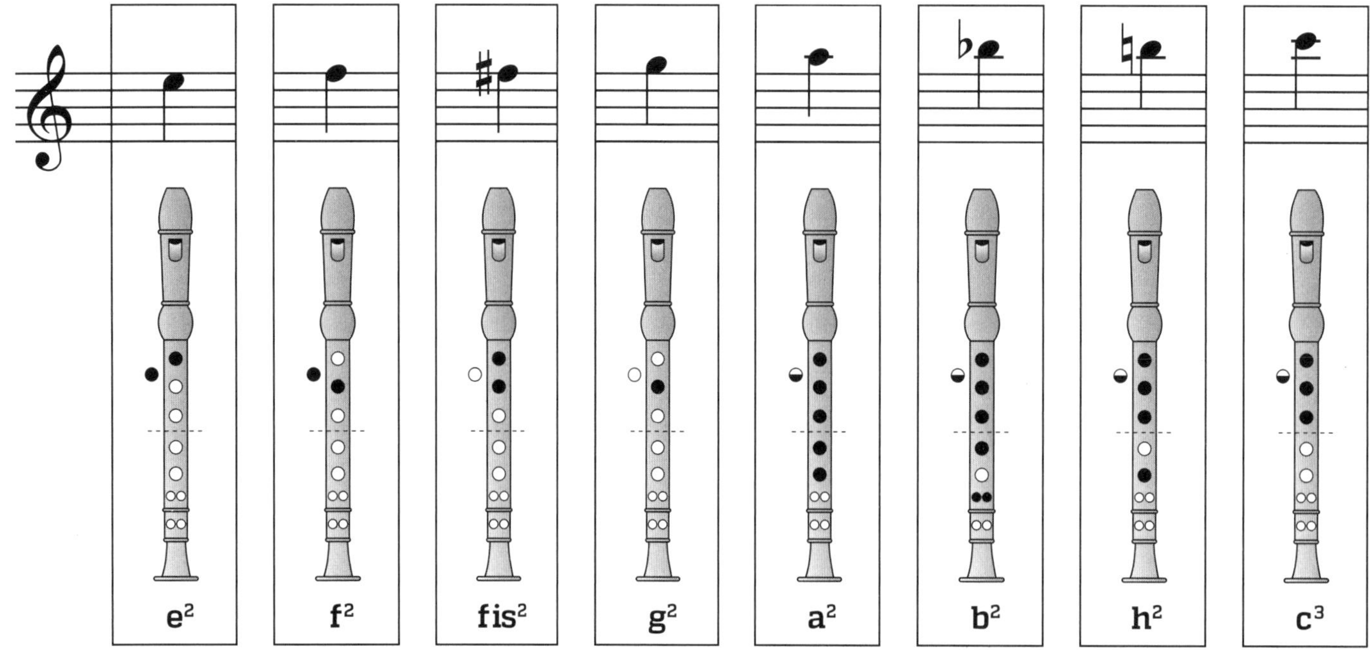

● = geschlossen	○ = offen	◒ = halb geschlossen